Propaganda

프로파간다의 달인

프로파간다의 달인

Preface

프로파간다propaganda는 흔히 쓰이지 않는 단어여서 그 뜻에 초점이 맞춰지고 있다. 프로파간다의 뜻은 어떤 주의나 주장 등을 대중에게 널리 설명해 이해와 동의를 얻으려는 활동이다. 프로파간다는 원래 로마 가톨릭에서 포교를 전담하는 추기경들의 위원회를 가리킨 말이었다. 영어권에서는 1790년대부터 '선전'의 의미로 쓰였다고 한다. 처음에는 중립적인 의미를 담고 있었지만, 20세기 두 차례 세계대전을 겪으면서 '거짓'과 '선동'이라는 부정적 의미를 갖게 됐다.

'프로파간다'라고 하는 제목의 책을 출간한 것은 미국의 에드워드 버네이스Edward Bernays가 최초일 것이다. 버네이스는 1928년에 출간한 《프로파간다》에서 PR선전의 필요성을 열렬히 역설하였다. 이 책 전체를 관통하는 하나의 사상이 있다면, 그건 바로 무질서에 대한 두려움 또는 정연한 질서에 대한 갈망이다. 이 책은 "대중의 관행과 의견을 의식과 지성을 발휘해 조작하는 것은 민주주의 사회에서 중요한 요소다."라는 말로 시작해 다음과 같은 말로 끝을 맺는다. "선전은 절대 사라지지 않는다. 현명한 사람일수록 선전은 생산적인 목표를 달성하고 무질서를 바로잡는 데 필요한 현대적 도구라는 점을 직시한다."

이와 같이 버네이스의 '프로파간다'는 정치보다는 비즈니스 분야에서 관심을 가지고 활용되었다. 그런데 이 '프로파간다'가 주로 정치적 활동의 수단으로 쓰이게 된 것은 독일의 요제프 괴벨스로부터 시작되었다고 볼 수 있다. 사실 괴벨스는 버네이스의 《프로파간다》에 많은 영향을 받았다.

버네이스는 언론사를 위한 보도자료의 배포를 홍보의 주요 수단으로 삼는 일을 개척적으로 활용했다. 물론 보도자료의 배포는 이미 미국 현대 PR의 창설자인 아이비 리_{1877~1934}의 선례가 있었지만 아이비 리는 일찍 죽었기 때문에 PR 분야에서 버네이스만큼 지속적인 영향을 끼치지는 못했다. 독일의 나치 선전장관인 괴벨스는 나치의 악명 높은 유대인 박멸 캠페인을 전개해 나가면서 버네이스의 책 《여론의 정제 (Clystalizing Public Opinion)》를 기초로 삼았다고 밝힌 바 있다. 이러한 사실은 유대계였던 버네이스에게는 실로 충격적인 일이었겠지만 버네이스 자신은 이 사실을 자신의 영향력에 대한 증거로 자랑 삼아 소개하기도 했다.

파울 요제프 괴벨스_{Paul Joseph Goebbels}는 나치 독일의 선전장관_{국가대중계몽선전장관}의 자리에서 막강한 영향력을 발휘했다. 나치 독일에 대해 프로파간다적 관점에서 분석한 그의 저서인 《괴벨스 프로파간다!》는 나치 정권 자체가 프로파간다를 우선하고 그것에 맞춰 정책을 진행한 속이 텅 비어있는 조직이었다고 비판받았다. 그랬기 때문에 무리를 할 수밖에 없고 망한 것도 당연하다는 것이다. 그리고 현대 정치판에서 아주 많이 보이고 있다고 경고하고 있다. 그럼에도 불구하고 현대 프로파간다의 기본 틀을 마련한 괴벨스의 선전·선동술에 대해서는 연구할 수밖에 없다. 국내외에서 괴벨스에 관한 책은 이미 많이 출간되었다.

요제프 괴벨스는 히틀러 나치 정권 선전을 담당해 크게 활약한 인물이다. 그는 독일 나치스 정권의 국가대중계몽선전장관 자리에 앉아 새 선전수단 구사, 교묘한 선동 정치로 1930년대 당세 확장에 크게 기여했으며 나치 선전 및 미화를 책임졌다. 독일 국민들이 나치 정권을 호의적으로 받아들이게 된 까닭은 괴벨스의 선전·선동 때문인 것으로 여겨진다. 괴벨스는 다리가 굽었기 때문에 제1차 세계대전 때 병역을 면제받았는데, 이는 그에게 강렬한 보상심리를 유발함으로써 그의 인생을 불운하게 몰아가는 불씨가 되었다. 괴벨스는 하이델베르크 대학에서 독일문헌학으로 박사학위를 취득한 뒤 문학·연극·언론계에서 활동했는데, 히틀러가 베를린 지구당 위원장에 임명하면서 나치당에 입당했다. 이윽고 그는 국가선전기구를 장악하고 나치 프로파간다의 거의 모든 것을 만들어낸다. 히틀러 시대와 나치 프로파간다를 이해하기 위해서는 괴벨스를 빼놓을 수 없다.

한편, 현대 중국사에서 마오쩌둥은 여러 '공'과 '과'가 뚜렷이 있는 인물이나 오늘날에도 중국에서는 국부나 위인으로 대우받는 사람이다. 마오쩌둥은 한국전쟁과도 관련이 있는 인물이고 중국 공산당의 대표적인 인물·지도자였다. 중국의 건국이야기인 마오쩌둥의 대장정, 대약진운동, 문화대혁명 등은 워낙 극적인 사건들이라 오늘날에도 중국 공산당의 프로파간다로 자주 사용되고 있다.

우리나라는 2020년 총선, 2022년 대선을 앞두고 정치권의 여당과 야당은 물론이고 전 국민이 일전불사—戰不辭를 앞두고 있는 군인의 마음가짐이다. 여당은 모처럼 잡은 정권을 어떻게 해서든지 놓치지 않고 연장하고자 기를 쓰고 있고, 야당, 특히 제1야당은 탄핵정부의 불명예를 씻고 정권을 되찾기 위해서 사생결단을 하고 있다.

이 책은 우리나라의 총선·대선이라는 국가의 '큰일'을 앞두고 온갖 정치적 프로파간다가 난무할 것으로 예상되는 상황에서, 국민들이 이에 현혹되지 않고 현명한 판단을 해줄 것을 바라는 마음에서 출간하는 데 뜻이 있다.

이 책을 준비하는 데는 주위 많은 분들의 격려와 지원을 받아서, 이 자리를 빌어 감사의 말씀을 전한다.

끝으로 이 책의 출판에 많은 도움을 주신 한올출판사 임순재 사장님과 최혜숙 실장님 그리고 관계자 여러분의 노고에 깊은 감사의 말씀을 드린다.

2020년 1월

저자 씀

Contents

CHAPTER 07 나치스의 대량학살과 강제노동 진상

CHAPTER 08 나치스의 프로파간다

CHAPTER 09 괴벨스, 대중 선동의 심리학

CHAPTER 10 마오쩌둥의 프로파간다

CHAPTER 11 문화대혁명

CHAPTER 01

프로파간다

CHAPTER **01**

프로파간다

개 요

어떤 이념이나 사고방식 등을 홍보하거나 설득함, 또는 그러한 것들을 주입식 교육을 통해 어느 하나의 철칙으로 여겨진 것들이며, 주로 선전·선동으로 번역된다. 여기서 일컫는 사고방식은 주로 상식적이지 못하거나 무논리가 동반되는 부정적인 의미로 쓰인다. 국립국어원은 이를 순화하여 선전·선동이라고 하였다.

유래

유래는 교황청에서 1599년에 설립한 포교성Congregatio de Propaganda Fide이다. 포교성을 약칭하여 propaganda라고 한 것이다. 원래 라틴어에서 propaganda는 '확장' 정도를 의미하는데, 포교성이란 이름에서는 '신앙의 확장'이란 뜻으로 사용했다.

GOEBBELS
PROPAGANDA

괴벨스 프로파간다! · 파울 요제프 괴벨스

추영현 옮김

포교성의 이름에서 '프로파간다'라는 라틴어 단어가 널리 알려지며 점차 '신앙의 확장'보다는 '무형의 이념, 사고방식의 확장'으로 의미를 바꾸어 사용하게 된 것이다.

프로파간다의 폐해

프로파간다는 아무래도 자국의 체제를 찬양하고 대척점에 있는 국가를 의도적으로 폄하하는 게 기본 골자이기 때문에 절대 다수의 경우 거짓말이 섞이게 된다. 명백한 적국이 있거나, 혹은 뭔가 타국에 비해 밀리는 부분이 많아 숨길 목적으로 프로파간다를 만들기 때문이다. 그리고 정부가 국민을 우매하게 보는 경향이 있다면 자주 만들어지기도 한다. 이때 시민들의 수준이 높을 경우에는 정부의 프로파간다가 상대적으로 유치해 보이기 때문에 조롱거리로 전락하거나, 혹은 부정적 반작용도 생긴다. 실제로 과거 한국에서 반공 프로파간다가 성행했던 시절에는 '이승복 사건'처럼 정권이 반대파를 탄압하는 데 악용하기도 했고, 민주화 이후에는 반공 프로파간다를 비웃거나 일부 진보 세력 주도로 수정주의 열풍이 일어나기도 했다.

가장 대표적인 프로파간다로는 나치 독일의 선전장관^{국가대중계몽선전장관} 파울 요제프 괴벨스가 행한 것이 있다. 나치 독일에 대해 프로파간다적 관점에서 분석한 도서인 《괴벨스 프로파간다!》는 나치 정권 자체가 프로파간다를 우선하고 그것에 맞춰 정책을 진행한 속이 텅 비어있는 조직이었다고 비판받았다. 그랬으니 무리를 할 수밖에 없고 망한 것도 당연하다는 것이다. 그리고 현대 정치판에서 아주 많이 보이고 있다고 경고하고 있다. 그럼에도 불구하고 현대 프로파간다의 기본 틀을 마련한 괴벨스의 선전·선동술에 대해서는 연구할 수밖에 없다.

그 외에도 자본주의와 공산주의가 격렬하게 대립하던 냉전시대에는 자본주의가 공산주의를 공격하는 대표적인 사례로 소위 이념교육과 세뇌를 시키는 공산주의의 프로파간다를 비판하기도 했다. 물론 정도의 차이는 있으나 제2차 세계대전 중 연합국 진영이나 냉전기 자본 진영에도 〈총통 각하의 낯짝〉[1] 같은 프로파간다 영상이 있었다. 대한민국의 국방부 만화에도 프로파간다적인 것이 많다. 이게 한 단계 강화되면 흑색선전마타도어이 된다.

예를 든다면 북한에서 '미제가 점령한 남조선 인민들은 거지꼴이다.'라고 하는 것이 있다. 하지만 지금은 이렇게 선전하지 않는다고 한다. 왜 이렇게 됐냐 하면 북측에서 남한의 시위영상을 상영했을 때, 헐벗고 굶주려서 투쟁을 한다는 사람들이 살이 통통하게 오른 데다 죄다 손목시계를 차고 나이키 운동화를 신고 있는 모습에 북한주민들이 충격을 받아서이기도 하고, 임수경의 민간통일운동 방북과 6·15 남북정상회담이 열리고 남북교류가 활발해지면서 남한의 경제사정이 어느 정도 알려졌기 때문이기도 하다. 실제로 남북정상회담 이후 남북화해무드가 조성되면서 남한 드라마, 영화가 담긴 DVD 단속이 느슨해졌고, 처벌의 강도도 매우 낮아졌다고 한다. 촛불시위 당시 초반에는 북한에서도 대문짝만하게 사진을 실었는데, 시위하는 사람들만 멀쩡하고 주변 건물은 전부 뿌옇게 밀어버려서 아는 사람들에게 웃음을 불러일으켰다.

냉전 시절에는 공산주의 국가들이 많이 선전하였고 베트남은 현재도 도시 곳곳에 공산당 프로파간다 광고판을 설치해놓았다. 중국은 최근 들어 줄긴 했지만

---

1 여기서 말하는 총통(각하)은 당연히 아돌프 히틀러다. 1942년 월트 디즈니 애니메이션 스튜디오가 만든 극장용 단편 선전 애니메이션, 또한 영화 전체에서 흘러나오는 노래의 제목이기도 하다. 그 해 개최된 제15회 아카데미 단편 애니메이션상을 수상했고, 1994년 출간된 The 50 greatest cartoons의 리스트의 22번으로 선정되었다. 원래 영화와 노래 제목은 〈나치랜드의 도널드〉이다.

베트남 프로파간다.

IS, 어린이를 유인하려 점령지 흙땅 위에 테마파크 개장

IS 테마파크의 범퍼카

자료 : news1.kr

분위기만 공익광고 수준으로 바꾼 채 여전히 프로파간다가 제작된다. 그 외에도 독재자가 장기집권하거나 이슬람 국가 중 신정일치형 국가들의 도시 곳곳에도 특유의 우상화스러운 광고가 게재되기도 하였다. 몇몇 국가는 현재진행형이다.

이라크 레반트 이슬람 국가가 테마파크를 만들었다고 공개했는데 이것도 당연히 프로파간다의 일종이다. '우리 어린이들이 이렇게 좋은 놀이공원에서 신나게 범퍼카도 탑니다.'라고 선전하는 것이 주된 의도다.

과거에 제작된 선전물

"프로파간다 영화는 집에서 찍은 섹스 비디오보다 훨씬 더 외설적이다."

– 미카엘 하네케[2]

2 미카엘 하네케(Michael Haneke, 1942년 3월 23일 ~)는 오스트리아의 영화 감독이자 각본가이다. 비관적이고 불편한 스타일로 유명하다. 그의 영화는 현대 사회의 실패와 문제점을 자주 보여준다. 하네케는 텔레비전, 극장, 영화 작업을 해오고 있다. 작업을 통하여 사회적 쟁점들을 부각시키는 것으로도 유명하다. 영화를 연출하는 일과 함께 빈 필름아카데미에서 영화 연출을 가르치고 있다.

〈의지의 승리〉1934년 작, 〈올림피아〉1938년 작는 레니 리펜슈탈Leni Riefenstahl, 1902 ~ 2003년[3]이 만든 것으로 정치적 문제만 아니었으면 역사에 길이 남게 될 정도로 안타까운 작품이다. 〈의지의 승리〉는 스타워즈에서도 오마주[4]했다.

Triumph des Willens 1934 – 의지의 승리

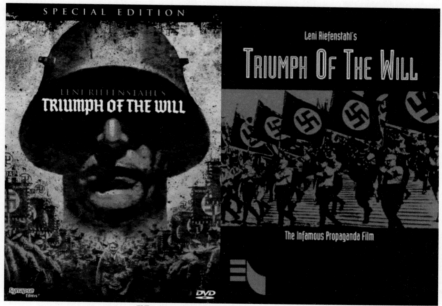

자료 : docus.tistory.com   자료 : movie.daum.net

3   독일의 여성 무용가, 배우, 영화감독, 사진작가. 무려 101세까지 장수하면서 제1차 세계대전으로 인한 독일 제국의 몰락부터 바이마르 공화국의 성립과 붕괴, 나치 독일의 등장과 제2차 세계대전에서의 패전으로 인한 독일의 동서 분단과 재통일까지 1세기에 걸친 격동과 굴곡의 독일 근현대사를 모두 지켜본 인물이기도 하다.

4   오마주는 프랑스어로 '감사, 경의, 존경'을 뜻하는 말이다. 오마주는 자신이 존경하는 사람의 업적이나 재능에 대해 경의를 표하는 것으로 특정 감독의 스타일이나 분위기를 따라 하거나, 원작 영화 속의 장면을 그대로 삽입하는 등 여러 가지의 방법이 있다.

1934년 뉘른베르크의 제펠린펠트 스타디움에서 나치당의 전당대회가 열린다. 수많은 서치라이트가 환상적인 스펙타클을 연출하는 가운데, 과다망상에 사로잡힌 독재자 아돌프 히틀러가 마치 신이 강림하는 듯한 이미지로 단상에 오른다. 그가 힘차게 연설을 할 때마다 청중은 일사불란한 반응을 보이며 광란에 빠진다. 광신적인 종교 집단처럼 히틀러의 일거수일투족에 열광하던 군중이 보이는 가운데, 확신에 가득찬 그들의 지도자가 포효하는 제스처를 취할 때는 탈혼망아의 상태로 접어든다. 배경음악으로는 바그너의 역동적인 독일 음악이 흘러넘친다.

히틀러의 도착, 군중들의 운집, 창공을 점령한 깃발들, 카메라의 세련된 기교, 바그너의 음악, 역동적인 제스처와 청중의 반응 등 모든 영화적 테크닉과 편집은 입에 담을 수 없을 정도의 집단적인 체면에 빠진 한 시대의 비극적인 아름다움에 도달해 있다. 특히 편집 리듬은 지도자와 일체가 된 듯한 세련의 극치를 보여준다. 하지만 이 모든 것이 제3제국 시대의 독일이 낳은 데카당스한 아름다움이자, 나치 독일의 가장 노골적이고 뻔뻔한 선전 영화다. 히틀러에게 봉사한 역사적 오명의 다큐멘터리다.

〈올림피아〉는 오늘날 TV에서 스포츠 중계의 형식을 처음 확립하는 등 스포츠에 영향을 많이 주었다. 손기정, 아돌프 히틀러 등이 출연했다. 1936년 베를린 올림픽 다큐멘터리 〈올림피아〉는 '파시즘 숭배에 물든 사악한 영화'라는 비난을 받았지만 당시의 카메라 기술로 촬영했다고는 믿기 어려울 정도의 뛰어난 작품으로 손꼽히고 있다.[5] 〈올림피아〉에서 손기정 선수의 마라톤 골인 장면은 세계 스포츠사에 길이 남을 명장면으로 유명하다. 리펜슈탈은 나중에 손기정 선수

5   박윤수, '히틀러의 여자' 혹은 '나치즘의 피해자', 여성신문, 2006.06.09

히틀러의 여자로 불린 리펜슈탈

자료 : blog.daum.net

부분만 23분짜리 분량으로 재편집해 헌정하기도 했다. 독재자 히틀러의 밑에서 리펜슈탈의 재능은 찬란하게 빛났지만 이는 전후 그의 몰락을 가져오는 원인이 되기도 했다. "나는 나치당에 가입한 적도, 유대인을 박해한 적도 없다. 〈의지의 승리〉는 억지로 주어진 임무였으며, 〈올림피아〉는 역사적인 행사를 객관적으로 기록했을 따름이다."라는 그녀의 주장이 받아들여져 죽음만은 면했다. 그러나 평생 다시는 영화계에 복귀할 수 없었다.

화려한 외모에 주로 흰 옷을 입어 어디서나 눈에 띄었던 레니 리펜슈탈은 정열적이고 자신감에 넘친 여성이었다. 당시 독일 여자들은 비스마르크가 언급한 3K, 즉 '아이Kinder, 교회Kiche, 부엌Kuche'에 만족하며 살아야 했지만 그녀만은 달랐다.

라이카를 들고 있는 자화상

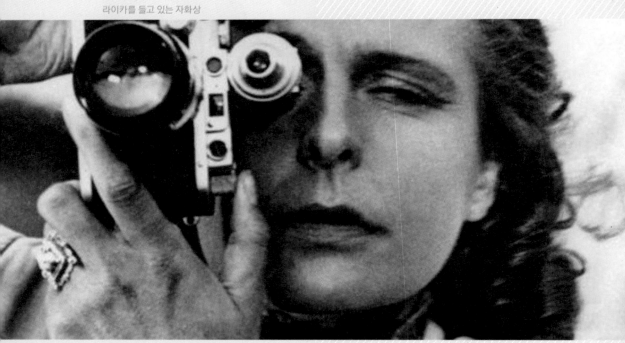

남자들의 세계에서 그녀는 여성으로서의 이점을 최대한으로 활용했다. 10대 시절부터 무대를 꿈꿨던 그녀는 무용가로서의 재능을 인정받았지만 공연 도중에 치명적인 무릎 부상을 입고 무용가의 길을 접고 만다. 이후 영화배우로서의 인생을 시작했고 손수 대본을 쓰고 감독과 주연을 맡은 영화 〈푸른 빛〉으로 세상의 주목을 받기 시작하며 히틀러의 눈에도 띄게 되었던 것이다.

현대에 제작된 선전물

한국

과거의 흑색선전이나 반공성향은 보이지 않지만 국가의 지원을 받고 제작한 영상물도 선전물로 구분하고 있다. 대체로 정치선동보다는 선전물의 성격을 띠고 있다.

〈리얼입대 프로젝트 진짜 사나이〉는 MBC 〈우리들의 일밤〉에서 방영했던 코너로, 2013년 4월 14일부터 2016년 11월 27일까지 방영된 〈매직콘서트 이것이 마술이다〉의 후속 프로그램이다. 국방부가 후원해주는 프로그램이다.

군필자 외에도 온 가족이 보는 방송이다. 연예인, 스포츠 선수 등 유명인들이 군 부대에서 현역 장병들과 함께 실제로 생활하면서 지내는 모습을 담은 예능 형식으로 진행된다. 멤버들은 논산 육군훈련소 입소를 시작으로 다양한 병과의 육군 부대들에서 월요일부터 토요일까지 5박 6일씩 자대 생활을 체험하는 방식으로 진행된다. 후기 멤버들의 경우 촬영 부대와 가까운 인근 부대의 신병 교육대, 내지는 촬영 부대 내의 신병 교육대에서 기초 교육을 받은 후 자대 배치를 받는다.

진짜 사나이가 여타 병영을 주제로 한 예능 프로그램들과 달리 상당히 차별화된 점은 다른 프로그램에서 많이 보여주었던 신병교육대의 기초 군사훈련 과정은 과감히 생략하고, 실제 육군 부대에서의 병영 생활과 훈련을 현역 장병들과 함께 제대로 체험을 한다는 것이다. 제작

에 있어서도 어느 특정 부대가 아닌 육군본부 차원에서 공식 협조를 받고 있다는 점이 특징이다. 방송된 내용을 보면 멤버들이 전입해 온 부대마다 다양한 주특기를 부여받고 현역병과 동일한 수준의 훈련을 체험하기 때문에 디테일이 높은 편이라고 불렸다.

<진짜 사나이 300>은 <리얼입대 프로젝트 진짜 사나이>의 세 번째 시즌으로, 이전 시즌과 마찬가지로 국방부가 후원하며 2018년 9월 21일부터 2019년 1월 30일까지 방영되었다. 프로그램명의 300은 대한민국 육군이 선발하는 최정예 전투원 <300 워리어>에서 따온 것이다.

시즌 1 제작을 했던 최민근 PD와 메인 작가인 신명진 작가가 다시 한 번 3년 반만에 호흡을 맞췄다.

📍 중국

중국 공산당 일당 독재로 집권 중인 중국은 현재까지도 선전 영화를 제작하고 있다. 1970년대 덩샤오핑이 개념을 제시한 이른바 '주선율主旋律 영화'라고 불리는 것들이다. 차이나 필름 그룹에서 주로 배급을 맡는다.

<건국대업>은 2009년 개봉한 중국 영화다. 성룡, 이연걸, 견자단, 판빙빙, 장쯔이, 조미, 유덕화, 여명 등이 출연한 초호화 캐스팅 영화다. 주연은 당국강마오쩌둥 역, 장국립장제스 역 등이 맡았다.

감독은 황졘신·한싼핑이며 중국 정부가 건국 60주년을 맞아 제작한 국가선전용 기념영화다. 마오쩌둥이 이끄는 중국 공산당이 중일전쟁, 국공내전에서 승리하여 중화인민공화국을 건국한다는 것이 주 내용이다.

정부 주도로 만든 선전 영화라는 특성상 중국 공산당에 대한 매우 긍정적인 묘사가 주류를 이루고 있다. 다만, 주인공 측의 반대진영인 중국 국민당 등에 대해서도 완전히 평면적 악당으로 묘사하거나 한 정도는 아니고 비교적 객관적으로 묘사하고 있다. 중화민국과의 관계 개선 이후 장제스, 장징궈 등 옛 국민당 인

영화 <건국대업>

사에 대한 재평가가 반영된 것으로 보인다. 특히 장징궈의 경우 어떻게든 중국 국민당을 살리려 고군분투하는 모습을 자세히 보여주면서 대단히 긍정적으로 묘사하고 있다. 애초에 장징궈는 한때 공산주의자였다가 전향한 인물이고 덩샤오핑과의 친분 등으로 양안관계 개선에 적극적이기도 했다.

영화 자체는 담백하고 담담한 연출이 주를 이루며 주요 내용은 마오쩌둥, 장제스를 비롯한 국공내전 시의 주요 인물들 간의 대화와 알력이 주를 이룬다. 국공내전이 배경이긴 하지만 전투 신을 기대하면 별거 없다. 전체적으론 재연 다큐멘터리에 가깝다는 느낌을 받을 수 있을 것이다.

영화 〈후난성 전투〉

자료 : namu.wiki

사실 중국은 건국 40주년을 기념해서 〈개국대전〉이란 영화를 만든 적이 있었는데 평가는 그 쪽이 훨씬 높다고 한다. 특히 거기에서는 장제스가 멋진 연기로 균형을 잘 잡았다고 호평을 받았다.

2011년에는 중국공산당 창당 90주년을 기념하여 〈건당위업〉이라는 영화도 제작하였다. 역시 다큐멘터리에 가까운 영화라고 할 수 있다.

2017년에는 홍군을 소재로 〈건군대업〉를 개봉했지만, 〈전랑2〉에 밀려서 완전히 망했다. 이 작품은 2018년에 〈후난성전투〉라는 이름으로 국내 개봉하였다.

〈시집 가려면 시다다 같은 남자를 만나라〉의 한 장면

성룡이 만든 〈신해혁명〉 영화로 시작해서 〈건당위업〉, 〈건국대업〉, 〈건군대업〉을 차례로 보면 중국 공산당이 생각하는 중국 현대사를 전체적으로 알 수 있다.

시진핑 집권 이후에는 민간의 자발적인 움직임이라는 명목하에 시진핑의 애민정신과 정책들을 칭송하는 찬양가들이 줄줄이 나오기도 했다.

〈시집가려면 시다다 같은 남자를 만나라要嫁就嫁习大大这样的人〉는 2015년에 나온 중국의 시진핑 찬양가다. 노래를 부른 가수는 후샤오밍胡曉明, 작곡가는 탕젠윈湯劍云이다.

제목 그대로 시진핑 같은 남자가 일등 신랑감이라는 노래다. 시다다习大大는 중국에서 불리는 시진핑의 별명으로 시 아저씨, 시 삼촌, 엉클 시라는 정도로 해석할 수 있는 애칭인데 정작 시진핑 본인은 영 좋게 생각하지 않는단다. 노래와 함께 나오는 영상은 열병식 영상으로 시집가는 풍경과 거리가 멀다. 바람에 휘날리는 오성홍기를 보고 영감을 받아 만들었다고 한다.

신랑감보다 의장대, 공중조기경보기, 미사일, 헬리콥터, 기갑 차량들의 모습이 더 비중 있게 등장한다. 초반부에 잠깐 나와 시진핑과 기념사진을 찍는 하객들을 살펴 보자면 블라디미르 푸틴과 알렉산드르 루카셴코 등 시진핑과 친한 독재자들이 얼굴을 내비친다.

2018년에는 이제 시진핑 개인을 위한 선전영화까지 나왔다. 〈대단한 우리나라〉

〈대단한 우리나라〉

자료 : namu.wiki

는 2018년 개봉한 중국 영화다. 선전영화로, 기존 중국 공산당과 시진핑 정부의 선전영화로 극영화가 아닌 다큐멘터리 형식으로 제작되었다. 시진핑 정부의 5년 동안 이뤄낸 성과를 선전하고는 있지만, 시진핑 본인이 나오는 건 영화 후반부이고, 영화 전반부는 중국 내에서 이뤄졌던 여러 가지 국가적인 건설 프로젝트 관련 뒷이야기를 소개하면서 얼마나 성과를 냈는지 설명하는 내용이 주를 이룬다.

2010년대 만들었던 〈대국굴기〉, 〈대단한 우리나라〉의 포맷을 따와서 리메이크 및 시진핑 주석을 위해 입맛에 맞게 요리한 영화다.

하지만 다큐멘터리 형식인데다가

자화자찬하는 식으로 영화가 진행되기 때문에, 극영화를 기대했다면 별로 재미는 없다. 북한의 기록영화보다는 영상 색깔이 화려하고 잘 다듬어졌지만 그래도 그런 느낌이 드는 건 어쩔 수 없다. 다만, 철도동호인이라면 고속철도 관련 이야기가 나오기 때문에, 생각보다 재미있게 볼 수는 있을 것이다.

프로파간다적 목적이 커서 그런지 CCTV가 직접 올렸다.

📍 북한

조선로동당 일당 독재로 집권 중인 북한 역시 선전영화를 지속적으로 제작하고 있다. 사실상 제작되는 대부분의 영화가 선전영화이다. 북한에서는 이를 김일성 가계에 대한 우상화 및 충성심 제고, 주민노력 선동, 반제·반미교양, 인민군의 용감성 찬양, 민족문화의 우수성을 찬양하는 예술영화극영화, 김일성과 김정일, 김정은의 행적을 담은 기록영화, 농업이나 축산, 위생, 과학, 경제, 문화에 대한 인민들에게 필요한 정보, 유익한 정보를 영화로 만든 과학영화, 어린이를 주체사상적 인간형으로 키우고 주체사상 세계관으로 무장시키는 데 목적을 둔 아동영화로 자체적으로 구분한다.

북한의 선전·선동 포스터

잊지말라 승냥이 미제를!

자료 : tongd.tistory.com

후쿠시마 방사능에 대한 현실을 한국과 중국을 비롯한 이웃국가에서는 농수산물 수입 금지조치를 통해 우려하고 있는데 자국민에게 방사능과 관련된 아무런 문제가 없는 것과 같이 우민화 정책을 펼쳐 홍보하고 있다.

<먹어서 응원하자!食べて応援しよう!>는 2011년 발생한 도호쿠東北 대지진과 후쿠시마 원자력 발전소 사고로 피폐해진 도호쿠 지방의 부흥을 위해 일본 정부가 주도하는 캠페인이다. 지역의 경제기반인 농수산물 소비 촉진을 위해 여러 분야에서 캠페인을 전개하고 있다. 도호쿠 지방은 홋카이도와 함께 일본의 식량 자급률을 그나마 끌어올려주던 주요 농업지대였으며, 아키타 현의 쌀을 비롯해 각종 채소와 과일, 버섯에 이르기까지 수많은 특산품을 보유하고 있다. 따라서 일본 정부는 이 캠페인을 통해 농수산물 생산 기반을 포함한 재해 복구와 함께 농수산물 판매 활로를 확보하여 어려움에 빠진 지역 경제에 도움을 준다는 계획

<먹어서 응원하자!> 캠페인

자료 : namu.wiki

후쿠시마산 농산물을 시식하는 아베 신조 일본 총리

자료 : namu.wiki

을 세웠다. 개인 보조금 지급은 해당 지역의 산업 기반을 뒤흔들기 때문에 마케팅 지원이나 수매단가 고정 등 산업 자체에 대한 보조금을 지급하는 수밖에 없는 것이다.

이 캠페인에 대한 주요 쟁점은, 도호쿠 지역에 후쿠시마福島 원자력 발전소 사고가 발생한 후쿠시마가 포함되어 있다는 점이다. 이에 대해 일본 정부는 미심쩍은 지역에 대해서는 전량 검사를 실시하는 등 국민을 보호하기 위한 조치를 취하겠다는 입장이다.

아베 신조 일본 총리도 참여하여 직접 시식을 했다. 정부 주도 프로젝트고 아베 총리는 정부수반이니 당연한 일이다. 위의 영상 말고도 2013년 10월 임시 중의원회 질의에서 "나는 매일 관저에서 후쿠시마산 쌀을 먹고 있고 맛도 보장할 수 있다. 안전하고 맛있는 후쿠시마산 농산물을 풍문에 현혹되지 말고 소비자 여러분이 직접 먹어보길 바란다."라는 멘트를 남겼다. 같은 해 10월 20일에는 후쿠시마 현에서 잡은 문어도 먹었다고 한다.

프로파간다 스타일

프로파간다에서 사용하는 특이한 그림이나 혹은 글자체를 이용하여 작품을 만들기도 한다. 대표적인 작품이라고 하기에는 애매하지만 NSANational Security Agency, 국가안보국 기밀자료 폭로사건 항목에서 제일 위에 있는 'Yes We Scan'이 있다. 물론 본 의미는 악의적인 선전에서 왔지만 간혹 이런 스타일을 이용해서 정권의 비리 폭로 혹은 제품가방이나 옷등을 만드는 사람도 있다.

NSA의 'Yes We Scan'을 이용한 옷

자료 : bloter.net

자료 : society6.com

PROPAGANDA

CHAPTER 02

에드워드 버네이스는 누구인가

PROPAGANDA

CHAPTER 02

에드워드
버네이스는 누구인가

01

프로파간다의 **달인**

개 요

　에드워드 버네이스Edward Bernays, 1891년 11월 22일~1995년 3월 9일는 오스트리아계系 미국인이다. '홍보의 아버지'로서 알려진 홍보활동과 프로파간다의 전문가다. 즉, '홍보의 아버지'로 홍보·선전 분야의 개척자다. 지그문트 프로이트의 조카친조카 겸 처조카이며 숙부인 프로이트의 정신분석학과 귀스타브 르 봉Gustave Le Bon, 1841~1931과 윌프레드 트로터Wilfred Trotter, 1872~1939의 군중심리학에 주목하여 대중선동과 홍보활동의 기초를 쌓았다.

　프로이트파의 심리학이론을 미국에 보급시킨 공로자로 제2차 세계대전 후의 미국 내에서 일어난 정신분석 붐의 주동자 역할도 했다. 그는 트로터가 연구하는 '군중본능'의 결과는 사회에 불합리하고 위험한 결과를 초래한다고 생각하여, 대중조작이 사회에는 필요하다고 생각했다.

　2002년에 BBC의 아담 커티스Adam Curtis상을 수상한 다큐멘터리 〈자기의 세기

The Century of the Self〉는 버네이스를 근대 홍보활동의 시조로서 인정하고 있다. 또한 〈라이프〉지는 그를 '20세기의 가장 영향력이 있는 미국인 100명'의 한 사람으로 뽑고 있다.

지그문트 프로이트와 에드워드 버네이스

자료 : twitter.com

프로파간다의 **달인**

프로파간다의 **달인**

버네이스의 생애와 영향

생활과 영향

버네이스는 유대인의 양친 슬하에서 1891년에 오스트리아 빈에서 태어났다. 그의 가계도를 보면, 양친 모두 정신분석의 선구자 지그문트 프로이트와 연계가 있어, 프로이트와는 관계가 깊은 조카라고 하는 사실이 알려져 있다. 그의 모친은 지그문트의 여동생이며, 그의 부친은 프로이트의 아내인 마사 버네이스의 남동생인 일라이 버네이스다.

1892년 양친 모두 뉴욕으로 이주했다. 미국에서는 데위트 클린턴 고등학교 DeWitt Clinton High School를 졸업하고, 1912년에는 코넬대학을 졸업하고 농학의 학위를 취득했다. 처음에 뉴욕 시 상품거래소에서 곡물 유통 업무를 보다가 그만두고 친구의 의학 잡지사에서 기자로 일하며 홍보PR 업무를 시작했는데, 언론 대행인으로서 여러 문화 행사를 성공리에 이끌었다.

버네이스는 제1차 세계대전 중에 토머스 윌슨 대통령이 설립한 연방정보위원회 CPI에 소속되어 미국의 세계대전에 대한 공헌이 '전 유럽에 민주주의를 가져온다'는 것을 목적으로 하고 있다는 사실을 선전하는 활동을 전개하였다. 그 공적을 인정받은 버네이스는 윌슨에 의해서 1919년 열린 파리강화회의에 초빙되었다.

1921년에 도리스 E. 프라이쉬만Doris E. Fleischman과 함께 여성의 권리를 호소하는 단체에 참가하여, 다음해 1922년에 그녀와 결혼했다.

대전 중에 국내외에서 어떻게 많은 대중이 민주주의의 슬로건에 의해서 동요되는가 하는 데에 아연실색한 그는 프로파간다 모델은 평상시에도 이용할 수 있다고 생각하게 되었다.

제1차 세계대전 중에 독일군이 이용한 것으로 네가티브한 이미지가 붙어 다닌 '프로파간다'라고 하는 단어 외에, 그는 '홍보PR: Public Relation, 대중관계, 공중관계'라고 하는 단어를 사용하게 되었다.

에드워드 버네이스의 생애, 1920년대 후반, 30년대 초반, 90년대 초반

자료 : twitter.com

프로파간다의 달인

버네이스의 딸 앤에 대한 BBC의 인터뷰에 의하면, 버네이스는 국민의 민주적인 판단은, '신뢰가 충분한 데도' 놀랍게도 미국의 대중은 매우 간단히 잘못된 정치가에게 투표하고, 또 잘못된 선택을 하려고 하며, 그리고 그것들에 의해서 이끌리지 않으면 안 되게 되어 있다고 버네이스는 감득感得하고 있었다. 대중을 이끄는 것으로서, 버네이스는 어느 정도 일관된 '현명한 전제專制'적 사상이 필요하다고 생각하고 있었던 것 같다.

이러한 그의 생각에는 당시 가장 저명한 미국의 정치 평론가였던 월터 리프먼Walter Lippmann의 영향이 상당히 있었다. 버네이스와 리프만은 모두 미합중국공공정보위원회에서 함께 활동하고 있었으며, 그의 대표작 《프로파간다》에서도 리프만을 많이 인용하고 있다.

영불심리학회英佛心理學會에서의 활동

버네이스는 또한 프랑스 심리학회의 대표적인 심리학자이며, 군중심리학의 시조인 귀스타브 르 봉을 참고로 함과 동시에, 영어권에서 유사한 연구를 행하고 있던 윌프레드 트로터의 대표작 《전쟁과 평화의 군중본능》으로부터도 자주 인용하고 있다.

런던대학 병원의 두부·경부頸部외과의였던 트로터는 동시대에 활동하고 있던 프로이트의 저작을 알고, 그와 함께 연구도 실시하고 있었다. 트로터는 프로이트와 관계를 가진 외과의로서 활동하고, 윌프레드 바이온이나 어네스트 존스와 함께 영국에 대한 프로이트파 정신분석학 운동의 중심 멤버가 되어, 프로이트의 제자가 많이 소속되어 있는 타비스톡 연구소가 깊이 관계하고 있는 그룹다이나 믹스의 영역에서 연구에 공헌하고 있다. 그 때문에 제2차 세계대전의 기간 중에 집단심리학과 정신분석학은 런던에서 결집하고 있었다.

'합의의 조작'의 발명

버네이스의 홍보활동은 미국에서의 프로이트 이론의 보급에 공헌하게 되었다. 버네이스는 또한 미국의 광고산업에서 대중을 설득하는 캠페인을 기획함에 즈음하여, 심리학과 그 밖의 사회과학을 이용하는 선구자가 되었다.

집단심리의 동향과 메커니즘을 이해할 수 있다면, 기획자의 뜻대로 낌새채는 일 없이 대중을 조작하고 조직화하는 일이 가능하며, 근년의 프로파간다는 적어도 어떤 초점, 어떤 한도 이내에서 이것이 가능하다는 것을 증명하고 있다.

버네이스는 이 여론형성의 과학적 기법을 '합의의 조작engineering of consent'이라고 이름붙이고 있다.

명저 《여론의 정제》의 완성

버네이스는 1913년에 출판업을 비롯하여, 극장이나 콘서트, 발레 관계자를 위한 카운셀링을 시작했다.

1917년, 미국의 우드로 윌슨 대통령은 조지 크릴과 함께 그의 아이디어를 바탕으로 하여 공공정보위원회를 세웠다. 버네이스는 칼 뵤일, 존 프라이스 등과 협력하여 미국의 제1차 세계대전 참전을 위한 대중여론의 형성을 위해서 활동

프로파간다의 **달인**

했다.

1919년에 그는 뉴욕에 홍보고문 사무소를 개설하고, 1923년에는 뉴욕대학에서 최초의 홍보강좌를 개설했다. 또한 같은 해 홍보에 관한 명저 《여론의 정제Crystalizing Public Opinion》를 출간했다.

그는 이 책의 서문에서 "PR 전문가라는 직업은 수년 내에 서커스단의 곡예를 대리하는 하잘것없는 지위에서 세계사를 움직이는 중요한 위치로 발전하였다."라고 주장했다. 이 책은 당시 PR에 대한 무관심 때문에 저조한 판매량으로 시작되었지만 결국에는 PR 연구의 고전이 되었다.

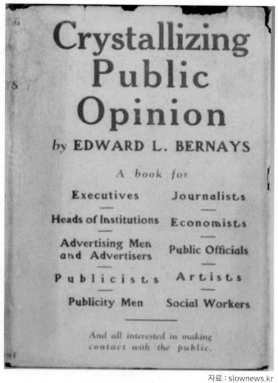

《여론의 정제》표지

자료 : slownews.kr

버네이스는 이 책에서 "선전과 교육의 유일한 차이점은 실제로 관점일 뿐이다. 사람들이 자신이 믿는 것을 주창하는 것은 교육이고, 믿지 않는 것을 주창하는 것은 선전이라고 한다."면서 선전의 가치를 열정적으로 주창했다. 그는 자신이 조작자manipulator로 불리는 것도 개의치 않았는데, 그 이유는 그것이 바로 PR 전문가의 일이라고 생각했기 때문이다. 즉, 클라이언트의 사적인 이익과 사회의 공적인 이익을 조화시키는 것이 PR 전문가가 하는 일이라는 것이다.

'광고혁명'의 실현

버네이스 자신도 그 업적은 많지만, 한편으로 저명한 클라이언트의뢰인가 많이 있었다는 사실도 알려져 있다. 한 예로서 캘빈 쿨리지 미합중국 대통령, 프록터 앤드 갬블Procter & Gamble, CBS, 유나이티드 프루트 컴퍼니United Fruit Company, 아메리칸 토바코, GE, 닷지 모터스 등 외에 공중위생 서비스 공공의 불소 첨가 추진자의 대부분은 버네이스의 클라이언트였다.

저명하고 유력한 클라이언트의 사업에 공헌하면서 버네이스는 고전적 출판업계와 심리학·사회학의 기법을 결합하여 '선전의 과학'이라고 불리는 광고혁명을 실현했다.

P&G 비누 홍보 사례[1]

자료 : slownews.kr

📶
1   1923년, P&G는 아이보리 비누의 판매를 확대하기로 결정했다. 어린이들이 샤워와 세수를 즐기면 판매량은 늘어나겠지만, 문제는 아이들이 '눈이 따가워진다'며 비누 세수를 싫어한다는 사실이었다. 마케팅 PR의 천재로 불렸던 에드워드 버네이스는 이듬해 '전국 비누조각 대회'를 열었고, 수천만 명의 아이들을 비누 애호가로 바꾸어 놓았다.

버네이스의 수법

프레스 릴리스press release 수법의 개량

버네이스는 1906년의 애틀랜틱 시티 철도의 열차사고의 홍보담당자로서 아이비 리가 발명한 프레스 릴리스보도자료라고 하는 수법을 더 개량하여 미국 사회에 보급시켰다.

여성의 끽연 캠페인

버네이스의 가장 유명한 캠페인의 하나로서, 1920년대의 여성 끽연 캠페인을 들 수 있다. 버네이스의 캠페인은, 당시 최대의 사회적 터부taboo의 하나였던 여성의 공공장소에 있어서의 끽연을, 담배업계가 '극복'하는 도움이었다. 당시 여성은 지정된 장소에서의 끽연만 허용되고 있어, 위반자는 체포되고 있었다. 이에 대해서 버네이스는 1929년에 뉴욕에서 행해진 이스터_{부활절} 행진에서 럭키 스트라이크 담배를 '자유의 횃불'이라고 제목을 붙여서 여성 모델들에게 들게 하여, 담배를 가진 여성과 자유의 여신의 이미지를 겹쳐서 상기시키는 전략을 실시했다. 실제로는 뉴스에 해당하는 것은 아니지만, 버네이스는 이 행사를 선전이 아니라 뉴스로 다룸으로써 의심하지 않고 대중에게 메시지를 투하하는 데 성공했다.

또한 의료단체 등으로부터 '과자는 살찌지만, 담배는 살이 빠진다'고 홍보하게 하여, 여성이 스스로 담배를 수용하기 위한 선전활동도 실시했다. 버네이스에 의한 교묘한 선전에 의해서 여성은 이전보다 담배를 더 많이 구입하게 되어, 여성의 끽연도 사회적으로 허용되게 되었다.

여성의 끽연 캠페인

자료 : blog.daum.net

프로파간다의 달인

자료 : brunch.co.kr

제3자 기관의 이용

버네이스는 대중의 의견을 조작하는 수법으로서, 클라이언트의 목적을 지지하는 '제3자 기관'의 이용을 좋아했다. 버네이스는 "의식적인 협력이 있든지 없든지, 만일 그대가 지도자에게 영향을 미칠 수가 있다면, 그들이 지배하는 층의 사람들에 대해서조차 필연적으로 영향을 줄 수가 있을 것이다."라고 언급하고 있다.

베이컨의 판매촉진

일례로서 버네이스는 베이컨의 판매촉진을 목적으로 조사를 실시하여, 미국 국민은 롤빵과 오렌지주스 등의 매우 가벼운 조식이나 커피만을 매일 아침 먹고 있다는 것을 알아냈다. 그는 이 조사를 근거로 의사한테 가서 건강의 관점으로부터, 인간은 야간에 체력을 소비하고 낮에도 많은 에너지를 필요로 하기 때문에, 더 실한 식사를 하는 편이 바람직하다는 결론을 얻었다. 그는 5,000명의 의사에게 설문지를 송부하여, 그중 4,500명으로부터 가벼운 조식보다도 영양가 높은 조식 쪽이 건강에 좋다는 회답을 얻었다. 이것에 기초하여 버네이스는 '4,500명의 의사가 더 영양가 높은 조식을 장려'한다는 기사를 여러 신문을 통해서 전

아침 영양식으로 각인된 베이컨

자료 : iconsumer.or.kr

미국에 제공하고, 또한 다른 기사에서 '베이컨을 조식의 중심으로 할 것'이라는 기사를 제공함으로써 결과적으로 베이컨의 매상을 비약적으로 늘리는 데 성공했다. 버네이스는 전 미국인의 아침 식사 메뉴를 바꾼 남자로 유명세를 타게 되었다.

프로이트 이론의 응용

버네이스는 또 간접적으로 담배, 비누나 서적 등 다양한 상품의 판매촉진에 대해 숙부 지그문트의 정신분석 수법을 이용했다. 그리고 숙부의 이론 외에 버네이스는 이안 파브로프 Ivan Pavlov도 이용하게 되었다. 홍보업계사연구의 제1인자의 한 사람인 스콧 카트리프는, 버네이스를 "홍보업계에서 아마 가장 과격하고 매력적인 인물이며, 총명하지만 지나칠 정도로 확실한 그리고 무엇보다도 1919년 6월에 그가 창업한 당시 요람기였던 광고업계에 있어서 혁신적인 사상가이며 철학자이다."라고 기술하고 있다.

반공 프로파간다

버네이스는 대중에게 확대되는 공산주의 이념에 대처할 방법으로서 '프로이트 이론'을 사용했는데, 그 수법은 공산주의에 대한 국민의 공포감정을 완화하는 것이 아니라, 오히려 그 공포를 촉진하여 그것에 대한 대중감정을 농락했다. 이 이론은 냉전 중에 대단히 강력한 무기가 되었다.

에드워드 버네이스, 그는 최초의 PR 전문가인가 정보조작자인가?

엄청난 인기를 끌며 미국 여성들은 짧은 머리 스타일을 하기 시작

머리망을 의무적으로 착용하도록 법을 개정

베이컨은 에드워드가 만들어낸 아침 메뉴

그는 에드워드 버네이스

그는 단지 담배를 많이 팔기 위해서 여성들의 자유를 지지하는 척 연기했던 겁니다.

여성들의 흡연을 공개적으로 보여준 것

"우리는 스스로 자유의지에 따라 행동한다고 생각하지만 실은 거대한 권력을 행사하는 사람들의 지배를 받는다"

자료 : iconsumer.or.kr

머리망 판매촉진

1920년대 아이린 캐슬의 짧은 머리가 유행하면서, 머리망 제조회사는 고민에 빠졌다. 한 잡지회사의 기자였던 에드워드 버네이스는 이 이야기를 듣고 한 방법을 생각해냈다. 그 결과 위생을 위해 음식점이나 공장에서 머리망을 의무착용하게 한 것이다. 생각의 전환으로 주목을 받은 그는 미국 최초의 PR 전문가가 됐다. 그는 1919년 PR 전문회사를 만들어 연구하기도 했다.

정보조작의 아버지로

버네이스의 PR 기법은 히틀러의 마음까지 움직였다. 버네이스는 히틀러의 러브콜을 처음에는 거절했지만 강한 압박에 못 이겨 레니 리펜슈탈이 만든 〈의지의 승리〉[2]라는 히틀러 찬양 영화의 홍보를 맡았다. 이때부터 잘나가던 PR 전문가는 '정보조작의 아버지', '민주주의의 암살자'가 됐다.

버네이스는 이에 대해 "우리는 스스로 자유의지에 따라 행동한다고 생각하지만 실은 거대한 권력을 행사하는 사람들의 지배를 받는다."라고 말했다. 그러나 그가 쓴 책은 현재까지도 PR의 고전으로 남아 있다.

버네이스는 1928년에 출간한 《프로파간다》에서 PR선전의 필요성을 열렬히 역설하였다. 이 책 전체를 관통하는 하나의 사상이 있다면, 그건 바로 무질서에 대한 두려움 또는 정연한 질서에 대한 갈망이다. 이 책은 "대중의 관행과 의견을 의

---

2 Chapter 01. 참조.

식과 지성을 발휘해 조작하는 것은 민주주의 사회에서 중요한 요소이다."라는 말로 시작해 다음과 같은 말로 끝을 맺는다. "선전은 절대 사라지지 않는다. 현명한 사람일수록 선전은 생산적인 목표를 달성하고 무질서를 바로잡는 데 필요한 현대적 도구라는 점을 직시한다."

버네이스는 "선전 전문가들은 우리의 일상에서 갈수록 중요한 위치와 기능을 차지하고 있다."면서 이렇게 말한다. "새로운 활동은 새로운 용어를 요구한다. … 현대 생활이 날로 복잡해지면서 대중사회의 어느 한 영역에서 이루어지는 움직임을 다른 분야에도 알려야 할 필요성이 대두됐다. PR이라는 직업이 새롭게 부상한 이유는 그 때문이다." 버네이스는 PR 전문가로서 자신의 이런 생각들을 실천에 옮겼던 것이다.

버네이스의 명저 《프로파간다》

PROPAGANDA

프로파간다 대중 심리를 조종하는 선전 전략
에드워드 버네이스 지음 · 강미경 옮김   공존

04

프로파간다의 **달인**

철학과 홍보

   1995년 버네이스의 죽음과 동시에 공표된 복수의 논문은 20세기를 무대로 해서 그가 얻은 많은 식견을 포함하는 것이었다. 회고록 중 아이디어 회상록回想錄의 초기 초고草稿를 포함한 논문들은 쿠리지의 대량소비주의 콜렉션으로 뽑힌다. 1919년부터 1963년에 걸쳐 뉴욕에서의 버네이스의 스타일은 일관되게 '홍보의 조언자'였다. 그는 자신과 그 이외의 광고에 대해서 현저한 차이를 갖고 있었다. 치밀한 기업광고 캠페인과 소비자를 위한 다중매체의 이용을 편성해 가는 중추 인물이 행한 공적인 사회과학연구로서, 1933년에 출간된 그의 저서 《합중국에 있어서의 근대사회동향》은 중요시되어 왔다.

   버네이스는 내심으로 프로파간다라고 의도적으로 만들어낸 뉴스를, 그때까지의 광고맨과 다른 방법에 의해서 대중을 움직이는, 윤리적 정당성을 가진 비즈니스를 위한 합법적인 도구라고 생각하고 있었다.

자료 : theteams.kr

버네이스의 에세이 〈프로파간다의 비즈니스〉에서, 그는 홍보맨을 새로운 아이디어나 물건을 대중에게 받아들이게 하는 특수한 탄원자欸願者로 보고 있다. 한편, 그는 홍보고문을 랠프 월도 에머슨Ralph Waldo Emerson적인 초월주의와도 닮은 새로운 가치관의 창시자 혹은 사회의 정치지도자의 행동에 영향을 미치는 존재로서 보고 있다. 그러나 인도의 정신문화나 그 물질주의에 대한 비판에 심취해 있던 초월주의자인 에머슨과 기업선전을 위해서 노력하고 있던 버네이스를 본질적으로 동질로 생각하는 것은 어려움이 있다고 할 수 있다.

버네이스의 견해로서는, 개개 인간의 본능적인 힘이나 상호적 생물적 활동은 히틀러 지배하의 독일에서 보는 바와 같이 본질적으로 위험한 것이며, 일부의 사회적 엘리트의 경제적 이익을 위해서 억압되고 조작되는 것이었다. 대량생산의 이용과 거대 비즈니스는 본질적으로 불합리하고 또한 욕망에 의해서 움직이는 대중의 끊임없는 욕망을 충족하는 데 성공했지만, 동시에 통제를 잃으면 일순간에 사회를 분단의 위험에 빠뜨릴 위험한 동물들의 욕망을 계속해서 충족시키지 않으면 안 될 상황에 빠졌다. 버네이스의 건방지고 철학적인 언급은 1928년에 간행된 《대중여론의 조작》에 단적으로 드러나고 있다. 여기에서 그는 "바야흐로 대량생산의 시대다. 물질의 대량생산에 있어서는 그 유통을 위해서 폭넓은 기술개발이 행해지고 이용되고 있다. 현대에 있어서도 대중에 대한 사상의 유통을 위한 기술은 필요불가결하다."라고 쓰고 있다. 그 자신 《프로파간다의 비즈니스》1928년 안에서도 "홍보조언자는 사회적 책임이 있는 입장을 이어받는다거나 위정자의 직속 부하가 되어서는 안 된다."라고 경종을 울리는 등 프로파간다의 위험성에는 주의가 미치고 있다. 그러나 한편으로 1928년의 저서 《프로파간다》에서, 버네이스는 "여론조작은 민주주의의 필요한 일부이다."라고 주장하고 있다.

조직적 행동이나 대중의견에 대한 의도적이고 교묘한 조작은 민주주의 사회의 중요한 요소다. 사회의 보이지 않는 메커니즘을 조작하는 자는 진정한 의미에서 국가 권력을 지배하는 보이지 않는 정부를 만들어낸다. 우리들은 들은 바도 없는 사람들에 의해서 지배되고, 우리들의 사고는 그 지배자에 의해서 형성되고, 경험이 구성되며, 사상은 제안되는 것이다. 이것이 우리들의 민주주의를 형성하는 수단의 논리적 귀결인 것이다. 대량의 인간이 원활하게 사회를 돌면서 함께 생활해 가고자 한다면, 모두 이 방식을 따라가지 않으면 안 된다.

사회적 합의나 윤리적 생각이나 정치적·경제적인 행동 등 우리들의 일상생활 거의 모든 행동은 심리적 프로세스나 대중의 사회 패턴을 이해한 비교적 소수의 사람들에 의해서 지배된다.

마린 퓨로 대표되는 〈오피니언〉지의 기사에서 '현대의 마키아벨리즘'으로서 비판받는다거나 에베레트 딘 마틴과의 토론회 '우리들은 프로파간다의 희생자인가?'에서 비판적으로 문제시되었다. 보도도 또한 광고에 의해서 이루어지고 있는데, 버네이스 등 광고사업자는 자주 프로파간다 주모자나 사기적 조작자로서 보도관계자로부터도 비판을 받게 되었다.

05

프로파간다의 **달인**

여 담

버네이스의 《프로파간다》1928년 '추천의 글'1997년에서 에이브럼 노엄 촘스키Avram
Noam Chomsky**3**는 다음과 같은 말로 시작하고 있다. "전체주의는 폭력을 휘두르고,
민주주의는 선전을 휘두른다."

1916년 우드로 윌슨은 반전 공약을 내세워 미국 대통령에 당선됐다. 미국은

3　미국의 언어학자, 철학자, 인지과학자, 역사가, 사회비평가, 정치운동가, 아나키스트, 저술가이며, 좌파 학자이다.
현대 언어학의 아버지로 묘사된다. 현재 매사추세츠 공과대학교의 명예교수이며, 애리조나 대학교의 교수이다. 촘스
키는 변형생성문법 이론을 만들어낸 학자로 유명하여 20세기에 가장 중요한 공헌을 한 언어학자로 존경받고 있다. 그
는 철학 분야에서 1950년대에 주류였던 B. F. 스키너의 언어행동을 연구, 행동주의자들을 비판하여 인식의 혁명을 불
러일으킨 인지과학의 선구자이기도 하다. 그의 자연주의적인 언어학의 접근은 정신과 언어의 철학에 많은 영향을 주었
다. 또한 촘스키는 1956년에 형식언어를 생성하는 형식 문법의 부류들 사이의 위계인 촘스키 위계를 만들었다. 예술
및 인문학 인용 색인(A&HCI)에 의하면 1980년부터 1992년 사이에 촘스키는 생존해 있는 학자들 중에서 가장 많이
인용되는 학자이고, 역대 인물 중 여덟 번째로 자주 인용되는 학자로 기록되어 있다.
1960년대 베트남 전쟁부터 촘스키는 미디어 비평과 정치적 행동으로 인해 널리 알려지게 된다. 그의 정치적 행동과 비
평은 특히 미국의 제국주의 정책에 대한 비판과 인권옹호에 초점이 맞추어져 있다.

제1차 세계대전1914~1918년에 적극 반대했고 '승리 없는 평화'를 슬로건으로 내세웠다. 그러나 그는 전쟁에 참가하기로 결정했다. 전쟁을 반대하는 국민들의 마음을 돌려 어떻게 전쟁터로 내모느냐 하는 것이 문제였다. 이 문제를 해결하기 위해서는 선전propaganda이 필요했다. 그래서 미국 역사상 최초로 설치된 것이 연방선전기관이었다. 그 기관이 바로 연방공보위원회United States Committee on Public Information다. 이 위원회의 임무는 국민을 선동하여 호전적 애국주의에 광분하도록 만드는 것이었다. 이 전략은 효과가 있어서 미국은 불과 몇 달 만에 참전하게 되었다.

제1차 세계대전 모병 포스터

자료: m.blog.naver.com

많은 사람들이 감탄했지만 특히 아돌프 히틀러의 놀라움은 대단했다. 제1차 세계대전의 패배 원인이 선전 때문이라고 생각하고, 다음번에는 선전 체제를 온전히 갖추기로 하여, 실제로 제2차 세계대전1939~1945년 동안 이를 실천에 옮겼다. 그리하여 히틀러의 밑에는 파울 요제프 괴벨스가 등장하게 된다.

미국에서는 제1차 세계대전을 계기로 만들어진 연방공보위원회에서 PR 전문가들이 배출되는데, 에드워드 버네이스도 그중 한 사람이다. 버네이스는 《프로파간다》를 쓰기 시작하면서 제1차 세계대전을 겪으면서 얻은 교훈을 반영하고 있다고 말했다. 그는 제1차 세계대전의 선전 체제와 자신이 참여했던 연방공보위원회를 통하여 "군대가 대중의 육체를 통제하듯이 여론을 조목조목 통제할 수 있다."는 점을 간파했다는 것이다. 그리고 그는 선량한 대중이 바른 길로 가

에이브럼 노엄 촘스키

게 하려면 마음을 통제하는 이 새로운 기술을 소수의 지식인들이 사용해야 한다고 말했다.

촘스키에 의하면 《프로파간다》는 홍보산업의 핵심 매뉴얼이다.

촘스키는 결코 접근하기 쉬운 인물이 아니다. 그는 언어학의 교황이라고 흔히들 알고 있다. 촘스키의 이론은 언어학뿐만 아니라 심리학과 인지과학, 컴퓨터공학, 생물학 등에까지 영향을 주었고, 1980~1990년대에는 모든 분야를 통틀어 세계에서 가장 많이 인용되는 학자였다. 또 통산하여 역사상의 모든 저술가 가운데 피인용수가 가장 많은 10인 중의 한 사람이다. 셰익스피어, 마르크스와 동급의 인용도를 보인다고 하며, 생존해 있는 지식인들 중에는 가장 중요한 인물로 꼽히기도 한다. 유명한 언어학자인 만큼 많은 명언을 남겼다.

"자본주의는 사회의 중심 기구가 독재적인 통제하의 원칙에 따라 움직이는 시스템이다. 따라서 정치적인 개념으로 생각하자면, 기업이나 산업은 파시스트다. 다시 말해 상위에서 팽팽한 통제를 하고 있으며 각 단계에서 엄격한 복종이 확립되어 있다. 아주 적은 협상과 타협이 있지만 권력의 줄은 완벽하게 간단하다. 내가 정치적인 파시즘에 반대하는 것처럼, 나는 경제적인 파시즘에도 반대한다. 사회의 주요 기관이 대중의 참여와 공동체의 통제하에 있을 때까지, 민주주의에 대해 이야기하는 것은 부질없다."

그러한 촘스키가 늦게나마 버네이스의 《프로파간다》에 추천의 글을 헌사한다는 것은 상당한 의미가 있다.

PROPAGANDA

CHAPTER 03

에드워드 버네이스의
프로파간다

PROPAGANDA

CHAPTER **03**   에드워드 버네이스의
프로파간다

01

프로파간다의 **달인**

보이는 것이 전부가 아니다

송나라 문장가 소동파의 글에 구반문촉(敲槃捫燭)이란 말이 있다. 장님이 쟁반을 두드리고 초를 어루만져 본 것만 가지고 태양에 대해 말한다는 뜻이다. 확실하지도 않은 것을 가지고 이렇다 저렇다 함부로 논하거나 말하지 말라는 것을 빗댄 한자성어이다. 군맹무상(群盲撫象)과 뜻이 통한다.

북송(北宋) 때의 시인 소동파(蘇東坡)가 쓴 〈일유(日喩)〉에서 유래하였다. 태어나면서 장님인 사람이 있었다. 어느 날 태양이 어떻게 생겼는지 궁금해 어떤 사람에게 물으니, 구리 쟁반처럼 생겼다고 대답하였다. 소경은 집으로 돌아와 쟁반을 두드려 보고 그 소리를 기억해 두었다. 다른 날 길을 가다가 종소리를 듣고는 쟁반을 두드릴 때 나는 소리와 비슷하자, 종을 태양이라고 하였다.

어떤 이가 다시 태양은 촛불처럼 빛을 낸다고 하자, 손으로 초를 어루만져 보고는 그 생김새를 기억해 두었다. 뒷날 우연히 피리를 만져보고는 초와 생김새가 비슷했으므로 이번에는 피리를 태양이라고 하였다.

구반문촉이란 말은 이 우화에서 생겼다. 장님은 태양을 본 적이 없기 때문에 남의 말만 듣고 지레짐작으로 쟁반·종·초를 태양으로 단정하였다. 하지만 이 셋은 태양의 실체와는 전혀 다르다. 사람들이 들으면 배꼽 잡고 웃을 일인데도, 장님은 이를 태연하게 진리처럼 말하고 있는 것이다.

이와 같이 남의 말만 곧이듣고서 그것이 마치 사실이나 진리인 듯 여겨 어리석음을 자초하지 말라고 경계하는 한자성어가 바로 구반문촉이다. 섣부른 판단, 불확실한 일, 맹목적인 믿음 등이 모두 경계 대상에 포함된다. 군맹모상群盲摸象·군맹무상群盲撫象·군맹평상群盲評象·맹인모상盲人摸象과도 뜻이 통한다.

버네이스는 그의 저서 《프로파간다》를 다음과 같은 첫 단락으로 시작하고 있다.

"대중의 관행과 의견을 의식과 지성을 발휘해 조작하는 것은 민주주의 사회에

군맹무상(群盲撫象)

자료 : chamstory.tistory.com

프로파간다의 달인

서 중요한 요소이다. 사회의 이 보이지 않는 메커니즘을 조작하는 사람들이야말로 국가의 권력을 진정으로 지배하는 '보이지 않는 정부invisible government'를 이룬다."[1]

민주주의民主主義, democracy는 국가의 주권이 국민에게 있고 국민이 권력을 가지고 그 권력을 스스로 행사하며 국민을 위하여 정치를 행하는 제도, 또는 그러한 정치를 지향하는 사상이다. 민주주의는 의사결정 시 시민권이 있는 대다수나 모두에게 열린 선거나 국민 정책투표를 이용하여 전체에 걸친 구성원의 의사를 반영하고 실현하는 사상이나 정치사회 체제이다. '국민이 주권을 행사하는 이념과 체제'라고도 일반적으로 표현된다.

'민주주의'는 근대사회에서 서구의 자유민주주의나 사회민주주의와 동의어처럼 사용되었으나, 사실 독재자들이 눈 가리고 아웅식으로 유사민주주의를 내건 케이스도 분명히 있는 맥락에서 현대적으로 올바른 민주주의란 엄밀히 말하면, 입헌주의 성격을 띤 자유주의와 사회적 소수자나 개인의 평등한 인권 보장을 전제해야 할 것이다.

에이브러햄 링컨

어느 때든, 민주주의 사상이 사회와 정치 문화에 대한 합리적 여러 견해를 포괄하는 것으로 그 뜻이 널리 확장될 수 있다. 민주주의에 대한 가장 간결한 정의로는, 에이브러햄 링컨Abraham Lincoln이 한 연설의 한 대목인 "국민people의, 국민에 의한, 국민을 위한 정치"가 있다. 이는 민주주의의 핵심 요소로 국민주권과 국민자치, 복지주의, 평등주의를 뜻한다.

자료 : freevi.co.kr

---

1 에드워드 버네이스 지음, 강미경 옮김, 프로파간다, 2009, p.61.

그런데 우리는 민주주의 국가에 살면서 버네이스가 언급하듯이 "한 번도 들어본 적이 없는 사람들의 통치를 받으며 우리의 생각을 주조하고, 취향을 형성하고, 아이디어를 떠올린다. 우리의 민주주의 사회가 어떻게 조직되는지를 고려할 때 이는 논리적으로 당연한 결과다."

소위 대의민주주의라는 제도다. 그렇다면 과연 대의민주주의는 민주주의 그 자체인가? 민주주의와 등치될 수 있는 것인가?

인간들은 사회적 과정에서 필연적으로 자신들이 속해 있는 각 층위層位 조직별로 자신들의 대표를 선출하게 된다. 이른바 '서구식 대의민주주의 제도'는 다수의 정당에 의한 선거에 의하여 대중들의 대표를 선출하는 방식이다.

그러나 두 개, 혹은 몇 개의 정당만이 후보자를 내세우고 '자기들만의 경쟁'을 통하여 대표를 선출함으로써 결국 대중들을 수동적인 지위로 전락하게 만든다는 점에서 커다란 한계를 지닌다. 더구나 그들 정당 대부분이 사실상 대자본의 영향력하에 강력하게 포섭되어 명백한 '계급적 한계'를 지니고 있다는 점에서 그 한계는 더욱 분명해진다.

《자본주의·사회주의·민주주의Capitalism, Socialism and Democracy》1942의 저자인 조지프 슘페터Joseph Alois Schumpeter[2]는 아예 "민주주의란 정치 엘리트 간의 경쟁이다."라고 설파한 바 있다. 여기에서 슘페터의 지적은 매우 예리했지만, 그가 말하는 '민주주의'는 '대의제' 혹은 '오늘날 민주주의라 불리는 것'이라는 용어로 대체되었어야 했다.[3]

---

[2] 조지프 슘페터(Joseph Alois Schumpeter, 1883년 2월 8일~1950년 1월 8일)는 오스트리아-헝가리 출신의 미국 경제학자이다. 오스트리아 학파에 많은 영향을 준 경제학자로, 창조적 파괴라는 용어를 경제학에서 널리 퍼뜨렸다.

[3] 소준섭, 대의민주주의는 과연 '민주주의적'인가?, 프레시안, 2011.11.01.

"자본주의는
'창조적 파괴'를 통해
성장한다"

자료 : plus.hankyung.com

    버네이스는 "우리의 보이지 않는 통치자들은 은밀한 내각에서 활동하는 동료 구성원들의 정체를 대체로 알지 못한다."라고 말했다. 그는 이어서 "이 보이지 않는 통치자들이 우리의 집단생활이 질서정연하게 돌아가도록 하는 데 얼마나 필요한 존재인지를 자각하는 사람은 별로 없다."[4]라고 한다.

    버네이스는 그의 저서 《프로파간다》의 목적은 "대중의 마음을 지배하는 메커니즘에 이어, 특정 생각이나 제품을 대중에게 선보이고자 할 경우 그러한 메커니즘을 어떻게 조작해야 대중의 지지를 끌어낼 수 있는지를 살펴보는 데 있다."[5]라고 했다. 그와 더불어 현대 민주주의 사회에서 그가 추구하는 선전의 합당한 위상을 모색하고, 서서히 진화해 나가는 선전 윤리 및 실천 규범도 제시하고자 했다.

 4   에드워드 버네이스 지음, 강미경 옮김, 전게서, pp.61~62.

 5   같은 책, p.74.

02
프로파간다의 **달인**

새로운 선전

프랑스의 루이 14세는 "짐이 곧 국가다."라
고 당당하게 말했다. 그의 말은 그대로 옳았
다. 산업혁명의 역사는 권력이 왕과 귀족에게
서 중산 계급으로 어떻게 옮겨갔는지를 극명
하게 보여준다.

그러나 오늘날 또다시 그 반대 현상이 나타
나고 있다. 그 이유는 소수가 다수에 영향을
미치는 강력한 수단을 발견했기 때문이다. 다
시 말하면 대중의 생각을 조종함으로써 대중
이 새로이 얻은 힘을 소수가 원하는 방향으로
이끌어가는 게 가능해졌다는 것이다. 현재의

루이 14세

자료 : ko.wikipedia.org

사회 구조 안에서는 그러한 기술이 반드시 필요하다. 그 기술이 바로 선전propaganda이다. 선전은 보이지 않는 정부의 실행 부대다.[6]

교육 덕분에 읽고 쓸 줄 아는 능력의 보편화로 일반 사람도 자신의 환경을 다스리는 법을 배울 수 있게 되었지만, 그에 적합한 사고를 갖지는 못했다. 읽고 쓰는 능력의 보편화가 일반 대중에게 이러한 사고를 가져다주지 않은 것이다. 일반 대중은 각종 광고 문구, 신문의 사설, 출간된 과학 자료, 알맹이 없는 주간 신문 기사, 단조로운 역사 이야기 등으로 가득 채워져 있을 뿐이다. 당연히 독창적인 사고는 불가능한 거수기가 되어버린 것이다. 이러한 상황에서 특정한 신념이나 원칙을 널리 확산하고자 하는 조직화된 노력을 필요로 할 때, 어떤 생각을 널리 퍼뜨리는 메커니즘이 바로 선전이다.

선전이 언제나 유쾌한 것만은 아니다. 어떤 경우든 선전이 좋은지 나쁜지는 내세우는 명분의 가치와 그 정보의 정확성에 달려 있는 것이다.

선전宣傳, propaganda은 일정한 의도를 갖고 세론을 조작하여 사람들의 판단이나 행동을 특정의 방향으로 이끌어가는 것이다. 선전의 주체는 정부·혁명 제조직·노동자·시민 혹은 기업 등 정치적인 것으로부터 상업적인 것까지를 포함한다. 상업적 선전은 상품의 판매를 목적으로 하며 시민적 선전에는 교통안전이나 범죄방지, 시민단체의 운동 등에 관한 것이 있다. 정치적 선전은 직접 정치적인 문제에 대한 선전이다. 신문·라디오·텔레비전 등의 발달에 의해 정치 선전의 대상은 확대되고 기술도 고도화되어 있다.

버네이스는 선전을 단순한 책략으로서가 아니라 현대 대중민주주의 체제에서 정치나 경제 및 사회활동에 있어서 필요한 수단이라는 관점에서 설명하고 있다.

6 같은 책, p.78.

선전에 대하여 "현대의 선전은 기업이나 사상 또는 집단과 대중의 관계에 영향을 미치기 위해 사건을 새로 만들거나 일정한 방향으로 끼워 맞추려는 일관된 노력이다."[7]라는 저자의 정의는 이런 관점을 잘 말해준다. 선전에 대한 선입견을 버린다면 수단으로서의 선전이라는 관점과 선전의 방법론에 대해서 배울 수 있을 것이다.

조지 버나드 쇼

이어서 버네이스는 "현재 우리의 사회 조직 안에서 뭔가 큰일을 하려면 대중의 동의가 반드시 필요하다. 따라서 아무리 명분이 훌륭한 운동도 대중의 마음을 감동시키지 못하면 실패하기 쉽다. 사실 사업이나 정치, 문학뿐만 아니라 자선도 선전에 기대왔고, 또 그래야 한다. 결핵을 예방하려면 엄격한 관리가 필요하듯 대중의 경우에도 호주머니에서 돈을 꺼내게 하려면 엄격한 관리가 필요하기 때문이다. 자료 : m.blog.naver.com 중략

선전은 우리의 일상생활 전반에 걸쳐 존재하며, 우리의 세계관을 바꾸어 놓는다. 지나치게 비관적인 견해일 수 있고, 아직 확실하지도 않지만, 의심할 여지없는 현실이 이러한 생각을 뒷받침한다. 사실 대중의 지지를 얻는 데 그 효율성을 인정받으면서 선전의 사용은 갈수록 늘어나고 있다."라고 말하고 있다.

"정치인의 역할은 과학자처럼 정확하게 국민의 뜻을 표현하는 데 있다." 조지 버나드 쇼George Bernard Shaw의 말이다.[8]

---

7 같은 책, p.83.

8 같은 책, p.194.

프로파간다의 달인

선전과 정치 지도력에 대해서 언급하면서 저자는 "오늘날 정치 지도자는 정치 경제와 시정학만큼이나 선전 기술에 밝아야 한다. 지역사회의 보통 지식 수준을 반영하는 데 그친다면 차라리 정치를 그만두는 게 낫다. 어느 집단이든 지도자로 인정하는 사람을 따르는 민주주의를 다루고 있다면 지도자 수업을 받는 젊은이들에게 민주주의 이론뿐만 아니라 실천기술을 가르쳐야 하지 않겠는가?"라고 강조한다.

"지식 계층과 실무 계층의 간극이 너무 클 경우 전자는 아무런 영향력도 미치지 못하고, 후자는 아무런 수확도 거두어들이지 못한다." 영국의 역사가 헨리 토머스 버클Henry Thomas Buckle의 말이다.

다시 버네이스의 말을 들어보자. "현대의 복잡한 문명 속에서 선전은 이러한 간극을 해소하는 교량 역할을 한다. 선전의 현명한 사용을 통해서만 국민의 지속적인 행정기구인 정부는 민주주의의 필수 요소인 대중과 친밀한 관계를 유지할 수 있다."9

선전의 원리를 언급하면서 버네이스는 "선전은 절대 사라지지 않는다. 현명한 사람일수록 선전은 생산적인 목표를 달성하고 무질서를 바로잡는 데 필요한 현대적 도구라는 점을 직시한다."10라고 했다.

에드워드 버네이스(1960년)

자료 : m.blog.daum.net

9 같은 책, pp.194~195.

10 같은 책, p.261.

03

프로파간다의 **달인**

새로운 선전가

우리들이 전혀 인식하지 못하는 사이에 우리의 생각을 지배하고 모든 사항에 관해 우리의 견해를 형성하는 사람은 누구일까? 주택 설계, 가구 배치, 식단 구성, 의상 선택, 운동 종목 선택, 연극 종류 선택, 그림 유형 선택, 웃어야 할지 울어야 할지 등과 관련하여 우리들의 의견을 조성하는 사람은 누구일까?

소위 여론의 선도자 역할을 담당하는 사람의 명단을 작성하는 것이라면 인명사전 《후스 후Who's Who》에 나오는 다양한 명사들의 목록을 참조하면 된다. 여기에는 미국 대통령으로부터 상원의원과 하원의원을 비롯하여 이름 있는 연예인, 운동선수에 이르기까지 수많은 이름이 등재되어 있다.

주지하는 바와 같이 이들 지도자 중 많은 사람들이 거의 이름이 알려지지 않은 사람들에게 영향을 받는다. 많은 국회의원이 선거공약을 정할 때 정계 밖에서는 거의 이름 없는 지역 유지의 조언을 따른다. 언변이 훌륭한 성직자도 지역

사회에 막강한 영향력을 발휘할 수 있지만 많은 경우에 교회 조직의 더 상위 권력으로부터 지시를 받는다. 대통령 후보가 일반 대중의 요구에 밀려 출마하는 경우도 있지만 실제로 그의 입후보 결정은 어느 식당의 테이블 주위에 앉아 있는 몇 사람의 손으로 이루어질 때가 많다.

마크 한나

자료 : en.wikipedia.org

때로는 보이지 않는 배후 조정자의 힘이 분명하다. 한때 미국 정부의 정책 대다수가 마크 한나Mark Hanna[11]라는 단 한 사람에 의해 좌지우지되던 시절이 있었다고 한다. 경우에 따라서 정치인은 폭력을 기반으로 수백만 명을 지배하는 데 성공할 수도 있다.

그런 인물은 일반 대중의 마음속에 '보이지 않는 정부'라고 하는 문구와 관련된 지배자의 전형으로 뇌리에 새겨진다. 그러나 이러한 정치인들 못지않게 다른 분야에서 강력한 영향력을 발휘하는 독재자가 있다는 사실에 많은 사람들은 거의 주목하지 않는다. 예컨대 아이린 캐슬Irene Castle[12]은 짧은 머리 스타일을 유행시켜 유행에 민감한 여성의 90%를 휘두른다. 어떤 패션 지도자들은 시대가 다른 타지에서는 감옥에 투옥될 미니스커트를 유행시켜 몇 십억 달러에 이르는 자

---

11 미국의 기업가이자 오하이오 주 클리블랜드 출신의 공화당 상원의원. 윌리엄 매킨리를 대통령에 당선시켜 권력을 휘둘렀다.

12 버논과 아이린 캐슬은 20세기 초 브로드웨이와 무성 영화에 출연한 무도실 무용수와 무용교사들로 구성된 남편과 부인 팀이었다. 그들은 현대 무용의 인기를 되살린 것으로 인정받고 있다. 캐슬은 무대 이름이다.

산 규모의 여성 의류 업계 전체를 새롭게 재편하고 있다.

이와 같이 보이지 않는 가운데 수백만 명의 운명을 좌지우지하는 지배자들이 있다. 우리들은 알아차리지 못하지만 이들은 무대 뒤에서 기민하게 조정하면서 일반 대중에게 영향을 미치는 공인들의 언행을 지배하는 것이다.

더 중요한 점은 그러한 권위자들에 의하여 우리들의 생각과 습관이 크게 바뀐다는 사실이다.

아이린 캐슬

IRENE CASTLE - THE ORIGINAL BOBBED HAIR

자료 : blog.naver.com

1910년대 아이린 캐슬[13]의 짧은 머리 스타일 때문에 머리망 제조회사의 매출이 급격히 줄어서, 1920년에 머리망 제조업체 '베니다 헤어 넷Venida Hair Net'이 버네이스에게 의뢰를 해왔다. 의뢰 내용은 자사의 머리망이 많이 팔리게 해달라는 것이었다. 만일 당신이 버네이스라면 어떤 방법으로 베니다 머리망을 선전할 것인가? 일반적이라면 예쁜 무성영화 여배우를 모델로 하는 광고 전단을 생각할 것이다. 그러나 버네이스는 전혀 다른 생각을 하고 있었다.

1911년 뉴욕 트라이앵글 의류공장 화재는 911 테러가 있기 전까지 미국 최악의 참사였다. 희생자는 모두 여성이었고 15분 만에 146명이 사망한 끔찍한 사고였다. 이 사고로 인해 뉴욕에 공장조사위원회가 발족되었고 1915년부터 1920년

---

13 단발머리를 유행시킨 무용수 아이린 캐슬(1893~1969). 그녀는 춤출 때 거추장스럽지 않도록 머리를 짧게 잘랐는데, 이 헤어스타일이 1910년대 중반부터 크게 유행했다. 그래서 머리망(hair net) 제조회사의 매출이 급격히 줄었다. 1920년대 초에 버네이스는 다른 유명 예술가들을 종용해 이런 유행을 바꾸고 여성 노동자의 안전을 위해 머리망을 쓰도록 법 개정을 유도함으로써 머리망 제조회상의 매출을 늘려주었다.

작업안전 캠페인과 베니다의 머리망 광고

자료 : brunch.co.kr   자료 : blog.naver.com

까지 60여 개의 산업안전 관련법이 신설되었다.

버네이스는 당시 이슈였던 안전에 주목했다. 그는 풀어헤친 머리가 공장에서 일하는 여성 노동자들에게 매우 위험하다는 캠페인을 전개했다. 만약 여성의 긴 머리카락이 기계에 휘말려 들어간다면 위험한 것은 엄연한 사실이었다. 공장에서 일하는 여성들은 자발적으로 베니다의 머리망을 구매하기 시작했다. 베니다의 머리망은 얼마 안 가 유행이 되었다. 결국 몇몇 주정부에서 버네이스의 캠페인을 진지하게 받아들였고 여성근로자가 공장에서 머리망을 착용해야 하는 법을 통과시켰다. 베니다의 머리망은 의무가 되었다.

버네이스가 말하듯이 "일상의 어느 부분에서 우리는 스스로의 자유의지에 따라 행동한다고 생각하지만 실은 거대한 권력을 행사하는 독재자들의 지배를 받는다."[14] 예를 들면 의류업계에서 부는 유행의 바람이 이에 해당한다. 어느 양복

14 같은 책, p.99.

점이나 의상실의 이름 없는 멋쟁이 재단사가 디자인한 옷이 상류사회 소비자들을 통해서 세계적으로 널리 유행하는 경우를 볼 수 있다. 유명한 여배우가 업체의 권유로 어떤 신발을 착용하면 순식간에 유행이 퍼져 나간다. 버네이스는 "이처럼 우리는 일상의 다양한 분야에서 여러 사람의 지배를 받는다. 정치의 옥좌 뒤에서 권력을 행사하는 손이, 연방준비은행의 재할인율을 조종하는 손이, 심지어 다음 시즌에 유행할 춤을 은밀히 결정하는 손이 있을 수 있다."[15]는 것이다.

그런데 버네이스가 지적하는 '보이지 않는 정부'는 소수의 손에 집중되는 경향이 있다. 그 이유는 일반 대중의 의식과 습관을 지배하는 사회 기구를 조종하는 데 들어가는 비용이 많이 들기 때문이다. 그러한 이유로 선전의 기능이 소수의 선전 전문가 손에 점차 집중되고 있는 추세라고 할 수 있다. 이 선전 전문가들은 우리의 일상생활에서 갈수록 점점 중요한 위치와 기능을 차지하고 있는 것이다.

이와 같이 기업의 동향과 생각을 대중에게 전달하는 동시에 대중의 의향을 기업에 전달하는 전문가들을 'PR 고문public relations counsel'이라고 부른다.

PR 고문

자료 : wantleverage.com

15 같은 책, p.101.

프로파간다의 달인

버네이스 자신이 최초로 PR 고문이라는 직함을 가지고 사무실을 열어 PR을 전문 직업으로 자리 잡게 한 인물이다. 선전을 변호하고 선전이 대중사회에 미치는 영향력을 강조하는 등 홍보를 널리 알리는 데 일생을 바쳤다.

그러면서 대통령부터 기업·단체에 이르기까지 수많은 의뢰인들의 이미지나 판매와 관련된 다양한 문제를 해결하는 데 탁월한 능력을 발휘했다.

버네이스가 지적하듯이 PR 고문의 주요 임무는 "현대의 각종 커뮤니케이션 매체와 사회의 다양한 집단을 활용해 대중의 의식을 파고드는 데 있다. 하지만 그는 이보다 훨씬 더 많은 일을 한다. 그는 행동, 원칙, 체계, 의견의 과정에도 관여하면서 이에 대한 대중의 지지를 공고히 다지는 역할도 담당한다. 또한 가공된 제품과 원료 상태의 제품처럼 유형의 물건에도 관심을 기울인다. 나아가 공익사업, 업계 전체를 대표하는 대규모 무역 집단과 협회에도 관여한다."[16]

이어서 PR 고문으로서 "그는 변호사와 마찬가지로 주로 의뢰인의 자문 역할을 수행한다. 변호사는 의뢰인의 사업이 지니는 법적 측면에 집중한다. PR 고문은 의뢰인의 사업을 홍보하는 데 집중한다. 그는 대중에게 영향을 미치거나 대중이 관심을 보이는 의뢰인의 아이디어, 제품, 활동의 모든 국면에 개입한다."[17]라고 말하고 있다.

따라서 버네이스가 지적하듯이 "PR 고문은 단순히 광고 업무만 담당하는 것이 아니라 광고가 지향하는 취지를 지지한다. 많은 경우 광고 대행사는 고객의 편에 서서 업무를 전담할 PR 고문을 기용한다. PR 고문의 업무와 광고 대행사의

16 같은 책, pp.102~103.

17 같은 책, p.103.

The counsel on public relations is not an advertising man but he advocates for advertising where that is indicated. Very often he is called in by an advertising agency to supplement its work on behalf of a client. His work and that of the advertising agency do not conflict with or duplicate each other.

— *Edward Bernays* —

AZ QUOTES

자료 : azquotes.com

업무는 서로 갈등을 일으키지도 않지만 그렇다고 중복되지도 않는다."[18]

　PR 고문의 역할이 세상에서 처음으로 주목을 끌기 시작한 것은 20세기 초반 보험업계의 추문이 대중 잡지의 기업 재정 관련 폭로기사와 맞물리면서였던 것으로 기억된다. 여론의 공격을 받은 보험업계는 그때까지의 충성스러웠던 대중으로부터 완전히 외면을 당했으며, 따라서 대중의 속내를 헤아리고 대중에게 자신들을 알릴 수 있는 방법을 제시해줄 전문가가 필요하다는 것을 알게 되었다.

　1863년 뉴욕시의 사업가 몇 명이 설립한 내셔널유니언생명상해보험회사National Union Life and Limb Insurance Company는 1864년 7월에 영업을 시작했다. 보험 상품은 남북전쟁에 참전한 선원과 병사의 전쟁 관련 장애 보험이었다. 시작은 힘들었다. 1864년 말 내셔널유니언의 계약 실적은 생명보험 17건과 사고보험 56건뿐으로, 뉴욕 주에서 영업하는 27개 생명보험회사 중 꼴찌였고, 1,400달러의 적자를 기록했다. 5년간 힘들게 사업을 하면서 몇 차례의 구조 개편과 상호 변경이 있고

18 같은 책, pp.103~104.

난 뒤에, 제임스 R. 다우James R. Dow, 의사 사장과 이사회는 상해보장보험을 포기하고 생명보험에만 집중하기로 했다. 그에 따라 메트로폴리탄생명보험회사Metropolitan Life Insurance Company, 메트라이프[19]가 탄생했다.

메트라이프가 1868년 3월 24일 영업을 시작했던 시기는 전화기가 아직 발명되지 않았고, 전등도 아직 많이 보급되지 않았던 시절이었다. 당시 미국 인구는 약 3천7백만 명이었고, 미국은 37개 주로 구성되어 있었다. 메트라이프 본사는 방 두 개짜리로, 직원 6명에게는 충분한 공간이었다.

새로운 사업도 어려움을 겪었다. 1870년대 초에 시작된 심각한 사업 침체로 뉴욕 주에서 영업하던 70개의 생명보험 회사 중 절반 가량이 견디지 못하고 문을 닫았다. 설립한지 오래된 대형 생명보험 회사만이 강세를 보이며 살아남았다. 해마다 계속되는 신규 보험 계약 감소 때문에 사세가 점점 위축되다가 1870년대에는 최저점에 이르렀다.

대중에게 자사의 보험 증권을 구매하게 하기 위해서 대대적으로 내부개혁을 실시했다. 본사 건물도 영원히 기억에 남도록 멋지게 새로 지었다. 그 결과 이 회사는 널리 인정받게 되었다. 사회접촉의 범위와 빈도가 늘어나면서 이 회사가 판매하는 보험 증권의 숫자와 금액도 계속 증가했다.

10년 만에 수많은 대기업에서 여러 가지의 직함으로 PR 고문을 채용했다. 계속해서 번영을 누리려면 대중의 호의가 필요하다고 판단했던 것이다. 기업경영은 '대중의 일과는 무관하다'는 말은 이제 더 이상 진리가 아니었던 것이다.

PR 전문가는 홍보 책임자나 홍보 고문으로 불리기도 한다. 비서실장이나 부사장, 이사로 불릴 때도 많다. 때로는 임원이나 위원으로 불리기도 한다. 어떤 직함

---

19 메트라이프(MetLife)는 미국 최대의 생명보험 회사이다. 1868년 설립되었다.

으로 불리든 그의 역할은 명확하며, 그의 조언이나 충고는 그와 함께 일하는 집단이나 개인의 행동과 밀접하게 관련되어 있다.[20]

PR 고문이라는 직업은 변호사와 의사의 윤리 규범과 비등한 윤리 규범을 개발하고 있다. 어떤 면에서 PR 고문의 업무 조건 자체가 이러한 규범을 준수하지 않을 수 없게 만든다.[21]

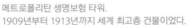
메트로폴리탄 생명보험 타워.
1909년부터 1913년까지 세계 최고층 건물이었다.

자료 : ko.wikipedia.org

20 같은 책, p.108.

21 같은 책, p.110.

프로파간다의 달인

PR의 심리학

사회의 보이지 않는 정부가 동기 조작을 통해서 집단의 구성원을 움직일 수 있
는 가능성이 크다는 것이 대중 심리에 관한 체계적인 연구에서 밝혀졌다. 과학
적인 방법으로 이러한 주제에 접근했던 귀스타브 르 봉Gustave Le Bon과 윌프레드
트로터Wilfred Trotter를 비롯하여 집단심리 연구에 계속 매진했던 그레이엄 월러스
Graham Wallas와 월터 리프먼Walter Lippmann 등은 집단은 개인의 정신적인 특성과 구
분되는 특성을 지니고 있으며, 개인의 심리 지식으로는 설명할 수 없는 충동과
감정에 의해 동기를 부여받는다는 이론을 확립했다. 그 결과 다음과 같은 질문
이 제기된 것은 당연하다. 즉, 집단심리 기제와 동기를 이해한다면 대중이 인식
하지 못하는 사이에 우리의 의지에 따라 대중을 지배하고 통제하는 것이 가능
하지 않겠는가?

어느 정도 한계가 있겠지만 최근의 선전 기술과 사례에서 일정한 수준까지는

그게 가능하다는 것이 입증되었다. 물론 선전은 실험을 통해 검증할 수 있는 과학은 아니다. 그러나 대중심리학이 등장하면서 이제 더 이상 선전은 경험의 영역으로만 여길 수 없게 되었다. 대중 심리에 대한 직접적인 관찰 결과에서 도출한 명확한 지식과 일관되고 비교적 일정하다고 검증된 원리에 입각해서 판단하고자 한다는 점에서 선전은 이제 과학의 반열에 오를 수 있다.

현대의 선전가PR 전문가는 자신이 다루는 주제를 흡사 실험실의 과학자처럼 체계적이고 객관적으로 연구한다. 하지만 결과의 과학적 정확성은 장담할 수 없다. 상황 요인의 상당수가 언제나 그의 통제권에서 벗어나 있기 때문이다. 경제학이나 사회학과 마찬가지로 선전 역시 다루고 있는 주제가 인간이므로 정확한 과학이 될 수 없다. 일반적으로 과학적 방법은 대략 다음의 네 가지 특징으로 요약될수 있다. 첫째는 과학연구의 대상으로 '자연적natural' 원인만을 인정한다. 이는 초자연 현상이라고 불리는 영역에 과학적 방법이 적용될 수 없다는 의미가 아니라, 초자연적 현상은 그것이 자연적인 원인으로 분석될 수 있는 한에서만 과학적으로 타당한 연구주제가 될 수 있다는 의미이다. 둘째는 과학적 방법은 적어도 원칙적으로는 '경험적 증거empirical evidence'에 근거하여 모든 주장이 평가될 것을 요구한다. 물론 매번 새로운 이론이 등장할 때마다 그것의 모든 내용을 경험적으로 완벽하게 검증할 수는 없다. 그러나 관련 연구 분야에서 이미 받아들여지고 있는 배경지식을 제외한 부분에 대한 평가는 경험적인 방식으로 이루어져야 한다. 과학적 방법의 셋째 특징은 '분석적analytic'이라는 것이다. 우리가 이해하려는 자연현상은 질적으로 다양한 여러 인과적 영향이 복합적으로 작용하는 성격을 띤다. 분석적 방법은 이런 복잡한 상황을 비교적 단순한 요소로 분해하여 그 각각을 이해한 후 나중에 그 연구 결과를 종합하여 복잡한 전체 상황에 대해 이해하려는 태도를 취한다. 이는 흔히 '환원적 방법론'이라 부르는 것과 깊은 관련이 있다. 과학적 방법의 마지막 특징은 그것이 '체계적systematic'이라는 것이다. 이는 과학적 방법을 사용하는 연구자 집단끼리는 서로 정보를 공유하고 상대방의 문제점을 비판하는 방식으로, 경쟁하는 과학적 주장들 사이의 관계를 앞뒤가 맞게 밝히려고 노력한다는 의미이다.[22]

르 봉과 트로터는 집단 심리는 엄밀한 의미에서 사고 활동을 하지 않는다고 결론을 내렸다. 사고하는 대신 충동, 습관, 감정이 자리한다. 결정을 내릴 때 집단 심리는 대개 신뢰가 가는 지도자의 선례에 따르고자 하는 충동을 보인다. 이것은 가장 확고한 대중 심리학의 원리 중 하나다.[24]

그러나 지도자의 선례를 따르기가 용이하지 않아 집단 스스로 생각하지 않으면 안 될 때는 집단 전체의 생각이나 경험을 상징하는 상투어나 적절한 표현 혹은 이미지가 기준이 된다.

고기를 맛있게 굽는 과학적 방법[23]

고기를 맛있게 굽는 과학적 방법이 있다?

자료 : facebook.com

---

22 이상욱, 과학성의 두 의미와 우리 시대의 과학정신, The Science Times, November 21, 2019.

23 숯불에서 굽는 바비큐의 경우 지나치게 높은 온도는 금물! 높은 온도의 불을 사용하면 그만큼 육즙이 더 빨리 증발한다고 한다. 때문에 낮은 온도에서 천천히 굽는 것이 고기 내부의 수분을 지켜주고 더욱 풍부한 육즙을 맛볼 수 있는 과학적 방법이라고 한다. 또 전문가들에 따르면 대부분의 고기는 물 75%, 단백질 20%, 지방과 탄수화물 5% 정도로 구성돼 있는데, 이 중 고기의 단백질은 기본적으로 아미노산으로 구성돼 있고 이를 보존하기 위해서는 소금을 이용하면 좋다는 사실. 맛있는 고기 굽기에도 과학적 방법이 필요하다는 사실!

24 에드워드 버네이스 지음, 강미경 옮김, 전게서, p.118.

2차 세계대전 당시 영국군 야전병원과 일반 병원 수술실

자료 : blog.daum.net   자료 : m.blog.naver.com

　　진부한 상투어에 의존하든 새로운 표현을 만들어내든 선전가는 때로 집단 전체의 감정을 뒤흔들 수 있다. 가령 상투적인 일반 병원과 전시의 후송 병원은 그 긴급성이 다르다. 전시의 병원은 가령 '후송 초소'로 이름을 바꿈으로써 새로운 형태의 병원에 적응하도록 대중의 감정을 길들일 수 있다.

　　프로이트학파의 심리학자들은 인간의 사고와 행동 대다수는 그동안 억눌러왔던 욕망을 보상하는 성격을 띤다고 주장해 왔다. 즉, 우리가 무엇인가를 기대한다면 그 이유는 그 대상이 가지고 있는 고유한 가치나 유용성 때문이 아니라 그 안에서 무엇인가 다른 것, 다시 말해서 스스로 인정하기에는 부끄러운 욕망의 상징을 무의식 중에 보게 됐기 때문이라는 것이다.[25]

　　인간은 대개 스스로 숨기고 있는 동기에 영향을 받아 행동한다는 일반원리는 개인 심리뿐만 아니라 대중 심리에도 적용된다. 그러므로 유능한 선전가가 되기

25 같은 책, p.121.

앞줄 왼쪽부터 지그문트 프로이트(Sigmund Freud, 1856~1939), 산도르 페렌치(Sándor Ferenczi, 1873~1933), 한스 작스(Hans Sachs, 1881~1947), 뒷줄 왼쪽부터 오토 랑크(Otto Rank, 1884~1939), 카를 아브라함(Karl Abraham, 1877~1925), 막스 아이팅곤(Max Eitingon, 1881~1943), 앨프리드 어니스트 존스(Alfred Ernest Jones, 1879~1958), 1922 베를린.

위해서는 어째서 그러한 행동을 하는지에 대해 당사자들이 제시하는 동기를 있는 그대로 받아들이지 말고 그러한 행동 뒷면에 감추어져 있는 진짜 동기를 파악해야 한다.[26]

과거의 영업인이 정육업자의 위탁을 받아 베이컨 판매촉진을 모색하고 있다면, "베이컨을 많이 드세요. 가격 싸고, 몸에도 좋고, 여분의 에너지를 비축해 줍니다."라고 전면광고를 반복해서 내보냈을 것이다.

새로운 영업인은 사회의 집단 구조와 대중심리학의 원리를 이해하기 때문에, 사람들 식생활에 영향을 미치는 사람이 의사들이라는 것을 알고, 의사들을 찾아가 베이컨 섭취가 건강에 좋다고 공개석상에서 말해달라고 부탁할 것이다. 그는 의사에게 의지하려는 사람들의 심리를 이해하므로 많은 사람들이 의사의 충고를 따르리라는 것을 잘 알고 있다.[27]

과거의 선전가는 지면 광고에만 거의 전적으로 기댄 채 개별 독자가 그 즉시 광고에 나오는 물품을 사도록 설득하려고 했다. 반면에, 새로운 영업인은 집단화를 통해 대중 속에 있는 사람들을 다루는 경우에 자신에게 유리한 심리와 감정 기류를 조성할 수 있다는 점에 주목한다. 감정의 기류를 뒤흔들 환경을 조성하여 구매 욕구를 부추기는 쪽으로 가닥을 잡는다.[28]

개념을 확산하는 데 가장 효과적인 방법 중 하나는 현대사회의 '집단 형성group formation'을 활용하는 것이다. 전문조각가뿐만 아니라 일정한 연령대의 초등학생

---

26 같은 책, p.123.

27 같은 책, pp.123~124.

28 같은 책, pp.124~125.

에게도 참가자격을 주는 아이보리Ivory 비누 전국 조각 경연대회가 그 한 예가 될 수 있다. 이 행사는 어느 유명 조각가가 아이보리 비누가 매우 탁월한 조각 재료라고 하는 데 주목하면서 시작되었다.[29]

프록터 & 갬블 사는 비누로 조각 작품을 가장 잘 만든 사람에게 일련의 상을 주었다. 경연대회는 예술계에서 비중이 높은 뉴욕 시 아트센터의 후원 아래 개최되었다.

뉴욕 할렘 가에 있는 학교에서
흑인 소년·소녀들이 긴 테이블 앞에 앉아 비누 조각 수업을 받고 있다. 1933년.

자료 : next421c.tistory.com

📶
29 버네이스는 1923년에 아이보리(Ivory) 비누 제조사 프록터 앤드 갬블, 즉 P&G로부터 아이보리 비누의 판매를 늘려달라는 요청을 받고 비누의 사용자와 용도를 조사했다. 그랬더니 놀랍게도 비누는 아이들이 만져서는 안 되는 물건이었다. 버네이스는 아이들이 비누를 친근하게 사용하며 소비할 수 있는 방법을 여러모로 고민하다가 미술가에게 찾아가 비누가 조각의 재료(material)로 어떻겠냐고 물었다. 그랬더니 아주 좋은 재료라는 답변을 들어 비누 조각 대회를 열기로 했다.

자료 : m.blog.naver.com

학교 교육의 연장이라며 전국의 학교장 및 교사들이 동참했다. 초등학생들은 모두 미술시간에 비누로 조각 연습을 했다. 경연대회는 학교와 학군 및 도시를 돌아가며 열렸다.

아이보리 비누는 당초의 세탁 목적보다는 면도용으로 항상 비치하고 있었기 때문에 가정에서 조각 재료로 사용하기에 안성맞춤이었다. 조각 자체도 깨끗했다.

지역 경연대회에서 우승한 작품들은 전국 대회에 출전했다. 매년 뉴욕의 큰 화랑에서 열리는 전국 대회는 예술행사로 자리매김했다. 한 해에 출품된 전체 비누 조각품의 숫자는 엄청났다. 한때 사람들이 세척을 위해 소비한 비누 양보다 조각으로 소비한 양이 더 많았을 정도라고 한다.

이것은 전 세계로 퍼져 나갔고 지금까지도 비누는 미술 교과서에 등장하는 조각 재료로 각광받고 있다.

이러한 판촉전의 전개 과정에는 우리에게 친숙한 심리동기가 상당수 동인으로 작용했다. 이 모든 동기와 집단 습관이 집단을 이끄는 지도력과 권위라는 단순한 장치를 통해 표출됐다.

이 점은 선전이 성공을 거두는 데 가장 중요한 요소다. 판촉전에 권위를 빌려주는 지도자들은 자신의 이익에 부합할 때만 그렇게 한다. 하지만 선전가의 활동에는 공평무사한 측면이 있어야 한다. 다시 말해 의뢰인의 이익과 다른 개인이나 집단의 이익이 일치하는 지점을 찾아내는 것이 PR 고문의 역할 가운데 하나인 것이다.[30]

각성된 사익에 근거한 건전한 심리학이 새로운 선전new propaganda이라는 개념을 예고하고 있다.[31]

아이보리 비누(Ivory bar soap) 광고

30 같은 책, pp.128~131.

31 같은 책, p.132.

프로파간다의 **달인**

기업과 대중

오늘날 기업은 대중을 동반자로 여긴다. 그 이유는 여러 가지로, 경제적인 이유 때문이기도 하고, 혹은 기업에 대한 대중의 인식 수준과 관심이 높아지면서 이러한 상황이 조성됐기 때문이기도 하다. 기업은 대중과의 관계가 제품의 생산과 판매에만 국한되는 것이 아니라, 대중의 마음속에서 그 제품이 상징하는 모든 것을 포괄한다는 점에 주목할 필요가 있다.

19세기 말이나 20세기 초까지만 해도 기업은 대중과 상관없이 일을 처리했다. 그 반작용으로 기업 관련 온갖 추문이 끊이지 않고 터져 나왔다. 그러나 대중의 의식이 깨어나면서 대기업들은 기업의 일은 기업이 알아서 한다고 하는 종래의 주장을 철회하지 않으면 안 되었다. 기업은 대중을 의식하지 않을 수 없다. 이러한 의식이 건강한 기업문화를 이끌어왔다.[32]

32 같은 책, pp.135~136.

기업과 대중의 관계가 가까워진 또 다른 이유는 대량생산에서 분파되어 나온 여러 가지 현상에서 찾아볼 수 있다. 대량생산은 대량소비가 따라주어야만 이윤을 창출할 수 있다. 따라서 오늘날에는 생산자 혹은 공급자가 적극적으로 수요를 창출해야 한다.

헨리 포드[33]가 영감을 얻은 도살장의 컨베이어벨트 시스템

자료 : m.blog.naver.com

[33] 헨리 포드(Henry Ford, 1863년 7월 30일 ~ 1947년 4월 7일)는 미국의 기술자이자 사업가로 포드 모터 컴퍼니의 창설자이다. 미국 미시간 주 디트로이트 서쪽의 농촌에서 농부의 아들로 태어났다. 농업 노동의 합리화를 위한 운반의 개선을 위해 기계 기사를 지망, 디트로이트의 작은 기계 공장에 들어가 직공으로서 기술을 배웠다. 5년 후 고향에 돌아가 농사를 돌보면서 공작실을 만들어 연구를 계속하였고, 1890년 에디슨 조명 회사 기사로 초청되어 근무하던 중 내연 기관을 완성하여 1892년 자동차를 만들었다. 1903년 세계 최초의 양산 대중차 포드 모델 T의 제작을 시작하였다. 포드 모델 T는 자동차의 대중화를 위해 헨리 포드가 실현한 대량생산 방식의 자동차였다.

헨리 포드는 컨베이어벨트를 통한 효율적인 대량생산 시스템을 실현시킨 사람으로 유명한데, 컨베이어벨트는 '도살장'에서 사람들이 정렬하여, 각자 지정된 부위만 작업하는 것을 보고 영감을 얻었다고 한다.

같은 가치를 가진 제품을 가장 싸게 만드는 방법은 많이 만들면 된다. 많이 만들면 만들수록 제품 한 개의 가격은 싸지기 때문이다. 포드의 컨베이어벨트는 이러한 규모의 경제를 실현시킨 것이다. 헨리 포드는 "5%를 위한 제품이 아닌 95%를 위한 제품을 만들어야 한다."라고 말했으며 당시 부유층의 전유물이었던 자동차를 사람들에게 대중화시키기 위해선 값을 싸게 만들어야 했다. 포드의 컨베이어벨트는 효율적인 대량생산을 통해 규모의 경제를 실현시키고 자동차의 대중화를 성공시켰다.

헨리 포드의 컨베이어벨트와 규모의 경제

자료 : m.blog.naver.com

그는 특히 경영지도 원리로써 미래에 대한 공포와 과거에 대한 존경을 버릴 것, 경쟁을 위주로 일하지 말 것, 봉사가 이윤에 선행할 것, 값싸게 제조하여 값싸게 팔 것 등 4개의 봉사원칙을 내세웠는데 이를 포디즘포드주의이라 한다. 한편 포드는 공장의 경영합리화를 위해 제품의 표준화, 부분품의 단순화, 작업의 전문화라는 3S운동을 전개하면서 이 원칙을 달성하기 위하여 누드젠콘이 창안한 컨베이어 시스템을 채용하여 흐름작업조직으로 노동생산성 고무에 이바지하였다. 이것을 '포드 시스템'이라 하는데, 특별히 경영을 봉사기관으로 보는 포드의 사상은 P. H. 드러커의 경영 이론에 계승되고 있다. 그러나 개성이 강한 그의 경영 스타일 때문에 말년에는 파탄지경에 내몰렸다.

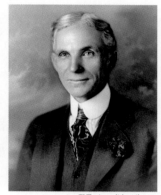

헨리 포드

자료 : ko.wikipedia.org

대량생산 방식 도입에 따라 미국 전역에 제품을 공급할 능력이 있는 공장의 경우 대중이 제품을 요청할 때까지 기다릴 여유가 없다. 유지비가 많이 들어가는 공장이 이윤을 내려면 광고와 선전을 통해 대중과 계속 접촉하면서 끊임없이 수요를 창출하는 수밖에 없다.[34] 그러면 전보다 더 복잡해진 유통 시스템에 따라 고객을 만드는 새로운 문제가 발생한다.

기업과 대중이 가까워진 또 다른 이유는 광고 기술의 발달에서 찾아볼 수 있다. 이는 활자를 통하여 다가갈 수 있는 대중의 규모와 호소 방법과 관련이 있다. 계속 이어지는 성장 속에서 몇 백만 부나 발행되는 신문과 잡지, 그리고 지면을 이용해서 설득력 강한 메시지를 전달하는 현대 광고 전문가의 기술은 다양한

34 같은 책, p.136.

층의 광대한 대중과 함께 기업가를 PR 안에 위치하게 했다.[35]

기업의 정책에 따라 특정 기업과 그 기업에 속한 업계의 다른 기업들과의 새로운 경쟁이 대두된다. 각 기업의 차별화 전략으로 소비자 한 세대 전체의 취향과 기준을 바꾸려고 들 것이다. 이런 경우 기업은 수많은 개인의 생활과 습관 속으로 파고들 수밖에 없다.

기업은 갈수록 여론에 의존하고 있다. 부의 규모가 늘어나고 확산되면서 대중은 기업 주식에 투자하게 된다. 소위 고객관계관리의 문제가 발생한다. 고객관계관리CRM; Ccustomer Relationship Management란 소비자들을 자신의 고객으로 만들고, 이를 장기간 유지하고자 하는 경영방식이며 기업들이 고객과의 관계를 관리, 고객확보, 그리고 고객, 판매인, 협력자와 내부 정보를 분석하고 저장하는 데 사용하는 광대한 분야를 아우르는 방법이다.

기업의 PR을 책임지고 있는 사람은 일반 대중의 구조, 편견, 변덕에 정통하고 있으면서 주도면밀하게 문제를 풀어나가야 할 것이다. 대중에게는 나름대로의 기준과 요구 및 습관이 있는데, 이것을 바꿀 수는 있지만 거슬러 행동해서는 안 된다.[36]

버네이스는 기업과 대중의 관계에 대해 다음과 같이 말하며 자신의 직업인 PR 고문의 역할을 강조하고 있다.

"대중은 마음대로 주무를 수 있거나 함부로 명령을 내릴 수 있는 무정형의 덩어리가 아니다. 중략 기업은 대중이 이해하고 기꺼이 수용할 수 있는 방법을 통

---

35 같은 책, pp.136~137.

36 같은 책, p.139.

프로파간다의 달인

해 대중에게 자신의 존재를, 목적을, 목표를 알려야 한다. 중략 기업과 대중의 관계는 주고받는 관계가 될 때 비로소 건강할 수 있다. 바로 이러한 조건과 필요성이 PR이라는 전문화된 영역에 대한 수요를 창출해왔다. 현재 기업은 대중과의 관계에서 조언을 하고, 기업의 목적을 대중에게 설명하고, 대중의 요구에 부응할 수 있도록 개선점을 제시하는 PR 고문을 기용하고 있다."[37]

촌시 미첼 데퓨. 기업은 상품을 알리는 직접적인 선전을 할 수도 있고, 상징적 대상을 내세우는 간접적인 선전을 할 수도 있다. 1905년.

자료 : en.wikipedia.org

뉴욕 센트럴 레일로드New York Central Railroad는 몇 십 년 동안 열차의 속도와 안전성뿐만 아니라 품격과 안락함에 근거해 대중을 설득하는 작업을 벌여왔다. 하지만 인자하고 매력 넘치는 신사의 대명사 촌시 미첼 데퓨Chauncey Mitchell Depew, 1834~1928[38]를 전면에 내세워 일반 대중에게 다가갔더라면 더 큰 효과를 보지 않았을까 싶다. 그는 그와 같은 기업 이미지에 딱 들어맞는 이상적인 독신남이었다.

PR 고문의 권고 내용은 개별 상황에 따라 천차만별일 수 있지만 그의 업무는 크게 두 가지로 압축된다. 버네이스는 이 두 가지에 '지속적 설파continuous interpretation'와 '우월성 발현dramatization by highspotting'이라는 명칭을 붙이고 싶어 했다. 이 두

37 같은 책, pp.139~140.

38 초대 일본 주재 미국 대사, 뉴욕 센트럴 레일로드 사장, 뉴욕 주 상원의원을 역임한 인물.

가지는 서로 번갈아가며 이루어지기도 하고 동시에 진행되기도 한다.[39]

"자본을 얼마나 많이 가지고 있느냐, 이윤율이 얼마나 높으냐, 서비스의 질이 얼마나 좋으냐는 중요하지 않다. 여론의 공감을 불러일으키지 못하면 실패하고 만다."

미국 철도업계의 거물 중 한 명인 새뮤얼 인설Samuel Insull의 말이다. 고故 저지 게리Judge Gary, 본명 Elbert Henry Gary도 이와 똑같은 생각을 가지고 있었다. 그는 다음과 같이 말했다.

"일단 일반 대중의 호감을 사면 사업에서 승승장구할 수 있다. 많은 사람들이 이 모호하고도 손에 잡히지 않는 요소를 너무 자주 무시한다. 이는 파산으로 가는 지름길이다."[40]

미래의 경쟁은 개별 제품이나 제품군 간의 광고 경쟁으로 번지는 데 그치지 않고 선전의 경쟁도 추가될 것이다. 기업인 겸 광고인은 대중에게 다가가려면 P. T. 바넘Phineas Taylor Barnum[41]의 방법을 완전히 무시할 수만은 없다는 데 점점 눈을 뜨고 있다. 이러한 종류의 호소 방법을 사용해 성공한 사례가 조지 해리슨 펠프스George Harrison Phelps의 연감에 나온다. 다름 아니라 도지 빅토리 식스Dodge Victory Six라는 차의 출시를 알리는 전국 중계방송이었다.[42]

현대의 기업은 대중의 맥을 계속 짚고 있지 않으면 안 된다. 대중의 마음속에

39 같은 책, p.142.

40 같은 책, pp.148~149.

41 '바넘 효과'라는 심리 조작으로 유명한 쇼 비즈니스 사업가.

42 같은 책, pp.159~160.

P. T. 바넘(1810~1891)의 1880년대 쇼 홍보 포스터. 자신을 '사기의 왕자'라고 부른 그는 낯설고 화려한 볼거리, 반복적인 광고, 과대 선전을 이용해 각종 전시와 공연을 크게 흥행시켰다. 특히 인생 후반에는 자신이 기획한 서커스를 인기 있는 '지상 최대의 쇼'로 만들었다. 포스터에 그의 얼굴과 6.5톤에 달하는 코끼리 '점보'의 골격이 보인다.

자료 : m.blog.naver.com

서 일어나는 변화를 파악하고 변화하는 여론에 스스로를 제대로 알릴 준비를 항상 갖추고 있어야 한다.[43]

43 같은 책, p.168.

프로파간다의 **달인**

선전과 정치 지도력

현대 민주주의 사회에서 정치가 직면하는 커다란 문제는 어떻게 하면 지도자가 올바른 지도력을 발휘하게 하느냐 하는 것이다.[44]

버네이스는 정치를 비판하면서 전문적인 선전의 중요성을 부각시킨다.

"'민심은 천심이다'[45]라는 신조는 선출된 사람들을 유권자의 눈치나 보는 하인

---

44 같은 책, p.171.

45 맹자는 공자가 죽고 나서 100년 후에 태어난 것으로 추정되며 성선설과 유가철학을 완성했다(BC 372년 추정 ~ BC 289년 추정). 맹자(孟子)가 살았던 전국(戰國)시대는 철기문화가 확산되어 생산력이 급격히 발달하였고 제후들 사이에 치열한 영토 쟁탈전이 벌어지던 전란의 시대였다. 이러한 혼란의 시대에 맹자는 제후국을 주유하며 각국의 군주들에게 '너그러움의 정치', 즉 '인정(仁政)'을 역설하였다. 여민동락(與民同樂)은 '백성과 즐거움을 함께하다'라는 뜻으로, 백성과 동고동락하는 통치자의 자세를 비유하는 말이다. 맹자는 인의(人義)와 덕(德)으로써 다스리는 왕도(王道) 정치를 주장하고 그 바탕에는 백성을 정치적 행위의 주체로 보는 민본(民本) 사상이 깔려 있다. 맹자는 양(梁)나라 혜왕(惠王)에게 이렇게 말하였다. "지금 왕께서 음악을 연주하시는데 백성들이 종과 북, 피리 소리를 듣고는 골머리를 앓고

으로 전락시키는 경향이 있다. 중략 민심은 국민의 생각을 표현하며, 국민의 생각은 국민이 신뢰하는 지도자와 여론 조작에 능한 사람들에 의해 형성된다. 중략 다행히 성실하고 유능한 정치인은 선전이라는 도구를 통해 국민의 의사를 주조할 수 있다. 중략 정치는 미국에서 선전을 대규모로 활용한 첫 번째 분야에 속하지만 오늘날에는 달라진 대중의 심리 상태를 충족하는 선전 방식에서 가장 뒤쳐져 있다. 미국 기업들은 폭넓은 대중에게 호소하는 방법을 맨 처음 정치에서 배웠다. 하지만 그 후 서로 경쟁하는 과정에서 기업은 이런 방법을 끊임없이 갈고 다듬었다. 반면 정치는 낡은 틀을 고수했다. 중략 정치는 미국 최초의 대기업이었다. 따라서 기업은 정치에서 모든 것을 배운 데 비해 정작 정치는 기업으로부터 생각과 제품의 대량 보급 방법을 별로 배우지 못했다는 사실은 아이러니가 아닐 수 없다. 중략 정치인이 기업이 구축한 정교한 사업 방식을 활용하지 않는다는 것은 정말 이해하기 어려운 일이다. 정치인은 정치 전략을 아는 것은 다른 문제라는 이유를 들어, 공약을 개발하는 것은 다른 문제라는 이유를 들어, 정치 연설문을 작성하고 폭넓은 정책을 파악하는 것은 다른 문제라는 이유를 들어 정치인 역시 미국 국민이라는 대중에게 아이디어를 팔아야 하는 책무가 있다는 사실을 인정하려 들지 않는다."[46]

버네이스는 미국의 대통령에게도 자문을 통해 이미지 개선을 도모했다.

이맛살을 찌푸리며 '우리 왕은 음악을 즐기면서 어찌하여 우리를 이런 지경에까지 이르게 하여 부자(父子)가 만나지 못하고, 형제와 처자가 뿔뿔이 흩어지게 하는가?'라고 원망한다면, 이는 다른 이유가 아니라 백성들과 즐거움을 함께하지 않기 때문입니다(此無他, 不與民同樂也)."

민심은 천심이요, 권력의 원천은 백성에게 있다는 의미이다. 백성의 생업을 안정시키는 것이 왕도의 시작이고 환과 고독을 돌보는 것이 왕의 의무이다.

46 같은 책, pp.171~175.

"작금의 정치는 인물에 중점을 둔다. 정당, 정강, 외교 정책이 후보자의 개성이라는 막연한 기준에 따라 대중에게 팔리기도 하고 퇴짜 맞기도 한다. 후보자의 매력은 곧 무미건조한 공약을 득표라는 황금으로 바꿀 수 있는 연금술사의 비결이다. 중략 무릇 선거 운동을 하는 사람은 여러 집단의 차원에서 감정을 교육해야 한다. 대중은 민주당원과 공화당원으로만 구성되어 있지 않다. 요즈음 대중은 대부분 정치에 무관심하기 때문에 관심을 끌려면 선거전에서 다루는 사안이 대중 개개인의 이해에 부합해야 한다. 중략 캘빈 쿨리지Calvin Coolidge[47] 대통령이 조

백악관으로 초대한 배우들과 함께 웃고 있는 캘빈 쿨리지 대통령. 이 장면은 대통령 재선에 나선 쿨리지의 차갑고 무뚝뚝한 이미지를 개선하기 위해 버네이스의 자문을 받아 연출한 것으로, 다음날 주요 언론에 "배우들이 쿨리지를 웃게 만들었다."라는 기사와 함께 대서특필되었다. 쿨리지는 워런 G. 하딩 대통령이 1923년 재임 중에 사망하자 부통령에서 대통령으로 된 뒤 재선에 도전해 성공했다. 1924년.

자료 : blog.naver.com

47 존 캘빈 쿨리지 주니어(John Calvin Coolidge, Jr., 1872년 7월 4일~1933년 1월 5일)는 미국의 제29대 부통령이자 제30대 대통령(1923~1929년)이다. 버몬트 주 플리머스에서 출생하였으며, 아머스트 대학을 졸업한 후 변호사가 되었다. 그 후 매사추세츠 주 상원의원과 주지사 등을 거쳐 워런 G. 하딩 대통령 때 공화당 부통령을 지냈다. 1923년, 하딩 대통령이 죽자 제30대 대통령직을 승계하였으며 이듬해에 다시 재선되어 대통령으로 재직하였다. 저서로 《자서전》이 있다.

프로파간다의 달인

찬에 배우들을 초대한 이유는 배우가 하나의 집단일 뿐만 아니라 그 관객층, 다시 말해 오락을 좋아하는 대규모 집단의 사람들을, 자신들을 즐겁게 해주는 사람을 좋아하는 대규모 집단의 사람들을, 쉽게 즐거워하는 사람을 좋아하는 대규모 집단의 사람들을 자기편으로 끌어들여야 한다는 인식 때문이었다."[48]

쿨리지의 차갑고 무뚝뚝한 이미지

자료 : ko.wikipedia.com

우리나라는 2020년 총선, 2022년 대선을 앞두고 있다. 각 후보들의 선거 캠프에서는 내로라하는 선거 운동 책임자들이 사활을 걸고 나설 것이다. 버네이스의 다음과 같은 조언이 참고가 될 것이다.

"선거 운동 책임자는 광범위한 목표와 기본 계획, 다양한 집단에게 다가가는 호소 방법을 설정한 뒤 업무별로 가까이에 있는 매체를 신중하게 배분해 모든 일이 최대한의 능률을 올릴 수 있도록 해야 한다. 모든 행사와 활동은 인간의 의사소통 수단만큼이나 다양한 통로를 통해 아이디어를 보급할 수 있도록 기획되어야 한다. 대중이 볼 수 있는 시각 자료나 말을 전달하는 수단, 다시 말해 유의미한 음성을 전달하는 매체는 모두 어떤 식으로든 활용해야 한다. 현재 선거 운동을 전담하는 사람들은 주로 라디오, 신문, 연회장, 대중 집회, 연단을 자신의 생각을 보급하는 수단으로 사용한다.[49] 하지만 이는 활용 가능한 수단의 극히 일

---

48 같은 책, pp.181~183.

49 요즘은 TV나 각종 SNS 수단을 활용할 수 있다. 특히 개인 유튜브 활용의 효과가 크게 기대된다.

부일 뿐이다. 선거 운동을 부각해 사람들 입에 오르내리게 할 목적으로 기획할 수 있는 행사는 사실 그 종류가 무궁무진하다. 예를 들면 전시회, 경연대회, 정책 연구소와 교육기관의 협조, 지금까지 정치 일선에 관여하지 않았던 집단의 협조 등이 대중에게 아이디어를 보급하는 수단이 될 수 있다. 중략 선전 방법은 자신이 속한 집단의 편견과 욕망에 근거해 결정을 내리는 유권자에 한해서만 효과를 거둘 수 있다. 구체적인 충성심은 지도자의 통솔력 안에 존재하며, 이러한 충성심은 유권자의 자유의지를 완화시키는 기능을 한다. 물론 정치에서 지도자가 발휘하는 힘은 유권자와의 밀접한 관계에서 나온다."[50]

이어서 버네이스는 다음 사항을 강조하고 있다.

"공공복지와 공공사업에 대한 자신의 생각에 의거해 유권자의 마음을 움직이는 법을 터득한다면 정치인은 굳이 대중의 집단 편견에 따를 필요가 없다. 우리 시대의 정치인에게 중요한 것은 대중의 비위를 맞추는 것이 아니라 대중을 흔들 수 있는 능력이다. 중략 대중의 의중을 정확하게 헤아리고, 생각의 연쇄 반응을 촉발하는 환경을 조성하며, 개성을 부각시키고, 여론을 주도하는 각 집단의 지도자와 관계를 구축해야만 비로소 구사할 수 있다. 물론 선거 운동은 정치 생활의 일부에 지나지 않는다. 정치의 과정은 지속적이다. 전문적으로 구사되는 선전은 그리 눈에 띄지 않으면서도, 득표보다 민주적 행정에 좀 더 유용하고 기본적인 보조 수단으로 작용한다."[51]

버네이스는 좋은 정치인의 자질을 다음과 같이 기술하고 있다.

50 같은 책, pp.184~185.

51 같은 책, pp.185~186.

"좋은 제품이 잘 팔리듯이 좋은 정부는 지역 사회에 잘 팔린다. 자신이 속한 정당의 위상과 효율성을 유지하는 책임을 지는 미래의 정치인들이 선전가를 겸하는 정치인 양성에 소홀하다는 인상을 받을 때가 많다. 중략 내가 조지 워싱턴 올버니[52]의 위치에 있었다면 총명한 청년 몇 명을 골라 브로드웨이에서 연극 연출 수업을 받게 하거나 전문 선전가의 조수로 일정 기간 훈련을 쌓게 한 연후에 정당 업무를 맡겼을 것이다. 오늘날의 정치인이 기업계에서는 흔한 방법을 채택하는 데 굼뜬 이유 중 하나는 아마도 언제든 언론 매체에 접근할 수 있기 때문이 아닐까 싶다. 중략 정치 지도자는 맹목적인 동의 과정의 피조물이 아니라 스스로 환경을 조성하는 창조가가 되어야 한다."[53]

조지 워싱턴 올버니(George Washington Olvany, 1876~1952)는 태머니 홀(Tammany Hall, 1790년대부터 1960년대까지 뉴욕 시에서 보스 정치를 주도한 기구)의 지도자이다. 그는 일부 프린스턴 대학교 출신들이 태머니 홀에 참여하고 있다고 말했다.

자료 : findagrave.com

마지막으로 버네이스는 선전가의 진정한 역할을 다음과 같이 요약하고 있다.

"선전가의 역할은 단순히 정보를 언론에 배포하는 것보다 훨씬 더 광범위하다.

52 태머니 홀의 지도자.

53 같은 책, pp.186~187.

미국 정부는 대통령 직속에 홍보수석Secretary of Public Relations이라는 자리를 신설해야 한다. 상황을 정확하게 분석하는 것이 이 관료의 역할이어야 한다. 아울러 미국의 목표와 이상을 전 세계에 알리고, 이 나라 국민이 정부의 활동과 그러한 활동을 펴는 이유에 계속 접근할 수 있도록 하는 것도 이 관료의 역할에 포함될 것이다. 간단히 말해 정부에는 국민의 의사를, 국민에게는 정부의 의사를 전달하는 것이 그의 역할이다. 그러한 관료는 흔히 말하는 선전가나 홍보 담당에 그쳐선 안 된다. 그보다 대중의 생각과 대중의 동향을 분석해 정부에 대중에 대한 정보를 꾸준히 공급하는 한편, 국민에게는 정부에 대한 정보를 공급하는 데 정통한 전문가여야 한다."54

마지막으로 버네이스는 바람직한 정치인의 자질과 능력에 대해 다음과 같이 말하고 있다.

"미래의 정치인은 중대한 정책에 대중의 관심을 집중시키는 한편, 정확한 이해와 정보활동을 바탕으로 각기 다른 계층으로 이루어진 유권자라는 거대한 집단을 조직하는 능력을 갖추어야 한다."55

54 같은 책, pp.195~196.

55 같은 책, p.196.

프로파간다의 달인

07

프로파간다의 **달인**

선전의 원리

선전은 개인과 집단 사이의 상호 이해의 교량 역할을 하기 때문에, 선전가가 선전을 통하여 일반 대중에게 메시지를 전달하는 수단에는 오늘날 사람들이 서로 생각을 주고받는 모든 수단이 포함된다.

선전가는 다양한 선전 도구의 상대적 가치와, 그러한 도구가 대중과 맺는 관계가 끊임없이 변화한다는 점을 고려해야 한다. 30년 전에는 대중 집회가 대표적인 선전 도구였다. 반면에 오늘날에는 프로그램이 엄청난 흡인력을 발휘하지 않으면 대중 집회를 통해 몇 사람의 군중을 끌어모으기도 어렵다.

오늘날은 수많은 의사소통 수단이 존재한다. 또 날로 진화하고 있다. 주요 수단으로는 신문, 전단지, TV·라디오 방송, 각종 SNS, 특히 개인 유튜브의 활약이 눈부시게 발달했다.

유튜브YouTube는 전 세계 최대 무료 동영상 공유 사이트로, 사용자가 영상을 시

개인 유튜브

자료 : seoulwire.com

청·업로드·공유할 수 있다. 본사는 미국 캘리포니아주 샌브루노에 위치해 있다.

2005년 2월에 페이팔 직원이었던 채드 헐리, 스티브 천, 자베드 카림 사이 공동으로 창립했으며, 2005년 4월 23일에 최초 영상이 업로드되면서 본격적인 서비스를 시작했고 2006년 10월 16억 5천만 달러의 가격으로 구글에 인수되었다. 유튜브의 콘텐츠는 개인이 제작한 비디오 영상을 비롯한 영화와 텔레비전 클립, 뮤직비디오 등이 올라온다.

유튜브 본사

자료 : ko.wikipedia.org

프로파간다의 **달인**

구글은 2006년 10월 9일 주식 교환을 통해 16억 5천만 달러에 유튜브를 인수하기로 발표했다. 이후 2007년 6월 20일 프랑스 파리에서 열린 '구글 프레스데이 2007' 행사에서 국가별 현지화 서비스를 시작한다고 발표하고, 먼저 네덜란드, 브라질, 프랑스, 폴란드, 아일랜드, 이탈리아, 일본, 스페인, 영국 등 총 9개 국가에서 사용자를 위한 페이지를 공개했다. 한국어 서비스는 2008년 1월 23일에 시작했다.

구글 인수 4년 차인 2009년 약 4억 7천만 달러의 적자를 기록한 것으로 알려졌으나 이듬해인 2010년부터 흑자로 돌아섰고, 이용자가 갈수록 더 불어나는 '스노우볼 효과'를 내기 시작했다.

현재는 유튜브 자체로 독립해도 대기업을 능가할 정도의 가치가 되기에 유튜브의 몸값 상승은 구글에 엄청난 영향을 끼치게 된다.

선전의 또 다른 도구는 뭐니뭐니해도 인물이다. 인물을 잘 활용할 경우에 그 효과는 엄청나다고 할 수 있다. 미국의 캘빈 쿨리지 대통령이 휴가 때 인디언 복장을 하고 인디언 추장들과 함께 촬영한 사진은 가뜩이나 취재 열기가 뜨거웠던 대통령 휴가의 절정을 이루었다. 물론 공인을 유명하게 만든 장치를 잘못 활용하는 경우 그 인물이 자칫 웃음거리가 될 소지도 있다.

그러나 인물의 장점을 선명하게 부각시키는 것은 옛날이나 지금이나 PR 고문의 역할 중 하나다. 본능적으로 일반 대중은 그 자체로 단체나 기업을 대표하는 인물을 원한다.

마지막으로 버네이스는 선전에 대하여 다음과 같은 말로 끝맺음을 하고 있다.

"대중이 자신의 경제적인 수요에 대해 더 많이 알게 된다면 기업은 새로운 기준에 맞추어야 한다. 대중이 자신을 설득해 생각이나 상품을 구입하도록 하기 위해 사용되는 낡은 방법에 싫증을 낸다면 대중을 이끄는 지도자들은 더욱 현

인디언 수(Sioux)족의 장식 의상을 걸치고 있는 캘빈 쿨리지 대통령. 1927년

자료 : tcatmom.com

명하게 호소력을 발휘해야 한다. 선전은 절대 사라지지 않는다. 현명한 사람일수록 선전은 생산적인 목표를 달성하고 무질서를 바로잡는 데 필요한 현대적 도구라는 점을 직시한다."[56]

56 같은 책, p.261.

프로파간다의 달인

온 겨레가 민족자주의 기치밑에 하나로 굳게 뭉쳐

4.27선언

부강번영하는 통일강국을 일떠세우자!

자료 : huffingtonpost.kr

PROPAGANDA

CHAPTER **04**

파울 요제프 괴벨스는 누구인가

CHAPTER **04** 파울 요제프 괴벨스는 누구인가

개 요

　파울 요제프 괴벨스_{Paul Joseph Goebbels, 1897년 10월 29일 ~ 1945년 5월 1일}는 나치 독일에서 국가대중계몽선전장관의 자리에 앉아 나치 선전 및 미화를 책임졌던 인물이다. 유대인 탄압과 언론, 출판, 방송 등 문화계를 통제하고 나치 정권의 악행에 앞장선 인물이자 선동의 제왕이라고 평가되는 인물이다. 히틀러의 최측근 역할을 했다. 1945년 아돌프 히틀러가 죽은 후 하루 뒤에 포위된 벙커 안에서 아내 마그다와 6명의 아이들을 데리고 동반 자살하였다. 나치당의 두뇌라고 불릴 만큼 나치당의 지식인이었던 그는 나치당의 제복 대신 양복을 주로 입었으며 선전 방법뿐만 아니라 유창한 말솜씨 또한 갖고 있었고 그는 사람들을 선전하다 못해 광신적인 신도들로 만들었다. 특히 그는 라디오와 TV를 통해 정치 선전을 했었는데, 정기적인 TV 방송으로 선전을 한 것은 세계 최초였다. 냉철하고 치밀한 선전 활동으로 유명하며 흔히 미디어를 통한 대중 선동 프로파간다를 논할 때 가장 먼저 언급되는 인물이다. 그의 선전 방송을 들은 당시 독일 국민들은 패전의 상황에서도 승리를 확신했다고 한다.

전쟁 중엔 선전으로 유럽 침략 전쟁을 미화하면서 전쟁 범죄에 크게 일조했었다. 전쟁 중에는 일기를 자주 썼다.

당시 독일 내 일부 홀로코스트 생존자들은 아돌프 히틀러, 하인리히 힘러보다 괴벨스를 더 싫어했다고 한다. 대표적인 사람으로 유대계 독일 언어학자인 빅토르 클렘페러가 있다.

파울 요제프 괴벨스

자료 : koukon.tistory.com

02
프로파간다의 **달인**

초기 생애

출신 배경

1897년 라인란트 지방의 라이트Rheydt 시현 노르트라인-베스트팔렌 주 묀헨글라트바흐 시에서 태어났다히틀러보다 8세 연하. 할아버지는 농촌 출신으로 도시로 상경한 단순 노동자였고 아버지는 심지 공장 급사에서 성실성을 인정받아 괴벨스가 태어날 때쯤엔 회계 책임자로 승진한 노동자 출신 사무원이었다. 어머니는 가난한 살림에 다른 집에서 하녀로 일하다 노동자였던 괴벨스의 아버지와 만나 결혼했고 외할머니도 역시 하녀로 일했으며 외할아버지는 편자 대장장이였다고 한다. 6남매 중 넷째로 태어났으며 형제자매로는 형 콘라트, 한스와 누나 엘리자베트, 여동생 마리아와 엘리자베트가 있었으나 누나 엘리자베트와 여동생 마리아는 태어나자마자 요절했고 어릴 때는 형들과 여동생 엘리자베트와 자랐다. 나치 고위직 중에서

어린 시절 모습, 오른쪽이 괴벨스

자료 : blog.naver.com

는 교육을 받은 편이긴 하지만 뚜렷하게 특별한 사회적 배경이 없었다. 이런 이유로 노동계층이라는 출신 배경을 잊지 않았고 히틀러에게 충성을 바치면서도 반자본주의적 성향을 계속 추구했다. 실제로 괴벨스는 나치 집권 전까지 계급타파적 언동을 지속적으로 쏟아냈으며 반자본주의적 성향으로 나치당 내에서 '좌파'로 분류되었다.

하지만 출세 후엔 귀족 출신 선전부 직원에게서 사교계의 밥상머리 예절을 배우는 등 주류로 편입되는 데에는 거리낌이 없었다. 이러한 모순은 전쟁 말기 총력전을 외치며 높으신 분들을 비난했던 것과 달리 정작 자신의 조직인 나치와 자기 자신이 특권 계급이 된 것은 애써 무시했다는 점에서도 잘 드러난다.

성장 과정

"왜 신은 그를 이렇게 만들었는가, 왜 사람들이 그를 조롱하고 비웃게 만들었는가?"
"다른 사람이 달리고 펄쩍펄쩍 뛰는 것을 보았을 때 그는 자신에게 이런 일이 생기게 한 신을 향해 불만을 터뜨렸다. 그러고 나서 다른 사람들이 자신과 같지 않다고 그들을 증오했고, 병신임에도 기꺼이 품 안의 자식으로 거두려는 어머니를 비웃었다."

– 반# 자전적 소설 《미하엘》에서

태어난 지 얼마 안 돼서 폐병을 앓아 죽을 뻔했다가 겨우 살아났지만 몸이 허약하게 된 데다 골수염骨髓炎에 걸려 오른쪽 발이 굽었다. 또 발육부진으로 오른쪽 발이 왼쪽 발보다 3cm가 덜 자라서 10세 무렵에는 없는 살림에도 불구하고 큰돈을 들여 수술을 해보지만 실패했다. 결국 괴벨스는 평생 보행용 의족을 끼고 다녀야 했다. 그렇게 굽어진 다리 때문에 또래 아이들은 그를 놀렸고, 이에 괴벨스는 자기 자신을 열등한 사람으로 생각하게 되었으며 내성적 성격으로 변했다.

이렇게 어려서부터 남들과 다른 모습이 콤플렉스가 되어 늘 우울해했다고 한다. 선천적인 장애가 지금보다 더 손가락질 받던 시절, 괴벨스와 그의 어머니는 다리의 장애를 불의의 사고라고 둘러대고 다녀야 했다. 괴벨스의 이런 변명은 나치당에 들어가고 선전장관이 되어서도 마찬가지였다.

이런 열등감 때문에 괴벨스는 학교에 다니면서도 남들과 똑같이 뛰어다니지 못하는 좌절감에 자신의 운명을 저주하고 나아가서 인간 자체를 증오했다. 훗날의 열정적인 연설과 달리 인간으로서의 괴벨스는 사람들에게 무서울 정도로 차갑고 계산적이었다는 의견이 많다.

장애를 잊고 남들보다 돋보일 수 있었던 재능은 허약한 체구나 굽은 다리와는 상관없이 잘할 수 있는 공부였다. 괴벨스는 외모와 달리 좋은 머리로 태어났고 무엇보다 건강한 몸을 가진 다른 사람들에 대한 열등감 때문에 죽기살기로 공부를 해서 일찌감치 수재로 평가받았다. 또 여기에는 자식이 장애를 입은 것을 가련해 하는 부모의 지원이 뒤따랐는데, 괴벨스의 부모는 그의 재능을 알아보고 없는 살림에도 아껴서 그를 지원했다. 괴벨스의 두 형은 실업학교만 졸업했던 반면 괴벨스는 실업학교를 졸업한 후 인문계 김나지움에 진학했던 것이다. 넉넉하지 못한 살림 때문에 아버지가 일하는 심지 공장 일을 집에 가져와 부업으로 괴벨스의 가족들이 램프 심지를 만드는 잔업을 밤에도 했다고도 한다.

학창시절에 괴벨스의 부모는 괴벨스가 사제 교육을 받길 바랐다. 왜냐하면 사제 공부를 하면 상급학교에 다녀도 학비가 면제되었기 때문이기도 했고, 괴벨스의 부모는 독실한 가톨릭 신자인 데다가 부모로서 괴벨스의 신체장애도 고려했기 때문이었다. 괴벨스도 잠시 사제가 되는 것을 고민했지만 결국 부모의 뜻에 따르지는 않았다. 마침 아버지가 심지 공장에서 승진해서 경제사정이 조금 풀린 데다가 장학금과 과외수입, 후원금 등을 받은 덕분에 학업을 무사히 마칠 수 있었다.

청년 괴벨스

인문계 김나지움에 다니면서 뛰어난 성적으로 두각을 나타냈지만 용기를 내서 고백한 첫사랑이 하필 친형이 좋아하는 여자라 형이 알고 나서 칼 들고 쫓아오는 바람에 장학금이 일시적으로 취소되기도 한다. 덕분에 괴벨스의 부모는 없는 살림을 더 졸라매야 했다. 학창시절 때 독일어 과목 스승은 괴벨스의 독일어를 다루는 놀라운 능력을 발견하고는 이쪽으로 진학할 것을 적극 추천했다. 괴벨스 본인도 이걸 인정했고, 수학이나 과학 재능은

10대 후반 김나지움 시절의 괴벨스

자료 : yna.co.kr

프로파간다의 달인

없다고 스스로 생각했지만 다른 과목 성적이 나쁜 것은 아니었다. 어쨌든 학교를 졸업하면서 독일어 작문 성적이 학년 수석이라서 성적으로 뽑혀 졸업사를 낭독할 기회를 얻었다. 당시는 제1차 세계대전 기간이었기 때문에 애국심에 고취된 괴벨스는 그저 그런 내용의 졸업사를 낭독했다. 졸업사가 끝나고 나서 학교 교장이 좋은 내용이지만 뛰어난 연설가는 아니라는 평가를 했다고 한다.

대학은 본Bonn으로 진학했다가 같은 대학 선배이자 법대생이었던 카를 쾰슈라는 사람의 추종자가 되면서 집에서 보내주는 돈도 얼마 없던 차에 선배 집에 들락날락하는 사정으로 그 집안과 친해져서 거의 제 집처럼 드나들게 되었다. 거기서 선배의 여동생인 아그네슈와 친해진다. 아그네슈가 대학에 진학할 때 아그네슈를 따라서 프라이부르크 대학교로 전학을 간다. 그러나 여자를 따라간 프라이부르크 대학에선 정작 또 다른 부자집 집안 아가씨인 안카 슈탈헬름이란 여자와 친해지면서 아그네슈를 차버린다. 다만, 부자집 따님과의 연애는 여느 드라마처럼 수준 차이를 극복하지 못했고 결국에는 이뤄지지 못한다. 안카는 괴벨스를 경제적으로 도와주고 그의 작품 세계를 이해해 주었지만 경제적인 의존은 괴벨스에게 더 열등감을 주었고 이 때문에 자연스레 멀어졌다. 안카가 변호사와 결혼하면서 괴벨스는 차이고 부르주아들에 대한 그의 적개심은 더 심해진다. 10년 후 둘은 재회하는데 괴벨스는 뒤에 아내가 되는 마그다와 만나던 때였다. 한때의 연인은 남편과 이혼하고 생활 형편이 어려워져서 괴벨스를 찾아왔고 괴벨스는 나치당 산하 여성 잡지에 일자리를 마련해 준다. 만남은 줄타기를 하며 잠시 지속되었지만 마그다와의 결혼으로 인연이 다하게 된다.

한편 제1차 세계대전은 독일의 패전으로 끝났다. 전쟁터에 나갔던 형들은 다행히 살아서 돌아왔지만 패전 이전의 경제봉쇄 여파에다가 베르사유 조약 제재까지 당한 독일 경제는 국가 망국의 징조를 보이고 있었다. 전국에서 허구한 날

산발적으로 공산당 폭동이 벌어졌고 그걸 막으려는 자유군단퇴역 군인들의 무장조직의 폭동도 이어졌으며 또 그 폭동들을 진압하려는 공화국의 행보가 이어졌다. 한편 괴벨스의 고향인 라인란트 지방은 승전국 프랑스와 벨기에 군대에 점령당한다.

괴벨스는 이 시기쯤에 집안 내력인 가톨릭 신앙도 완전히 버렸지만 비참한 현실을 타개해줄 메시아 같은 존재는 더욱 갈망했다. 이 시기는 오스발트 슈펭글러의 《서구의 몰락》이 유행하던 시기였다. 괴벨스도 그 책을 진지하게 읽었다. 결국 가톨릭 장학금을 받는 주제에 학부시절 반기독교적 작품을 발표했다가 한때 라이트시 김나지움 시절 고교 은사였으며 당시 괴벨스가 속한 해당 지역 교구의 부교구장이었던 사제에게 엄청난 항의를 받았고 아버지와 다른 은사들이 힘써줘서 겨우 넘어갈 수 있었다. 이렇게 이 시기는 타고난 신체장애를 갖춘 괴벨스가 경제적 궁핍, 나라 망함, 애인에게 차임, 진로 문제 등등이 겹친, 그야말로 인생에서 가장 암울한 시기였다.

"1921년은 괴벨스처럼 사회생활을 시작하는 초년생에게는 최악의 시기였다. 전쟁 배상금 때문에 독일의 경제성장은 기대할 수도 없었다."

– 랄프 게오르크 로이트

박사 실업자

괴벨스는 독일 사회에서 성공하기에 필수적인 군대 경력도 없고 신체적 장애를 가진데다가 미래도 불투명한 가운데 경제적으로 고통받는 처지였다. 장래를 위해서 괴벨스는 결단을 내린다. 박사 학위를 취득하기로 결심한 것이다. 애초에

프로파간다의 달인

원하던 하이델베르크 대학의 군돌프 교수는 독일 문학계의 권위자라 수업이 면제된 사람이어서, 자기 대신 지도해줄 담당 교수로 친절하게 막스 폰 발트베르크 교수를 소개해준다 괴벨스는 이 당시엔 아직 반유대인 감정이 없었는데, 군돌프 교수는 유대인이었고 발트베르크 교수는 혈통으론 절반이 유대인이었다. 논문 주제는 19세기 독일 문학가 빌헬름쉬츠의 희곡에 대한 평론이었고 논문 내용은 당시 통설을 충실하게 따랐다고 한다. 몇 달 동안 방 안에 틀어박혀 책을 읽고 열심히 논문을 쓴 보람으로 지도교수 발트베르크의 괴벨스 박사 학위 논문 평가는 탁월함이었고 구술시험에서도 여러 교수들 사이에서 이견 없이 만장일치로 통과했다. 그렇게 괴벨스는 박사가 되었다. 이후에 그는 모든 서명에 '박사 괴벨스'로 서명했고 나치당 입당 후에도 괴벨스가 유일한 박사는 아니었지만 '박사' 하면 당연히 괴벨스였다. 히틀러도 8세나 연하인 괴벨스를 존중해서 박사로 불렀다.

천재 괴테와 괴벨스; 같은 재능, 정반대의 삶

세계적인 문학가
괴테(Goethe, 1749-1832)
"고난이 있을 때마다
그것이 참된 인간이 되어가는
과정임을 기억해야 한다."

독일 나치스 정권의 선전장관
괴벨스(Goebbels, 1897-1945)
"거짓말은 처음에는 부정되고
그 다음에는 의심받지만
되풀이하면 결국 모두가 믿게 된다."

자료 : m.blog.naver.com

그러나 달라진 건 아무것도 없었다. 박사 이름으로 과외를 하거나 언론사에 가끔씩 기고나 논문을 올리면서 푼돈을 받는 게 전부였다. 몇 푼 받아봤자 당시 독일의 인플레이션 상황에선 받으나 마나였다. 초등학교 교사였던 여자친구 엘제 얀케에게 경제적으로 빌붙어 먹고 살았고 원하던 언론사 취직자리는 모두 헛물이었다. 출판계와 언론계를 꽉 잡고 있던 '유대인 자본'에 대한 적개심이 차츰 생겨난다. 여자친구의 도움으로 드레스덴 은행 쾰른 지점에 취직하지만 동료들이 내부 정보와 초인플레이션 상황을 이용해서 '장사질'을 하는 걸 목격했다. 돈이 없어서 고생을 많이 한 서민들을 문전박대하고 오직 대자본에게만 굽실거리는 은행 일에 극도의 혐오감을 느꼈다고 자신의 일기에 적었다.

> "너희들은 자본 투자라고 말하지. 그러나 그런 그럴듯한 말 뒤에는 더 많은 돈을 모으려는 짐승 같은 허기만이 있을 뿐이다. '짐승 같은'이라고 말했지만 이 표현은 짐승에 대한 모욕이다. 왜냐하면 짐승은 배가 부르면 먹기를 그치기 때문이다."
>
> – 괴벨스, 1923년. 괴벨스의 일기 중

결국엔 몇 달 안 가 병을 핑계로 휴직을 한다. 휴직 중에 진짜로 아파서 드러눕게 되었고, 결국 은행에선 잘린다.

사실 처음에는 괴벨스도 나치당이 등장할 때에는 나치당을 비웃거나 미친놈 취급을 했다. 1921년 11월에 형 콘라트가 결혼하자 괴벨스는 결혼식에 참가한 히틀러 추종자들을 조롱하면서 결혼 기념 문집에 요강 위에 앉은 아이를 그려 넣고 아래에 2행시를 적었다. "하켄크로이츠를 보면 거기다 똥 싸고 싶어져." 그러다가 두 달 정도 지난 1922년 초부터는 일기에 나치당에 긍정적인 내용들이 나오기 시작한다같은 출처. 이미 앞서 1920년 카프 반란 때에도 역시나 긍정적이었다.

물론 이때에도 패전 후 독일인들처럼 극우 쿠데타에 대해서 나쁘지 않은 반응이었지만 그렇다고 적극적인 지지도 아니었다.

괴벨스가 은행에서 해고당할 무렵인 1923년 바이마르 공화국은 초인플레이션으로 경제가 망국의 징조를 타는데다가 베르사유 조약으로 상환하던 전쟁배상금에 대한 채무불이행으로 프랑스와 벨기에 군대가 라인란트 지방과 루르 공업지대를 점령하고 철도, 광산 등 주요 시설을 장악한다. 독일인들은 태업과 파업 등 소극적으로 저항했는데 적극적으로 외국 군대가 돈 안 갚는다고 쳐들어와서 석탄과 철도 시설을 장악하고, 적극적으로 방해하는 사람은 민간인이며 평시인데도 군사 재판으로 총살하는 초대형 사고가 터졌다. 이 사건으로 영국, 미국 등 같은 연합국은 물론 프랑스 내에서도 비난 여론이 거세게 일어나 군대는 결국 철수하기는 했지만, 이 사건은 괴벨스에게 더 이상 이 무능하고 매국적이고 혐오스런 바이마르 공화국 체제론 안 된다는 생각을 굳히게 만든다.

하지만 괴벨스가 당시까지 심각하게 나치에 동조적인 상황이었던 건 아니었다. 아직 애인이던 엘제 얀케의 어머니가 유대인이라는 사실을 알고 충격을 받았지만 그래도 헤어지지 않았고, 자신과 이름이 비슷한 유대인 변호사 요세프 요제프 박사와도 독일 문학을 주제로 토론을 즐기는 생활을 하는 등 이때까지도 반유대인 감정과는 아직 거리가 있었다. 혐오스런 '유대 자본'과 지인들, 즉 '인간' 유대인들과 반유대인 감정을 아직 연관 짓지 않던 시절이다.

03

프로파간다의 **달인**

나치당에서의 활약

"괴벨스는 의심할 바 없이 나치주의자들 중에서 가장 머리가 좋은 사람이었다. 그는 선전 의 천재였다. 난 히틀러가 그를 만들었듯이 그가 히틀러를 만들었다고 확신한다."

– 알베르트 슈페어

라인란트 나치즘의 선구자

1923년 뮌헨에서 벌어진 나치당의 '맥주홀 폭동'이 전국적으로 널리 알려지면서 괴벨스는 나치당과 히틀러에 대한 호감이 높아졌다. 전국구 전설급 재판에서의 웅변으로 메시아급 가능성을 보여준 히틀러 때문이었다. 결국 고교 동창이자 친구이며 후원자의 아들인 프리츠 프랑이 폭동으로 불법화된 나치당에서 일을 하던 인연으로 나치당에 빠져들었다.

124

괴벨스는 초기엔 라인란트 지방에서 나치당 좌파의 우두머리 격이며 히틀러가 감방에 간 후 당의 행정 일을 도맡던 그레고어 슈트라서 쪽으로 선이 닿는다. 당시 나치당은 뮌헨의 듣도 보도 못한 잡놈 군소정당에서 폭동 재판을 계기로 히틀러가 일약 전국구로 떠오르면서 유명세를 발판삼아 북독일로 확장을 시도 중이었다. 당 내 행정가이던 그레고어 슈트라서는 이러한 배경으로 북독일의 도시 노동자 계층을 공략 중이었다. 괴벨스는 고향인 라인란트 지방 엘베펠트 관구에서 정당 일을 시작했다. 그 당시 많은 정당이 그러했듯이 길거리 정치 연설 또는 선동은 시내 한복판에 연단을 차려놓고 올라가서 했다. 친구이자 나치당으로 괴벨스를 끌어들인 프리츠 프랑은 당시 괴벨스의 천부적인 첫 연설을 다음과 같이 회고했다.

첫 연설 무대에서 그는 쭈뼛쭈뼛 망설이며 올라섰다. 군중들도 많지 않았고 쳐다보는 사람 수는 더 적었다. 하지만 막상 연설을 시작하자 지나가던 공산주의자 하나가 "닥쳐라, 이 자본가 놈아"라고 소리치며 방해했다. 그러자 괴벨스는 웃으며 그 사람을 크게 부르더니 지갑을 꺼내 "자, 이리 와서 누가 더 돈이 많나 세어봅시다."면서 자신의 낡은 지갑을 털어 쨍그랑 동전 몇 개가 전부인 걸 청중들에게 확인시켜주며 군중들을 휘어잡았다.

이외에도 북부 라인란트 지방 엘베펠트 관구에서 본래 본업이던 언론계에 종사하여 글도 쓰기 시작한다. 나치당 초기 상황에서 별다른 사상도 없이 승전국보다 더 미운 유대 마르크스주의 하수인 놈들과 전쟁 틈에 돈을 번 벼락부자, 캐비아와 샴페인을 마시는 높으신 나리들, 그리고 혐오스런 유대인 공화국 체제를 공격하는 데만 급급한 괴벨스의 글은 다른 많고 많은 불평분자들의 것과 그리

연설하는 괴벨스

자료 : streemit.com

차별성은 없는 내용이었다. 그러나 타고난 독일어 구사 능력과 박사라는 학력 때문에 좋든 싫든 튀게 보일 수밖에 없었다. 시대가 평온했다면 이러한 재능을 '진짜' 신문이나 잡지에서 시를 쓰거나 문학평론을 하면서 썼겠지만 말이다. 어쨌든 곧 지역 당 기관지의 거의 모든 글은 괴벨스에게서 나오게 되었으며 머지않아 그는 편집장이 되었다. 보수는 군소정당 기관지답게 형편없었지만 뜻밖의 자아실현으로 괴벨스는 매우 만족스러워했다.

하지만 현실은 시궁창 그 자체였다. 봉급이 너무 적어서 부모를 비롯한 지인들에게 여기저기 돈을 꾸러 다니는 신세였다. 명성이 높아지며 나치 중앙당 대회에 초청받았지만 나치당의 당대회에 갈 땐 기차표를 살 돈이 없어서 갈까 말까 고민할 정도로 딱한 형편이었다고 한다. 막상 나치당의 소굴인 뮌헨은 폭동 실패로 일망타진된 데다가 당이 불법화까지 되었고, 남아 있는 인물들도 구심점도 없고 괴벨스가 구역질나게 싫어하는 부르주아나 높으신 분들이 아니면 듣도 보도 못한 잡놈이라 체포를 면한 돌격대 떨거지들뿐이었다.

뮌헨의 나치 중앙당에서 괴벨스를 수행하던 사람은 초기 당원들과 대면하는 괴벨스를 가리켜 '라인란트 나치즘의 선구자'라고 소개했다

이 남자는 누구인가

괴벨스가 당 활동을 시작할 즈음인 1924년 12월 총선에서 나치당이 참여한 연합정당은 낮은 지지율을 보였다. 괴벨스는 당이 불법화되어 강제 해산된 터라 입당하지 못한 상태였고 1924년 말 히틀러가 출소하고 1925년 초에 나치당이 재건되어서야 비로소 정식으로 입당한다.

괴벨스는 그해 3월 북부 라인란트 지방 엘베펠트 관구의 '사무장'으로 취임한다. 괴벨스는 노동자 계층이 많은 북독일 공업지대에서도 과격한 선동으로 팬덤[1]을 늘려나가는 한편 당 내 과격파들에게 인정받기 위해서 폭력이 난무하는 공산당 집회 깽판에도 직접 참가했다.

그레고어 슈트라서 패거리에선 '좌파' 성향으로 분류했던지 같이 일하라고 카를 카우프만이라는 당직자를 괴벨스에게 붙여주었다. 그래서 괴벨스는 당 내 두 분파주의 중 '민족주의, 사회주의 중 무엇이 우선이냐'의 논쟁에서 후자 편에 섰다.

괴벨스는 나치즘과 독일의 적은 증권 자본주의라고 생각했다. 나치당 내 민족주의 우파 계열에선 노동자를 비롯한 모든 계층에 대해 마르크스주의를 제거하여 민족주의자로 만들고 그런 다음 사회주의를 하자고 주장했던 반면, 괴벨스를 비롯한 사회주의 계열은 "그건 말도 안 된다. 노동자를 어떻게 갑자기 민족주의자가 되라고 설득하느냐? 먼저 부르주아들을 쳐 없애버리고 사회주의를 완성한 다음 초계급적 민족국가로 가야 된다."라고 주장했다. 결국 이런 사상은 엘베펠트 관구장 성향과 충돌을 빚었고 당에서 쫓겨날 위기에까지 몰렸다. 당 관구 내 괴벨스 반대자들은 괴벨스를 과격하다 하여 로베스피에르라고 불렀다고 한다.

그러나 슈트라서의 비호로 반대파였던 관구장을 몰아냈고 괴벨스는 나치당 내 좌파 주요 인물로 떠올랐다. 하지만 곧 그는 히틀러를 만나게 된다.

"이 남자는 누구인가? 반은 인간이요 반은 신이다. 진정 그리스도인가? 아니면 세례 요한?"

---

1   '팬덤'이라는 단어는 'fanatic'이라는 열광자, 광신자라는 뜻에 세력 범위라는 뜻의 'dom'이 합쳐진 합성어이다. 즉, 특정 스타나 장르를 선호하는 팬들의 집단을 일컫는다.

"이 사람은 왕이 될 모든 덕목을 갖추었다. 타고난 민중의 보호자호민관요, 미래의 독재자이다."

그는 애초에 입당 전부터 히틀러 추종자였다. 다만, 히틀러의 저서인 《나의 투쟁》을 읽으면서 총통의 예지에 감탄했음에도 100% 히틀러의 주장에 공감한 것은 아니었다. 특히나 인종론과 소련에 대해선 이견이 있었다. 그러나 자신이 믿기로 한 인류 역사상 최고의 천재 앞에서 그런 사소한 차이는 무시하기로 했다.

1925년 말과 1926년 초 두 번에 걸쳐 당 강령이 지나치게 우편향이라는 의견을 모은 당 내 좌파들이 히틀러에게 노선 조정을 요청했지만 거절당했다. 독일 제2제국 시절 군주와 영주들에 대한 토지보상에 반대하는 좌파들과 달리 "사유재산을 존중해야지."라고 말하는 입장이었다. 이에 괴벨스는 약간 실망을 나타냈지만 히틀러에 대한 충성심엔 변함이 없었다.

- 흔히 잘못 알려진 소문으로 당 내 히틀러와 반대편에 있던 괴벨스가 갑자기 자기 진영을 배신하고 히틀러에 붙은 걸로 나오지만 사실은 애초 입당 전 실업자 상태일 때부터 괴벨스는 히틀러 추종자였다. 이 소문이 널리 퍼지게 된건 1960년대 초 평전을 쓴 헬무트 하이버의 책에서 후에 나치당에서 쫓겨난 오토 슈트라서와 그레고어 슈트라서 수하 카를 카우프만의 증언을 들어 괴벨스가 갑자기 변심한 걸로 서술한 영향이 크다. 1990년대 들어 괴벨스 평전을 쓴 랄프 게오르그 로이트는 여러 가지 기록을 들어서 이를 부정했다. 일례로 반기를 들었다고 주장하는 시점에 괴벨스의 일기에는 히틀러에게 직접 친필 사인이 들어간 《나의 투쟁》 양장본을 선물로 받고 감격한 내용이 있다. 그래서 2010년에 국내 발간된 이언 커쇼의 《히틀러 1〈의지〉》에서도 로이트

그레고어 슈트라서

자료 : ko.wikipedia.org

의 연구를 받아들여 괴벨스 배신설을 부정한다.

당 내 행정가였던 그레고어 슈트라서[2]도 히틀러에게 숙청돼서 특이하게 높은 평가를 받는 사람인데, 애초에 슈트라서도 당 초창기부터 히틀러의 당 내 최고 권위에 대해서는 훨씬 나중에 숙청당하기 직전까지는 이견이 없었다. 히틀러와 자신 사이의 주종관계를 자랑스러워하는 사람이었다. 나치당 내 히틀러 반대세력이라는 것은 1920년대 초반에 히틀러가 완전히 당권을 장악하고 난 뒤로는 존재한 적이 없다. '주류가 아닌 편'의 대표격이 그레고어 슈트라서라고 볼 수 있지만, 그래봤자 애초에 주류와 히틀러의 총애를 두고 다투는 정도에 불과했다.

외부에서 보기에 나치의 2인자라고도 불린 괴링이고 슈트라서고 간에 히틀러 앞에선 개장수 앞의 똥개마냥 아무 말도 못했다. 애초에 나치당은 2인자가 존재하지 않는 그룹이었다. 히틀러의 절대명령에 불만이 있으면 나가거나 쫓겨나거나 둘 중 하나였다. 거기다 당 내 누구라고 할 것 없이 전형적인 나치의 생각으론 토론이나 다수결은 유대인들이나 하는 것이었으므로 서로 자기들이 그분의 뜻과 가깝다고 정신승리[3]하기 바빴다. 당 내에서 피 터지게 싸워도 히틀러는 자기 권

---

2   그레고어 슈트라서(Gregor Strasser, 1892년 5월 31일 ~ 1934년 6월 30일)는 나치 독일의 정치가이다. 그레고어 슈트라서는 나치당 안에서 좌파의 지도자이자 당내의 급진적인 사회개혁을 주장했으나 히틀러와의 권력 싸움에서 밀리고 1934년 장검의 밤 사건 당시 게슈타포가 쏜 총에 맞아 암살당했다.

3   본인에게 치욕스럽거나 불리하거나 나쁜 상황을 좋은 상황이라고 왜곡하여 정신적 자기 위안을 하는 행위며 실상은 자신의 망상으로만 승리하고 있는 상황을 의미한다. 이 말은 중국 소설가 루쉰의 명저, 《아Q정전(阿Q正傳)》에서 나온 정신승리법(精神勝利法)이라는 말에서 유래한 것이다.

위만 침해하지 않는 편이면 방관했다.

　결국 당시 괴벨스도 일단 권력을 잡고 뛰는 게 무엇보다 중요하다고 생각했고 실업자 시절 아무것도 못하는 처지보단 나았다. 자신의 자전적 소설 《미하엘》에서 표현한 대로 무엇을 믿느냐보다는 무엇인가를 믿는다는 사실 자체가 중요했다. 하지만 본래 가진 사회주의 성향을 완전히 버린 것은 아니었다. 총통에 대한 믿음, 새로운 시대에 대한 열망으로 덮었을 뿐이다. 어쨌든 당 강령 회의를 두고 뒤통수 맞았다고 생각한 슈트라서 패거리는 이때부터 괴벨스와 나치당 내에서 원수가 된다.

> "괴벨스는 이제 히틀러의 사람이었다. 괴벨스는 히틀러가 벙커에서 숨을 거두는 그날까지 히틀러를 '아버지처럼' 모시면서 변치 않고 충성을 바쳤다."
>
> – 이언 커쇼

'붉은 베를린'으로 가다

히틀러와의 몇 번의 식사로 열렬한 추종자임을 각인시켜 충성심과 능력을 인정받은 괴벨스는 1926년 10월 말, 나치당의 새로운 거점지인 베를린-브란덴부르크 관구장으로 발령이 난다. 사상적 전향으로 본래 있던 고향인 엘베펠트 관구에선 눈밖에 난데다가, 인구 400만의 수도 베를린을 맡게 된 점이 괴벨스의 흥미를 돋웠다. 나치당은 바이에른 출신 지역구, 듣도 보도 못한 잡놈 군소정당에 불과했고 아직까지 '붉은 베를린'에서는 당세가 미약했기 때문에 이것은 승진이면서 한편으로는 도전이었다.

나치 당원이 된 괴벨스

자료 : ko.wikipedia.org

사실 베를린 나치당에선 당원이 500명에 돌격대SA 병력은 280명에 불과한 딱한 상태였다. 반면 역사와 전통의 정당 독일 사민당SPD은 베를린 시의회에서 제1당이었고 공산당은 제3당이었으므로 둘을 합친 좌파진영은 과반이었다. 물론 공산당은 사민당을 박멸대상으로 보았고, 사민당도 공산당을 폭도들이라고 멸시했기에 두 당의 사이는 개차반이었고, 이점만큼은 나치에게 유리했다. 즉, 공산당은 '사민당 한 놈만 패'라는 식이었고 나치당은 공산당을 잡고 물고 늘어지는 구도였다.

베를린과 북독일에서 세력이 컸던 공산당 입장에선 나치당이 워낙에 듣도 보도 못한 잡놈이라 그냥 무시하는 와중이었다. 그들은 나치가 성장하고 나서도 극우 폭력배들은 독점자본의 앞잡이이지 진짜 적은 아니라는 이론에 근거한 교조적인 판단을 했다. 실제로 상부의 이념적 성향은 극과 극이나 하층 조직의 인적 교류나 스카우트는 서로 활발했으며 이후 여러 사건을 두고 공산당과 나치당에서 인적 이동이 이뤄지기도 했다.

여하튼 당시 베를린 뒷골목을 장악한 건 공산당 깡패들이었고 나치당 베를린 관구는 용감하고 주제넘게 공산당을 흡수할 전략을 세우긴 했어도 돈도 없고 사람도 없어 그야말로 답이 없는 상황이었다. 게다가 서먹해진 슈트라서 패거리가 버티고 있는 상황에서 히틀러의 신임을 받고 있다지만 낙하산으로 다리도

절고 29살이나 된 장애인이 들어왔으니 누가 보더라도 괴벨스의 앞날은 밝아 보이지 않았다.

하지만 괴벨스가 훗날에 악명을 떨치게 된 데에는 이유가 있었다. 그는 히틀러에게서 받은 전권을 활용해 오자마자 슈트라서 패거리의 견제를 위해서 베를린 돌격대장을 부관구장으로 임명하고 돌격대 조직을 정비한다. 타고난 연설 실력을 바탕으로 젊고 불만 많은 패거리들을 끌어들였는데, 그중에는 훗날 유명해지는 호르스트 베셀[4]도 있었다.

당시 독일 내 최대 정치 깡패 조직은 50만에 달하는 우익 계열의 철모단이었다. 무슨무슨 결사대니 의용대니 하는 다른 우익 무장집단들에 하다못해 온건좌파 사민당 계열 '흑적황 국가국기단'도 있었다. 그러나 참전자 출신 시니어들이 주축이어서 전투력이 떨어졌다. 그래서 젊은 패거리들이 많은 공산당의 전투력이 가장 막강했는데 이 공산당보다 나이가 더 젊은 조직 깡패가 나치당 돌격대였다. 훗날 제3제국의 영웅으로 추앙받는 '애국 청년' 호르스트 베셀이 괴벨스의 연설에 감격해 입당할 때의 나이가 19세였을 정도다.

호르스트 베셀

자료 : ko.wikipedia.org

4 　호르스트 루트비히 베셀(Horst Ludwig Wessel, 1907년 10월 9일 ~ 1930년 2월 23일)은 독일의 작곡가이자 국가사회주의 독일 노동자당 당원이었다. 나치당의 초기 멤버로 활동하였으나 나치가 집권하기 전, 1930년 1월 14일 독일 공산당 소속 괴한들의 총격을 받고 2월 23일 사망했다. 그가 죽기 전인 1929년 5월에 남긴 〈Die Fahne Hoch(기를 높이 내걸어라)〉라는 정치시를 지었고 이것이 훗날 요제프 괴벨스의 선전부에 이용되어, 그를 '나치스 순교자'로 높이 떠받들어 〈호르스트 베셀의 노래〉로 작곡된다. 1933년 히틀러의 나치스 집권 이후 나치의 당가로 채택되어 나치 독일 집권 시절 연주되곤 하였다.

천하의 괴벨스도 돌격대 패거리 관리엔 애로사항이 많았는데, 공산당과 싸우는 것뿐만 아니라 자기들끼리도 걸핏하면 싸웠다. 무엇보다 이념 성향이 희박해서 나치당이나 당 밖에서나 자타가 인정하는 '주정뱅이 난봉꾼' 집단이었다. 하지만 괴벨스는 돌격대 집단을 정비하는 데서 더 나아가 교육과 정치 성향을 주입시켰다. 깡패 집단에게 주먹질, 쇠파이프 난동을 애국 행위로 포장하고 곧 다가올 제3제국의 '귀족'이 될 거라고 희망을 주었다.

공산당 집회에 나가서 깽판을 치거나 소수 모임을 덮쳐서 두들겨 패거나 하는 식은 이전에도 있었지만 나치당 세가 워낙 비교도 안 되게 밀렸기에 한계가 있었다. 괴벨스는 집회 시에도 히틀러가 뮌헨에서 썼던 수법으로 빨간 문구나 상징으로 낚아서 공산당 성향 불평분자들을 꼬드겨 강제로 참석시키고 경찰이 가까운 데서 집회를 열었다. 이후 대대적으로 도발하거나 소수의 돌격대를 집중시켜서 시가행진할 때 공산당 조직의 행동반경을 노리거나 파악해서 전투에 유리한 국면을 만들었다. 정치 깡패들 규모가 비교가 안 될 정도로 나치당의 세가 약할 때라 공산당 패거리에 역공 당할 때도 많았다. 단상에 올라서 연설할 때 돌멩이가 날아와도 눈 하나 깜짝하지 않고 노려보는 괴벨스에게 '키 작고 머리 큰 박사가 용감하다.'라는 평이 돌기 시작했다.

나치 베를린 관구장

1926년 말 베를린-브란덴부르크 관구장으로 임명된 괴벨스는 그 뒤 관구가 베를린 관구와 브란덴부르크 관구 둘로 갈라진 뒤에도 계속 베를린 관구장으로 남았다. 후에 나치당이 정권을 잡으면서 출세하고 제2차 세계대전이 일어나 자

프로파간다의 달인

살할 때까지 계속 그 직책을 맡았다. 베를린 시절 활약상은 괴벨스의 나치당 활약 가운데서도 가장 빛나고 공이 큰 사항이다. 이 시기 이미 괴벨스는 히틀러에 이어 나치당 내 최고 연설가였다. 그리고 나치당의 세가 미미했던 북독일 지역과 베를린에서 나치당이 차츰 성장할 수 있었던 데에 괴벨스의 공이 큰 것은 명백했다.

처음에는 듣지도 보지도 못한 잡놈 인지도와 당 지지도를 띄워보는 데에 집중했고, 그게 효과를 보면서 한 달에 100명씩 새로 당원이 입당해, 몇 달 사이에 당원 수가 두 배가 될 정도로 당이 성장했다. 어차피 이 정도로는 여전히 세가 부족했기 때문에 괴벨스는 히틀러에게 요청해서 베를린에 자체 신문을 내기로 결정한다. 이는 그레고어 슈트라서가 베를린의 캄프 출판사에서 베를리너 아르바이터스 차이퉁베를린인 노동자 신문이라는 지역 당 기관지를 이미 만들고 있었다. 게다가 베를린에선 당시 130여 개의 신문들이 난립하던 상황이라 무모해 보일 수도 있었지만, 괴벨스는 히틀러의 빽을 믿고 한번 저질러본다.

📍 〈공격Der Angriff〉지

때마침 신문이 아니면 다른 활동도 못할 처지가 되었다. 사건의 원인은 1927년 5월, 재향군인회관에서 집회하던 도중에 괴벨스의 인종차별 발언에 비아냥거리던 중년 남성을 돌격대 깡패들이 두들겨 패는 일이 발생한 것이었다. 알고 보니 군인회관에서 나왔던 이 사람이 제1차 세계대전 때 군종 목사로 복무해서 높으신 분들과 인맥이 있는 목사님이었던 것이다. 백주 대낮에 공공기관 앞에서 하던 집회라 정치경찰이 깔린 상황에서 벌어진 일이라 은폐는 불가능했다. 이를 빌미로 베를린 경찰청에서는 나치당과 나치당 조직돌격대, 친위대 등의 활동을 금지했으며, 괴벨스가 연설하는 것까지 금지했다.

괴벨스는 여기서 새로운 선전 기법을 선보였는데, 자신이 처음 시도하는 것은 아니었지만 〈공격Der Angriff〉지의 발행 전에 일종의 티저 광고[5]를 썼다. 발행을 앞두고 7월 1일부터 광고를 뿌렸는데 붉은색 바탕에 큰 물음표를 그리고 하단 문구에 '공격은 7월 4일 시작된다.'라고 쓴 광고물과 광고판을 제작해서 시내에 뿌리고 들고 다녔다. 사람들은 막상 7월 4일이 되어서 히틀러 유겐트 어린이들이 신문을 팔고 다니기 시작해서야 비로소 이게 나치당 신문이란 걸 알 수 있었다.

〈공격(Der Angriff)〉지

자료 : booklooker.de

5 요소를 고객에게 공개하지 않음으로써 관심을 끌려고 하는 상업 광고의 한 방법으로, 전해야 할 상품 정보 요소의 일부를 밝히지 않고 주목을 끄는 광고 기법이라고 정의할 수 있다. 다음 광고를 위한 광고로서, 고객의 호기심을 자극하여 이후에 등장할 광고를 통해 궁금증을 해결할 수 있도록 만든다. 영어 단어 티저(teaser)는 짓궂게 괴롭히는 사람, 놀려대는 사람이라는 뜻이다.

프로파간다의 달인

참신한 광고 수법과 달리, 초기 〈공격〉지의 내용이나 판매는 영 시원찮았지만 괴벨스는 판매 부수를 끌어올리고 영향력을 키울 떡밥을 마련했다. 20년간 괴벨스를 먹여 살린 유대인 인종 차별이다. 당시 수도 베를린의 부경찰청장은 베른하르트 바이스Bernhard Weiß로, 그는 법학 박사이며 유대계 자본가 집안 출신으로 좌파도 아닌 우파 부르주아 정당 당원이었다. 하지만 얼굴이 당시 유대인들 외모의 고정관념대로 작은 키, 뿔테 안경에 작은 눈, 검은 머리, 매부리코 생김새로 인종 차별로 공격하기엔 안성맞춤의 외모였다.

👤 면책특권자, 무임승차자 – 의원 당선

"우리는 의회 따위와는 관계가 없다.

마음 깊은 곳으로부터 이를 거부한다. 그리고 당당하게 표현하는 것도 주저하지 않는다.

나는 독일의회 구성원이 아니다. 면책특권 보유자이자 무임승차권 보유자이다. 면책특권 보유자는 '바이마르 체제'를 모욕하고 공화국은 월 750마르크의 봉급으로 답례한다."

– 1929년 〈공격〉지

1928년 5월 20일에 시행된 전국 총선거 결과, 괴벨스는 독일의회 의원이 되었다. 의원이 된 것보다 의원 면책특권으로 재판과 송사에서 벗어나고 이전과 비교되지 않는 높은 사회적 지위와 안정된 수입이 괴벨스를 기쁘게 한 것 같다. 이로서 '유대인 언론'과 정관계 높으신 분들을 상대할 무기가 하나 더 생겨났으며, 여기저기서 돈을 빌리고 부모에게 손 벌리는 딱한 상황이 불과 몇 년 전이었던 걸 감안하면 내심 개인적으로도 출세가 반갑지 않을 리가 없었을 것이다.

그럼에도 불구하고 이때 나치당 득표율은 최악이어서, 1928년에 당의 득표는

1924년 12월 총선의 3% 득표율보다 더 낮은 2.6%였다. 더불어 괴벨스의 관할인 베를린 선거구에서는 1.5% 득표율을 보이는 참담한 지지도였다. 다만, 군소정당에 지나치게 유리하게 잘 보장된 바이마르 체제의 비례대표제 선거법 덕분에 당당히 원내 제9당인 나치당도 12석전체 의석의 2.44%을 건질 수는 있었다. 12명 중에서 뮌헨 맥주집 폭동 멤버들인 이른바 '노전사'가 아닌 사람은 괴벨스가 유일했다.

나치당은 전국에서 선거를 말아먹었지만 괴벨스의 관할인 베를린의 한심한 득표율을 두고 슈트라서 패거리들의 공격이 이어진다. '뛰어난 두뇌' 운운하면서 구체적으로 이름을 말하진 않았지만 '그 때문에 망했다'고 지역 당 기관지에서 신랄하게 비판을 했다. 하지만 히틀러는 슬그머니 괴벨스의 손을 들어준다. 나치당 선전국장 직을 괴벨스에게 주고 선전국장이던 그레고어 슈트라서를 조직국장으로 이임시켰던 것이다. 대신 슈트라서파를 달래기 위해 베를린에서 브란덴부르크 관구를 분리하여 후자에 슈트라서의 수하를 임명한다. 이 조치는 괴벨스에게 나쁘지 않았다. 이로써 베를린에서 슈트라서의 '방해'를 더 이상 받지 않게 됐다. 게다가 선전국장으로 중앙당 내에서도 지위를 굳히고 몇 안 되는 나치당의 독일의회 의원까지 되면서 당의 거물로 떠오른 것이다. 선거 결과는 실망스러웠지만 괴벨스가 정비한 조직과 열성분자들의 수는 점점 늘어났고 몇 년 후 갑자기 나치당의 세가 늘어날 때 이 조직의 힘은 크게 발휘되었다.

괴벨스는 이때 따로 분리된 나치당 베를린 관구의 관구장 지위를 1945년 자살할 때까지 계속 유지한다.

베를린 관구장 괴벨스

자료 : koukon.tistory.com

프로파간다의 달인

의회 의원이 되었지만 괴벨스가 하는 일은 별로 달라진 게 없었다. 나치당 의원들이 모두 그러하듯이 괴벨스는 의정활동 따위에는 전혀 관심이 없었고, 그의 본 무대인 거리 선동과 〈공격〉지의 발행은 계속해서 이어나갔다. 신문이야 관구 사무장에게 일임한 후 간간히 논평이나 냈고, 괴벨스는 주 전공인 선동으로 공산당 이론가나 선동가들과 길거리에서 청중들 앞에서 공개 입씨름을 벌이거나 맞불 집회와 공개 토론으로 입심 능력을 과시했다. 정적들이 자신에게 붙인 '베를린 최고 악당'이란 별명은 오히려 자랑스레 홍보용으로 쓰고 다녔다.

한편 이 시기에는 바이마르 공화국도 서서히 망국의 징조를 타기 시작하는데, 직접적인 원인은 세계 대공황이었다. 1929년 10월의 미국 증시 붕괴 이전인 1928년 말부터 사실 전 세계 실물 경기 지표는 곤두박질치고 있었고, 독일도 거기서 예외가 아니었다. 경제난으로 인해 실업과 노사분규가 증가하여 마찰은 잦아졌고, 결국 1929년 5월 1일 노동절에는 공산당 폭동이 발생한다. 괴벨스는 이 폭동을 두고 이슈 선점에서 뒤처졌다며 처음에는 매우 안타까워했지만, 결과적으론 나치당에 매우 유리하게 상황이 전개됐다. 수도 베를린과 괴벨스의 고향 쪽 서부 독일 노이퀼른 지역에서 폭동 진압 시도에 대해 공산당 깡패들이 총질을 하면서 저항했고, 이에 경찰들과 시가전이 발생해서 프로이센 경찰은 장갑차와 기관총까지 동원해서 진압해야 했던 것이다. 그 결과 공산당 폭도, 민간인과 경찰을 포함해 40여 명이 사망했고 수백 명이 부상당했으며, 공산당 깡패들 1,200명이 체포되었다. 이 사건으로 인해 공산당 조직은 불법화되었고, 그 결과 조직을 잃은 공산당 깡패 중 상당수가 돌격대로 들어오게 된 것이다. 미미하던 나치당 깡패 숫자가 이 일로 크게 보강되었고 공산당 금지령으로 길거리에서 나치당의 활약이 눈에 띄게 늘어나게 된다.

호르스트 베셀은 앞서 19세 때 괴벨스의 애국적 연설에 감격해서 나치당과 돌격대에 가입한 '전사'로 3년이 지난 후 돌격대 '소위'로 베를린 돌격대에서 일개 중대를 이끌 정도로 성장했다. 일반적으로 사회 하층민 출신인 다른 돌격대원들과 달리 베셀의 출신 성분은 이질적이었다. 목사의 아들에다가 아비투어^{대학입학 자격} _{시험}에 합격하고 프리드리히 빌헬름대학 법과대학에 입학한 인재로 나치당에서도 차기 지도자가 될 유망주로 일찌감치 선발되어, 중앙당에서 마련한 나치당 지도자 양성 캠프에도 보낼 정도였다. 누구보다 열성적으로 공산당 깡패들을 박멸하는 데 앞장섰던 인물이었는데, 살해되기 며칠 전에도 소속 부대를 이끌고 공산당 깡패들을 습격해서 4명을 병원에 실려 갈 정도로 두들겨 팼었다. 그 결과 공산당 무장 깡패조직 '붉은 전사동맹'의 척살 리스트 순위에 올라가게 된다.

때마침 베셀은 기거하던 집의 주인과 월세 문제로 갈등이 있었고, 죽은 남편이 공산당원이었던 집주인 여자는 공산당 패거리에게 손 좀 봐달라고 부탁했다. 공산당은 처음엔 집주인이 기독교인인 점을 들어서 거절했지만 나중에 손봐줄 대상이 호르스트 베셀이라는 소리를 듣고는 얼씨구나 하고 수락했다. 창녀 출신 애인과 방 안에 있던 베셀은 갑자기 쳐들어온 공산당 깡패들에게 머리에 총을 맞았고 공산당에선 이를 '나치당원 포주와 기둥서방 사이의 싸움'으로 위장, 폄하했지만 괴벨스는 이 사건을 기회로 삼는다.

호르스트 베셀 사건 몇 달 전에 젊은 나치당원이 죽은 상태로 발견된 적

강요된 순교자의 탄생, 호르스트 베셀

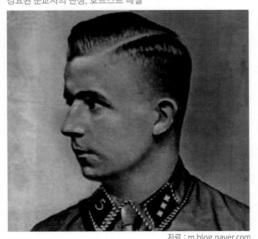

자료 : m.blog.naver.com

프로파간다의 달인

이 있었고, 당시 괴벨스는 이를 '공산주의자의 테러'로 지지자들을 선동하는 데 이용했지만 베를린 경찰의 조사 후 발표 사인은 '자살'이었고, 따라서 선동은 전혀 주목받지 못했다. 이때 괴벨스는 유대인 언론들의 모략에 빠지면서 정신승리나 하는 데 만족해야 했다. 그러나 이번에는 상황이 달랐다. 공산당 조직에서는 범인들을 숨겨주려 했지만 공범 중 한 명이 도피 도중에 경찰에 체포되자 사건의 전모를 자백했다. 그 결과 체포된 공산당원 겸 사창가 포주였던 알브레흐트 호흘러를 베셀의 애인이 남자친구를 쏜 범인이 맞다고 지목한 것이다. 어쨌든 백주 대낮에 총기를 이용한 정치적 테러가 일어났고 나치당이 이 사건의 피해자였기 때문에 괴벨스는 물 만난 물고기처럼 선동을 시작했다. 괴벨스가 유대인 언론이라 질타했던 주류 언론들도 이 사건을 비중 있게 다루기 시작했다.

괴벨스의 바람대로 호르스트 베셀은 긴 시간에 걸쳐 고통스럽게 죽어갔는데, 괴벨스는 〈공격〉지에서 베셀의 사투 과정을 생중계했다. 소뇌에 박힌 총알 때문에 얼굴이 일그러지고 고통스러워하는 장면을 괴벨스의 뛰어난 독일어 작문 실력으로 눈물콧물 쏟아내게 포장하고 공산당 살인마들을 '곤죽이 되도록' 두들겨 패야 된다고 규탄했다. 한때 범인들을 감싸주던 공산당 신문은 엄청난 역공에 녹다운 상태인데다 여론의 질타까지 받아야 했고, 주류 언론에서도 사건을 비중 있게 다루었기 때문에 '베셀을 애국 청년'으로 포장하는 것은 순조롭게 진행됐다.

결국 베셀은 한 달 반의 사투 끝에 사망했고 장례식이 치러졌다. 이때 장례식엔 괴링과 괴벨스는 물론이고 독일의 전 황제 빌헬름2세의 넷째 아들 아우구스트 빌헬름황자까지 참가했다. 애초에 장례식을 거의 국장급으로 치르려던 계획은 무산되었지만, 장례 행렬을 통해 공산당이 깽판을 칠 걸 예상하고 언론의 주목을 받은 김에 피해자 코스프레까지 저질렀다. 괴벨스는 베셀을 마치 도스토

예프스키의 소설에 나올 만한 백치, 노동자, 창녀들 사이로 '스스로 높은 곳에서 낮은 곳에 임한 그리스도와 같은 사회주의자요, 이상주의적 공상가'라고 포장했다. 또한 순교자 호르스트 베셀의 노래가 전 독일에 10년 안에 울려 퍼질 것이라고 예언했다.

호르스트 베셀의 노래

자료 : rigvedawiki.net

급성장과 위기

당시 바이마르 공화국의 망조는 확연했다. 1929년 베를린 시의회 선거에서는 바로 전해 총선보다 체제 절멸을 부르짖는 나치당 득표율이 4배 가까이 상승했고1.5% → 5.8%, 체제 전복을 노리는 공산당도 베를린 일부 구역에선 40%가 넘게 득표했다. 또한 지방에서는 드디어 나치당이 듣지도 보지도 못한 잡놈 수준을 탈피, 튀링겐 주에선 최초로 지방정부에서 장관을 내고 연정에도 참여하게 된다. 전국적으로도 지지도가 몇 배씩 껑충 뛰었다.

불과 2년 전 총선에서 듣지도 보지도 못한 잡놈이었던 지지율 2.6% 정당에서 갑자기 이런 약진이 일어난 건 역시 경제위기 때문이었다. 실업자 수는 1930년에 300만 명을 돌파했고 나치 집권 전해인 1932년에는 600만을 넘어섰다. 그런데 이런 예상치 못한 급속도의 대중적 인기 팽창 와중에서 정작 나치당 내부 조직과 괴벨스 개인은 위기를 겪고 있었다.

당 내 '좌파' 슈트라서 형제 패거리 중 동생인 오토가 '사회주의의 배신자' 괴벨스를 응징하려고 벼르고 있었다. 괴벨스 역시 히틀러가 합법 노선에 따라 세력을 확장하면서 괴링과 샤흐트의 중개로 구제국 기득권층이나 자본가들과 식사를 하러 다니는 것도 무력하게 지켜보아야 했다. 하지만 이전에도 경험이 있듯이 괴벨스는 이번에도 히틀러보다는 괴링이나 샤흐트를 비롯한 뮌헨의 높으신 분들이 당수를 잘못 보필한 거라고 비난했고 결합은 일시적일 거라고 정신승리했다.

사회주의 노선 차이를 둔 오토 슈트라서의 반란은 쉽게 진압되었다. 히틀러한테 대들었다가 유대인식 사고에 물든 지식인 판정을 받으며 공개적으로 비난을 바가지로 퍼먹은 것이다. 오토는 평소의 장담과는 달리 '사회주의 동지'들을 규합하지 못했고, 오토 슈트라서의 형인 그레고어 슈트라서는 힘없이 히틀러에게 변함없는 충성을 맹세했다. 결국 오토는 고립돼서 자기 패거리 수십 명만 이끌고 탈당하는 선에서 갈등은 매듭지어졌다. 이로써 나치당 내의 지루한 이념 논쟁은 끝났고 지도자 원리에 토를 달 사람은 더 이상 남지 않게 되었다. 애초에 당헌, 당규 따위보다 히틀러가 우선이기도 했지만 이제는 완전히 히틀러의 '의지'만이 나치당을 좌우할 수 있게 되었다.

이보다 괴벨스에게 더 현실적인 위협은 나치당 내 노선 변경에 따른 베를린 돌격대의 반발이었다. 나치당은 대중적인 인기가 더해지고 조직이 커짐에 따라 관료제적 조직화가 불가피했고, 그동안 베르사유 체제와 유대인 공화국을 끝장낼 사회 혁명용으로 양병하던 돌격대는 약간씩 거추장스러운 존재가 되기 시작했다. 더군다나 1930년 히틀러가 합법 노선을 선언하자 돌격대 내에서는 불만이 공공연히 터져 나왔다. 괴벨스도 '합법성 만세! 구역질 난다!'라고 일기에 적었지만 곧 순응한다. 하지만 괴벨스 혼자만의 능력으로는 주먹이 앞서는 깡패들의 과격함을 수습하기 어려운 지경이었다.

사실 당시 나치당이 현실적으로 합법 노선을 펼칠 수밖에 없었던 이유도 있었다. 나치당이 듣지도 보지도 못한 잡놈 상태에서 벗어나자 프로이센 주정부나 중앙정부 검찰은 라이프치히 연방_{라이히} 법정에 나치당, 돌격대 조직과 그 지도부를 반란죄로 기소할 기회를 벼르고 있었다. 돌격대 외의 통제되지 못한 나치당 일부 조직의 탈선도 구실이 될 수 있을 만큼 위기였기 때문에 나치당은 합법성과 듣지도 보지도 못한 잡놈 신세 중 하나를 선택할 수밖에 없는 입장이었다. 괴벨스는 이런 흐름에 민감하게 적응한 반면, 시류에 뒤처진 나치당 내 '노전사'들은 차츰 숙청당하거나 힘없는 들러리 신세로 밀리게 된다.

이런 상황에서 베를린 돌격대는 과거의 타도 대상이던 높으신 분들과

오토 슈트라서

자료 : spartacus-educational.com

프로파간다의 달인

'반동 놈들'이 권력 냄새를 맡고 자꾸 나치당에 들어오면서 그동안 뒷골목에서 죽어라고 싸웠던 자신들은 당내 보조금이 밀리고, 국회의원 공천에서 밀리는 등 자칫 똥 치운 작대기 신세가 될까봐 우려했다. 결국 당과 상관없이 독자적으로 폭동을 일으킬 준비까지 하게 된다. 특히 베를린을 비롯한 동부관구 돌격대 부지도자 발터 슈테네스는 아예 공공연히 중앙당에 반기를 들었다. 나치당 사무실을 습격하고 당원들을 감금하는 것도 모자라, 베를린을 비롯한 동북부 지역의 나치당 운영권을 아예 자신한테 전부 달라고 요구했다.

처음에 괴벨스는 돌격대원들에게 지원금을 더 퍼주고 좋게좋게 어물쩡 넘어가려고 했지만 사태는 계속 커졌다. 결국 당 내 분열에 대해 히스테리적인 발작까지 일으킬 정도로 격노한 히틀러의 엄명이 떨어지자 괴벨스는 이를 가차 없이 진압한다. 애초에 돌격대의 불만은 노선 차이는 아무것도 아니고 먹고사는 일이 최우선이었다. 높으신 분들의 영입으로 지갑이 두둑해진 중앙당이 좀 먹고 살 만해져서 뮌헨에 궁전을 매입하고 호화당사를 차렸다. 반면 돌격대의 하부조직 나부랭이들의 형편은 조금도 나아지지 않았던 현실적인 이유가 컸다. 히틀러는 돌격대를 개편하기로 한다. 먼저 돌아다니면서 목이 터져라 무조건적인 충성과 단결을 호소했다. 한편 돌격대 대원의 나치당 가입을 의무화하고, 당비를 받아먹어서 원성이 자자했던 기존 돌격대장 페퍼 폰 잘로몬을 돌격대 대장에서 해임하고 스스로 돌격대의 최고지도자가 되었다. 이렇게 돌격대를 자신의 직속으로 만든 다음 히틀러는 돌격대의 실질적인 지휘권은 돌격대 참모장 에른스트 룀에게 위임한다.

여하간 이런 나치당의 위기와 상반되게, 1928년에 당원의 수는 10만 명을 돌파하고 1930년엔 2년 만에 그 두 배인 20만 명을 돌파한다. 1930년 초반에 나치당은 기존의 사회불만 세력들만 모인 당이 아닌, 일반 소시민들이 주류인 당이 되어서 '공무원당특히 교사 출신이 많았다' 소리를 듣게 될 정도였다.

시대가 변하고 있었다. 베를린 뒷골목에서 목이 터져라 선동하고 나무곤봉, 쇠 파이프를 휘둘러도 관심이 없던 대중들이 나치당에 시선을 보내왔다. 이러한 변화는 괴벨스도 예상치 못한 뜻밖의 결과였다. 괴벨스가 존경해 마지않는 불세출의 위대하신 천재께서는 이때 허풍으로 "2년이나 늦어도 3년 안에 정권을 잡을 것이다."라고 큰 소리를 쳤다.

나치당 선전국장

앞서 히틀러의 신임 덕에 베를린 관구장에 이어 나치당 중앙 선전국장 직위도 차지한 괴벨스는 집권 과정에서, 특히 선거에서 유감없이 선전·선동 능력을 과시한다. 선전국은 나치당 다른 조직과 달리 돌격대처럼 히틀러 직속이었다. 덕분에 괴벨스는 나치당 내 어느 누구의 간섭 없이 돈을 펑펑 써대고 자신이 구상한 선전 기법과 아이디어를 유감없이 발휘할 수 있었다. 타고난 두뇌와 입심과 깡으로 무장한데다가 히틀러가 완장까지 채워주니 괴벨스에겐 이제 거칠 것이 없었다.

📍 합법 투쟁

"인간 폐물은 쫓아내자! 그들의 낯짝에서 가면을 벗겨내라! 그들의 모가지를 붙잡아라! 9월 14일에 그들의 기름 낀 배때기를 밟아주자! 그리고 영광의 빗자루로 쓸어서 그들의 사원으로 쫓아 보내자!"

– 1930년 나치당 선거 구호

프로파간다의 달인

이렇게 매우 저속한 문구에도 불구하고 때가 때인 만큼 오히려 가려운 데를 긁어준 것처럼 나치와 히틀러의 인기는 점점 올라갔다. 그동안 경쟁자인 공산당이 도시 노동자들 상대로 계급이니 투쟁이니 자본이니 마르크스주의니 하던 너무 어려운 소리보다 나치당처럼 짧지만 강렬한, 욕설처럼 시원한 문구가 더 큰 효과를 발휘했던 것이다.

기존 지지층은 물론이고 경제 불황으로 알거지가 된 소시민, 연금생활자, 외교적으로 나약한 정부에 질려 있던 지식인들까지도 나치가 가진 단순함에 이끌렸다. 특히 당시 지식인 중에서도 대학생들조차 나치즘이 대세였다. 어린 시절 제2제국의 화려함을 보았던 세대가 대학에 들어가면서, 대학 나와도 실업자 신세인 시대가 되니 과격함에 물드는 건 어쩔 수 없기도 했다.

한편 정치 성향이 쉽게 변하지 않는 보수적인 농촌 사람들은 선동 내용이 구체적으로 무엇인지 이해하긴 어려웠다. 하지만 '정부에서 세금만 왕창 뜯어가고 자기들끼리 돈을 흥청망청 써댄다.'는 소리에는 누구나 고개를 끄덕끄덕했고 '도시 사람들 빵값을 싸게 만들려고 농산물값 똥값 만들었다.'는 일부 사실에 부합

나치당 선전국장에 오른 괴벨스

자료 : m.blog.naver.com

하는 선동에는 분개했다. 무엇보다 나치는 실업과 전근대적 농장의 농업 생산성의 두 문제를 동시에 타개하기 위해 실업자들을 생산성 떨어지는 농장들에 보냈다. 그러면서 이 농장들을 통폐합하거나 불하한다는 정부의 구상에 대해 '농촌에 볼셰비즘을 몰고 온다.'라는 선동으로 맞섰다. 전 세계 어디서

든 토지 소유에 대한 집착은 자다가도 벌떡 일어나 '내 땅!' 하며 게거품을 물게 할 정도인 농민들에겐 이런 선동이 제법 약발이 먹혔다. 도시지역 노동자 계층에 집중적으로 투자해서 이들을 먼저 지지층으로 만든다는 괴벨스의 초기 구상과 달리, 북독일 농촌지역이 나치당의 표밭이 되었다.

물론 패전국으로 영국, 프랑스 등 승전국들을 상대로 배상금이나 물어대는 굴욕외교에 대해 '유대인과 손잡고 나라를 팔아먹었다, 국제 유대인 자본의 항구적 노예 전락 …'이라고 하는 비아냥은 나치당이 아닌 다른 극우 정당들도 입 아프게 하던 말이었다. 하지만 비슷한 말을 한다고 해도 정리되고 규율 잡히고 제복을 갖춰 입는 나치당은 혼란한 시기일수록 그 인기가 높아졌다. 기존의 듣지도 보지도 못한 잡놈 시절에도 했던 선전이지만 북 치고 나팔 불고 행진하는 돌격대와 나치당의 행렬이 제법 규모가 불어나면서 사람들은 약장수나 서커스단을 보는 것처럼 '뭔지 잘 몰라도' 신기한 구경거리인 양 자꾸 나치당에 몰려들었다.

📍 첫 선거 승리

1930년에 의회가 해산된 후 벌어진 총선에서 괴벨스의 실력은 드디어 유감없이 발휘되었다. 괴벨스는 전국 방방곡곡을 돌면서 한밤중에 차를 타고 열차를 타고 또는 전용 특별기를 타며, 이동하고 먹고 자며 하루에 여러 번의 대중 집회를 '목이 터져라' 해댔다. 이전에는 베를린 뒷골목에서 노동자와 빈민들 사이에서 선동질을 주로 했지만 선전국장이 되고 나서는 품위 있고 고귀하신 부르주아 청중들 앞에서도 연설을 하게 되었다. 이 당시 괴벨스는 나치당에서 히틀러에 버금가는 연설가로 이곳저곳에서 서로 모셔가려고 요청이 많았다. 바쁜 와중에도 의회가 해산 중이란 점을 잊지 않고 몇 번이고 재판 불출석을 이유로 체포당하는 것을 면하러 재판장에 홍길동처럼 신출귀몰하는 건 덤이었다.

총선 결과, 원내 제9당, 의석수 12석에 불과했던 나치당은 무려 107석_{득표율}18.25%을 얻으며 일약 원내 제2당으로 올라선다. 희망적으로 예측해서 7%로 40여 석, 잘하면 9%로 50석을 얻을 것으로 내다봤던 수치를 크게 넘어섰던 것이다. 시대는 괴벨스의 편이었다.

"당에서는 선거 결과에 모두 경악했고 히틀러는 정신을 잃을 지경이었다."

– 괴벨스의 일기

"감옥에서 나온 히틀러는 나치당을 재건하고 당권을 굳건히 했지만 나치당은 집권 가능성이 거의 없는 작은 정당에 불과했다. 1928년 5월에 치러진 제국의회 선거에서도 나치당은 2.6퍼센트의 득표율로 참패했다. 하지만 대공황이라는 위기가 찾아왔다. 경제가 바닥으로 내려앉으면서 민주주의에 불만을 품은 국민들은 가장 급진적인 주장을 하는 나치당에 호감을 품게 되었다. 1930년 9월에 치러진 총선거에서 나치당은 18.3퍼센트라는 놀라운 득표율로 제2당으로 부상했다.

당시의 정치 체제를 뒤집어엎으려는 유권자의 의지도 작용했지만 무엇보다도 경제난에 대한 불만이 폭발했다는 점에서 〈프랑크푸르터 차이퉁〉이 '울분의 선거'라고 부르기도 한 그 선거는 센세이션을 일으켰다. …… 어디까지나 들러리였고 정치 협상에서는 고려 대상도 아니었던 나치당이 어느새 태풍의 핵으로 떠올랐다. 선거 전에는 나치당 하면 대뜸 정신병원을 떠올리는 사람이 많았다고 블랑크는 씁쓸하게 말했다. 그러나 이제는 아니었다. …… 히틀러에 대해서 사람들은 중립적이거나 초연한 태도를 보이는 경우가 드물었다. 하지만 히틀러를 좋아하든 싫어하든 이제 히틀러는 모든 사람의 입에 오르내렸다. 그는 고려해야 할 중요한 변수가 되었다. 더는 무시할 수가 없었다."

– 이언 커쇼, 《히틀러》 1권 9장, 권력 의지_{485~486쪽}

행운은 이후에도 계속되었다. 107명으로 불어난 면책특권자들이 의회에서 돌격대 제복을 입고 개판을 쳐대니 안 그래도 개판 5분 전인 국정은 마비되다시피 했다. 원내 1당 사회민주당과 제3당 공산당은 자유주의 우파 하인리히 브뤼닝 정부에 적대적이었기에 브뤼닝 정부에서는 반대급부로 나치당에 상대적으로 유화적인 태도를 취했다. 그러면서 브뤼닝의 중앙정부와 프로이센 주 정부의 사이는 벌어지기 시작했다.

온갖 고소 고발 재판에선 "국회의원 괴벨스 박사께서는 국사로 바쁘시기 때문에 정적들이 제기한 하찮은 재판 따위에는 참석할 시간이 없다!", "재판부에 유대인이 있기 때문에 유죄를 확신한다!"는 식의 법정 모독성 발언을 하고도 대부분의 고발 사건들은 무죄나 가벼운 벌금형으로 끝나버렸다. 이후 아내가 되는 마그다는 이 시기부터 만나기 시작한다.

마그다 괴벨스

자료 : ko.wikipedia.org

실업자가 길거리 투쟁가로, 다시 국회의원이자 원내 제2당의 당직으로 출세하였지만, 행동은 좀처럼 상스러운 짓에서 벗어나지 못한 괴벨스였다. 특히 때마침 할리우드판 〈서부전선 이상없다〉를 자칭 애국보수 후겐베르크 소유의 우파 UFA 우니베르줌 필름 주식회사 영화사에서 수입하여 상영했을 땐 돌격대를 이끌고 쥐를 풀고 악취탄을 터뜨리면서 깽판을 쳤다. 유대인으로 의심되는 관객들을 덤으로 두들겨 패는 건 물론이었다.

한편 돌격대와의 갈등은 계속되었다. 이에 괴벨스는 1931년 3월 폭죽, 화약가루, 성냥 등이 약간 들은 테러 편지를 받은 후 특유의 선동력으로 이를 대서특필, 위기 상황인 양 선전하며 돌격대의 불만을 무마하였다.

1931년 여름이 되면서 경제위기는 괴벨스의 바람대로 점점 심화되어 시중 은행이 몇 개가 지급불능을 선언했고, 모든 증권시장, 은행, 저축 금고들이 잠정적으로 폐쇄되었다. 이에 편승해 마침 철모단당시 최대 우익 용병단. 후겐베르크가 후원이 바이마르 체제와 민주제를 끝장내려고 프로이센주 의회 해산을 요구했다. 체제를 끝장낸다는 소리에 나치당과 공산당이 함께 참여했다. 본격적인 국공합작국가사회주의+공산당인 셈이다.

이런 위기 속에 프로이센 주 총리인 사민당 출신의 오토 브라운은 비교적 정확하게 정세를 인식했다. 공산당과 나치당에 쌍으로 금지령 철퇴를 내리고 모든 신문에 사회민주당 정부의 이러한 정책을 담은 포고령을 강제로 게재시켰다. 안할 경우 정간이나 폐간으로 대응하겠다고 위협하기도 했다. 여기서 괴벨스는 '금전적 이유로' 〈공격〉지의 정간을 막기 위해 바이마르 체제에 굴복하는 굴욕을 맛보게 된다. 이와 반대로 공산당은 이러한 조치에 반발하며 경찰 간부들을 권총으로 살해하고 민간인들 사이에서 테러를 벌였다. 결국 점차 여론은 공산당에게는 적대적으로, 나치당에게는 호의적으로 변한다. 사회민주당 수뇌부까지 '공화국의 가장 심각한 위협은 공산당'이라고 여길 정도였다. '길거리에서 공산 깡패들의 패악질을 막을 수 있는 건 나치당밖에 없다.'라는 인식이 퍼지게 되었다. 공산당은 이전처럼 나치당을 듣지도 보지도 못한 잡놈으로 더 이상 보지 않고 자신들의 투쟁에 대한 심각한 위협으로 받아들이기 시작했기 때문에 베를린을 비롯한 바이마르 전역에서 정치적 폭력은 날로 심해졌다.

11월에 나치당은 하르츠부르크 전선이라고 범우파 계열이 뭉쳐서 '영 안Young

Plan'에 반대하는 국민투쟁에 참가했다. 이 전선은 철모단과 구 제국 기득권층이 중심이 되고 여기에 배상금에 반대하는 신흥 자본가들까지 참여했는데, 믿었던 '그 분' 히틀러가 꼴통 반동 세력들과 손을 잡은 것은 괴벨스를 당황스럽게 했다. 괴벨스에게 이들은 평소에 자신이 신랄하게 비난했던 '빌어 처먹게 고귀하신 귀족 나으리, 비곗덩어리 자유주의자, 증권시장 하이에나, 돈자루 독재 금권정치인'들로 괴벨스가 발행해 만든 나치당 전단지에서 '머리통이 모래 위를 구르게 될 것'이라고 위협한 타도 대상들이었기 때문이었다. 하지만 괴벨스는 이번에도 지도자의 예지를 믿고 반동들과의 동맹은 일시적일 거라고 스스로 위로했다.

연말에는 마그다와 결혼했다. 평소 괴벨스의 인종차별과 심히 상반되는 괴벨스의 외모를 비꼬아서 정적들은 "금발에 푸른 눈을 가진 그의 부인은 '순수한 아리아인 혈통'임에 의심할 바 없지만 괴벨스가 도대체 여기에 적절한 짝인지 모르

사진 왼쪽부터 히틀러, 마그다 괴벨스, 요세프 괴벨스

자료 : www.readersnews.com

프로파간다의 달인

겠다."라며 비아냥거렸다. 한편 마그다는 괴벨스보다 더 열렬한 히틀러 추종자였다. 히틀러가 중앙정계로 뛰어들며 베를린 체류 횟수가 많아지자 그녀는 그를 괴벨스의 집에 자주 모시면서 눈도장을 받는다. 이런 내조 덕에 괴벨스는 히틀러의 절대적인 신임을 받으며 나치당 내에서 그의 입지는 더욱 확고해진다.

📍 히틀러의 대통령 출마 1932년 대선

히틀러와 나치당이 '반동'들과의 협상과 연합이 가능했던 건 어디까지나 선거 결과 때문이었다. 1930년 일약 듣지도 보지도 못한 잡놈 수준의 당에서 원내 제2당으로 뛰어올랐고 나치 집권도 멀어 보이지 않았기 때문이다. 때마침 1932년은 선거의 해였다. 대통령 선거와 프로이센 주를 비롯한 지방선거가 예정되었던 것이다.

여기서 괴벨스의 눈부신 활약이 이어진다. 먼저 3월의 대통령 선거에 출마하라고 히틀러를 부추긴 건 괴벨스였다. 그동안 하찮은 바이마르 체제를 위해 일하기 싫어서 출마 자체를 안 하던 히틀러를 부추겼고, 히틀러도 괴벨스의 꼬임 때문만은 아니었지만 심사숙고한 끝에 대통령 선거에 출마하기로 결정한다. 대통령 선거의 상대는 독일의 '영웅' 파울 폰 힌덴부르크로 지명도 차이가 심하게 났다. 힌덴부르크는 오토 폰 비스마르크나 프리드리히 대왕처럼 민족의 영웅으로 추앙받는 인물인데다가 나이도 여든이 넘었고 제국이 몰락하고 얼마 되지 않은 보수적인 사회에서 선출된 '황제' 역할을 하는 대통령이었다. 물론 괴벨스는 그런 걸 따지는 사람이 아니었다. 그래서 그는 직접적으로 힌덴부르크를 씹어대기 시작한다.

"그대를 떠받는 자가 누구인지 알려주고 그대가 누구인지 말해주겠다!
힌덴부르크는 베를린의 유대인 신문들의 지지를 받고 탈영병의 정당의 칭송을 받는다."

하지만 말이 나오자마자 괴벨스는 국가원수 모독으로 연설을 중단당하고, 나치당 의원들의 기립박수를 받으면서도 의사당에서 쫓겨나는 신세가 되었다.

선거전에서 히틀러는 보수층 지지자들을 의식해서

"우리는 예전에 충성과 복종으로 육군원수_{힌덴부르크} 밑에서 복무했다. 이제 우리는 그에게 말하려 한다.
그대 뒤에 우리가 절멸시키려는 자들이 숨어 있습니다. 이를 그대로 용인하기엔 그대는 너무 위대합니다. 이제 그대는 물러나야 합니다."

라고 다소 품위 있게 디스를 했다. 하지만 '방구석 군인_{군 면제자}' 출신 괴벨스는 육군원수 출신 현직 대통령을 상대로 거침없이 '노쇠하고 무능력한 허약자', '전쟁에서 패배한 자', '마르크스주의와 예수회 교도의 하수인' 등 원색적 비난을 퍼부었다. 유대인 하수인 노릇이나 하는 노인네는 물러나라고 막말한 것이다.

물론 선거전에서 디스질만 하면서 다닌 건 아니었다. 이전까지 노동자 계층을 상대로 베를린 뒷골목에서 공산당과 누가 더 허튼짓을 잘하는가로 지지받으며 자웅을 가리던 시절은 지났다고 보고, 힌덴부르크의 원래 지지층인 부르주아들을 새로운 표밭으로 삼은 것이다. 가톨릭 교도들은 중앙당에 묻지마 몰표로 투표하는 성향이 있는 콘크리트 지지층인데다가 나치당이 반가톨릭 성향을 가졌으니 나치당을 지지해줄 리가 없었다. 계급적 투표 성향을 보이는 노동자 계층 좌파 지지자들은 괴벨스가 열변을 토해봐야 별 효력이 없었다.

괴벨스는 1930년 총선처럼 전국 각지를 비행기와 열차를 타고 다니면서 하루 종일 연설에 연설을 거듭했다. 또 지금의 선거에서야 당연하지만 '전단지를 뿌린 만큼 표가 된다.'라는 지론으로 돈을 아끼지 않고 50만 부씩 전단지를 찍어서 뿌리고 다녔다. 연설 내용을 레코드판으로 만들어서 다닌 것은 전에 사민당이 먼저 했던 방법이지만 그걸 배워서 가장 잘 활용한 건 괴벨스였다. 레코드판을 편지봉투에 넣을 정도로 작게 만들어서 여러 곳에 뿌리고 10분 정도짜리 유성영화를 만들어서 전국 각지 극장에 뿌렸다. 영화 시작 전이나 중간중간에 히틀러가 나와서 연설하는 장면이 방송되었고 이러한 효과로 '전국 어디에서라도 히틀러가 존재하는 것처럼' 만들었다.

이런 노력에도 아직 역부족이라, 3월 13일의 1차 투표는 49.6% 대 30.1%로 큰 차이로 졌지만 4월 10일의 2차 결선 투표에선 53.4% 대 36.8%로 선전한다. 1차 투표에서 13.2%를 득표했던 공산당 에른스트 텔만의 득표율은 2차 투표 10.2%로 줄어들었다. 1차 투표에서 8%를 얻은 뒤스터베르크철모단, 후겐베르크 후원는 2차에서 출마를 포기했다. 뒤스터베르크 표의 절반 이상, 텔만의 이탈표 3%p는 대부분 히틀러에게 가는 성공을 거두었다. 실제로 후겐베르크의 후원을 받던 뒤스터베르크의 선거에서의 몰락에는 괴벨스가 상당한 역할을 했다. 뒤스터베르크의 철모단은 나치당과 유사하게 반유대주의로 무장한 준군사조직 출신 정당이었다. 나치당은 뒤스터베르크의 가계를 캐내어서 뒤스터베르크의 조부가 유대인이었던 사실을 밝혀냈고, 괴벨스가 이를 마구 까발려댔던 것이다. 이 때문에 히틀러와 비슷한 득표 수준을 보일 것이라 예상되었던 뒤스터베르크의 지지율은 폭락했다. 철모단의 전통 지지층인 극우 세력은 히틀러와 나치당 주위에 결집하는 결과가 일어났고, 뒤스터베르크는 참담한 1차 투표 결과를 받아든 뒤 출마를 포기한 것이다.

애초에 힌덴부르크를 이기긴 어려운 싸움이었지만 히틀러가 대선에서 양자 대결로 만들면서 이제 누구도 히틀러나 나치가 독일의 가장 유력한 정치인임을 부인하지 못하게 되었다. 물론 괴벨스가 가장 큰 공신인 건 말할 것도 없다.

대통령 선거가 끝나고 2주 만에 프로이센 주를 비롯한 여러 지방 선거에서 또 압승프로이센에서 36.3%를 득표하며 제1당했다. 그중 조그만 지방이긴 하지만 올덴부르크 주 지방 선거에서는 처음으로 단독 과반수를 확보하는 데도 성공한다.

선거, 선거 그리고 혼란

"적들은 하찮은 벌레들이다."

- 1932년, 히틀러

나치는 선전 활동에 최대한의 역량을 쏟아 부었다. 1932년에는 다섯 번의 선거를 치렀는데, 그중 첫 번째가 대통령 선거였다. 나치는 독일 전역에서 현란하고 화려하게 꾸민 집회, 행진, 대회를 동시다발적으로 열면서 파상 공세를 퍼부었다. 히틀러도 독일 방방곡곡을 누비고 다니면서 평소처럼 연설에 온 정열을 쏟아 부었다. 열하루 동안 모두 열두 곳 도시를 돌면서 수많은 군중 앞에서 연설을 했다.

나치는 새로운 선전술을 동원했다. 히틀러는 미국에서 하는 것처럼 비행기 한 대를 빌려서 '독일을 굽어 살피는 지도자'라는 구호를 매달고서 첫 번째 '독일 비행'에 나섰다. 부활절 동안에는 정쟁을 멈추기로 합의했기 때문에 선거 운동을 할 수 있는 기간이 확 줄어들어 일주일도 채 못 되었다. 하지만 도시와 도시를 비행기로 이동하면서 히틀러는 스무 군데도 넘는 곳에서 수많은 군중을 모아놓고 연설을 할 수 있었다. 히틀러의 연설을 들은 청중은 100만 명에 육박했다. 돋보이는 선거 운동이 아닐 수 없었다. 독일에서 이제까지 그런 식으로 선거 운동을 한 후보는 없었다. 이번에는 나치 진영도 실망하지 않았다. 힌덴부르크가 53%의 득표율로 대통령에 재선되었다. 히틀러는 37%로 지지율을 끌어올렸다.

프로파간다의 달인

"그저 낯부끄럽지 않은 정도가 아니라 기대 이상의 성적을 낸 것이다. 1차 선거보다 무려 2백만 명이나 많은 1천3백만 명이 히틀러를 찍었다. 나치가 선동을 통해 만들어낸 상품이라고 볼 수 있는 지도자 숭배는 한때는 소수 광신도의 전유물이었지만 이제는 독일 국민의 3분의 1에게 먹혀들었다."

– 이언 커쇼, 《히틀러》, 1권 9장 권력 의지524~525쪽

이제부터 복잡한 정치 상황이 펼쳐지는데 선거에서 나치당의 힘을 확인한 높으신 분들 사이에서 분열이 시작된다. 앞서 브뤼닝 정부가 나치당이 건설적인 야당 역할을 할 것을 기대했으나 물 건너 간 적이 있었다. 선거가 끝나자마자 사회민주당 프로이센 주 정부 경찰과 국방부장관 겸 내무장관 대리 그뢰너 장군이 합심하여 나치당과 돌격대의 폭력적인 활동을 금지했다. 그러자 그동안 나치당을 무솔리니 흉내나 내는 얼치기쯤으로 여기던 집권 보수층이 크게 반발했다.

그뢰너 국방장관의 금지령에 탁월한 인적 자원의 제거에 반대하는 민족주의 우파 그룹에게 신랄하게 비판받기 시작했다. 더불어 나치당 의원들에게 날이면 날마다 국회에 끌려 나가 아무런 보호도 못 받고 하루종일 욕설과 온갖 비아냥을 받아가며 얻어터졌다. 원래 있던 지병인 당뇨병까지 겹쳐서 직무수행이 어려울 정도였다.

이때 쿠르트 폰 슐라이허라는 정치군인이 본격적으로 나선다. 슐라이허 장군은 당시 국방부장관 직속의 정무국장으로 상관인 그뢰너 장관을 아버지처럼 모시며 라인을 타서 승승장구하여, 국방부에서 바이마르 공화국 기간 동안 군부와 정·관계의 실력자로 떠올랐던 인물이었다. 힌덴부르크 대통령과도 젊은 시절 연대장과 첫 임관 소위로 배치될 때부터 인연이 있었고 힌덴부르크의 아들 오스카르 대령과도 절친 사이였다. 음모와 책략에 능해서 힌덴부르크 대통령에게

쿠르트 폰 슐라이허

자료 : ko.wikipedia.org

강한 영향력을 끼쳤으며 1930년 사민당 뮐러 내각이 무너지고 대통령 비상대권으로 브뤼닝 총리를 추천한 것도 슐라이허였다. 슐라이허 장군은 전형적인 군국주의자로 힌덴부르크 노인처럼 황제에게 충성한 것도 아니었고 프로이센 군부 전통의 '정치적으로 나서지 말아야 한다.'는 입장의 꽉 막힌 사람도 아니었다. 제2제국이 몰락하고 나서 '군부가 나라에 수동적으로 충성하기보단 여느 정파나 정치체제에도 불구하고 군의 기능은 국가가 쓰러지지 않도록 균형추 역할을 하면서 민족과 국익을 수호해야 한다.'라고 생각하는 순수한 군국주의자였다. 그런 그가 다른 생각을 품고 있었다.

먼저 부르주아 언론에서는 나치당이 브뤼닝 총리의 가톨릭중앙당과 연정이 임박했다는 추측 보도들이 나오기 시작했다. 괴벨스의 숙적 그레고어 슈트라서가 국회 연설에서 브뤼닝의 경제정책에 화답하는 내용의 경기부양책을 연설하고 브뤼닝도 긍정적으로 검토한다는 보도가 이미 나왔기 때문이었다. 괴벨스는 반동들과의 연정이라는 더러운 협잡질을 절대 거부해야 된다고 생각했고 돌격대도 마찬가지 생각이었다. 다만, 이 떡밥이 풀릴 만도 하련만 히틀러는 아무런 시인도 부인도 하지 않은 채 낚시질만 하고 있었다. 히틀러는 당시 인기가 떨어진 브뤼닝 내각의 뒤치다꺼리나 할 생각은 없었다. 그렇다고 정권에 참여할 생각이 아예 없는 것도 아니었다. 정권을 자기 위주로 잡아야 된다고 생각했을 뿐이다.

마침 슐라이허 장군은 은밀히 나치에 접근해 와서 군부의 생각은 내각과 국방부장관과 다르다며 새로운 내각이 들어선다면 지지할 수 있는지를 물어봤다. 히

틀러는 '돌격대 금지령 해제와 의회 해산 후 새

로운 총선'을 요구했고 두 가지 조건은 힌덴부

르크에 받아들여진다. 이를 확인한 슐라이허는

상관인 그뢰너 장군에게 군부는 더 이상 그뢰

너 장군의 노선을 지지하지 않는다며 뒤통수를

치고 힌덴부르크에게 직접 내각총리와 국방부

장관의 해임 건의를 했다. 그리하여 슐라이허

가 직접 국방부장관으로 나서며 내각을 조각한

다. 자신의 베스트 프렌드인 프란츠 폰 파펜이

자료 : ko.wikipedia.org

라는 듣지도 보지도 못한 잡놈을 비롯해 각료 11명 중 7명이 'Von' 자가 들어가

는 대통령 친위내각 성격의 이른바 '남작님 내각'이 들어선 것이다. 7명을 제외한 2명은 재

벌 회장에, 한 명은 현역 군인인 슐라이허 장군 자신이었다.

　유감스럽게도 괴벨스는 '반동'들과의 협상에서 높으신 분들과 서로가 껄끄럽고

혐오하는 인물이었기 때문에 나설 기회는 전혀 없었다. 오히려 협상 중에 걸림돌

이나 안 되면 다행이었다.

　슐라이허 장군과 신임 프란츠 폰 파펜[6] 총리는 약속대로 새로운 총선을 7월

말로 잡고 의회를 해산시켜 버린다. 돌격대 금지령 해제로 기가 오른 돌격대들

6　프란츠 요제프 헤르만 미하엘 마리아 폰 파펜(Franz Joseph Hermann Michael Maria von Papen, 1879년 10
월 29일 ~ 1969년 5월 2일)은 독일의 귀족, 참모 장교, 정치인이다. 1932년 독일의 수상으로, 1932년 아돌프 히틀러
치하에서 부수상을 지냈다. 그는 바이마르 공화국 말기에 파울 폰 힌덴부르크의 측근 중의 한 사람이었다. 파펜은 나치
당이 의석수가 얼마 되지 않기 때문에 히틀러를 통제할 수 있으리라 생각하고 힌덴부르크에게 그를 수상에 임명하도록
설득했다. 그러나 파펜과 그의 동료들은 히틀러가 정권을 잡은 후로 빠르게 소외되었으며, 나치가 그의 심복들 중 일부
를 살해한 장검의 밤 사건 이후 정부를 떠났다. 그는 1934년부터 1938년까지 오스트리아 대사를 지내면서 나치독일
의 오스트리아 병합에 큰 역할을 하였다.

이 난리를 치고 다니고 선거 달인 7월에는 하루 수십 건씩 정치적 테러와 살인이 벌어졌다. 이것을 구실로 프로이센 주 정부를 강제로 해산하고 중앙정부 직속으로 돌린다. 이 과정에서 '이지도르' 모욕 사건으로 원수 사이였던 베를린 경찰청 부청장 베른하르트 바이스도 룬트슈테트 장군에게 체포당하며 괴벨스를 환호하게 만들었다.

"서로 두들겨 패고 총을 쏘고 있다. 이 정권의 마지막 구경거리다."

― 괴벨스의 일기

선거 결과는 대성공이라 608석 중 230석을 나치당이 차지하며37.3% 당당히 원내 제1당으로 등극, 1920년 이후 바이마르 시대 정당 중 역대 최대 득표율을 기록한다. 하지만 상승세는 대통령 선거 및 지방 선거와 비교해 현격히 둔화되고 있었고 몇 달 전 지방선거에서 50% 가까이 득표한 지방이 나왔던 것과 달리 전국 단위의 단독 과반수 확보가 거의 불가능해 보였다. 거듭되는 선거로 나치당 조직의 여력이나 자금은 물론 지지자들의 인내심도 바닥나고 있었다. 괴벨스는 선거의 성공에도 불구하고 정권 확보가 시급하다, 상승세가 꺾이기 시작하면 지지자들은 급속도로 무너질 것이라는 불안감에 휩싸였다.

"우리는 쥐꼬리만큼 이겼을 뿐이다. 이제는 권력을 잡고 어떤 식으로든 마르크스주의를 끝장내야 한다. 이대로는 안 된다."

― 괴벨스의 일기

8월에 의회가 개원하고 협상이 열렸는데 히틀러는 앞서의 약속을 번복하고 총

프로파간다의 달인

리와 여러 핵심 장관직을 요구하며 사실상 전권을 달라고 요구했다. 파펜과 슐라이허는 히틀러를 달래보려 했지만 히틀러에게 총리직 요구는 이미 여러 번의 시도여서 이제는 단순한 협상 조건이 아닌 명예의 문제였기 때문에 괴벨스의 바람대로 타협은 없었다. 히틀러는 8월 13일 슐라이허, 파펜과 만난 마지막 담판에서 또다시 전권 요구를 했고 이어서 힌덴부르크의 면담까지 거쳤다. '보헤미안 상병히틀러'에 대한 판단은 2년 전의 체신부우체국장관 정도에서 '부총리'로 올라갔지만 부총리는 헌법상 아무 권한도 없고 아무짝에도 쓸모없는 바지 직책으로 이를 알고 있는 히틀러가 거부하여 별다른 소득 없이 물러난다.

같은 날 슐레지엔 지방에서 '포템파 사건7'이라 불리는 정치적 테러가 일어났는데 돌격대원 5명이 폴란드 공산주의자 청년의 집으로 쳐들어가 가족이 보는 앞에서 말 그대로 밟아 죽였다. 이 사건은 정치적 폭력 사태가 터져 나오는 가운데 파펜 총리가 정치적 테러와의 전쟁을 선언하고 신속한 재판과 사형을 선고한다고 방송한 지 몇 시간 만에 터진 사건이다. 5명 모두에게 사형이 선고되었고 반면 포고령에 해당 안 되는 사회민주당 계열 정치 깡패 국기단의 테러는 솜방망이로 처벌을 받았다. 나치당은 이에 들고 일어난다. 살인자를 공개적으로 비호하는 히틀러나 나치들보다 한 술 더 떠서 괴벨스는 유대적이고 마르크스주의적인, 이 세상의 적 자체를 공격하려는 의도로 〈공격〉지에서 다음과 같이 선언한다.

"유대인이 유죄다."

– 괴벨스, 〈공격〉지

---

7   5명의 나치 돌격대원들이 슐레지엔의 포템파에 사는 폴란드계 공산주의 노동자를 살해한 사건.

자료 : wikiwand.com

마치 몇 달 후 시작되는 제3제국 내내 벌어질 사건들을 예고하는 말이었다.

또한 의회에선 정권 타도를 외치며 국회의장 괴링이 공산당과 손잡고 파펜 내각을 압도적인 표차로 내각을 불신임해버리고 2차 국공합작 막장이 된 정치 상황 속에 의회는 또 해산한다. 사실 파펜이 먼저 해산권을 준비하고 혼자 다해먹으려다가 선수를 친 괴링에게 당한 것이다. 그래서 절차상 문제의 하자로 잠시 내각은 유지되었지만 사실상 사형 선고를 받았다.

승리

"우리는 모든 시대를 통틀어 가장 위대한 정치인으로 역사에 이름을 남길 것이다. 혹은 가장 악랄한 범죄자로."

– 괴벨스의 일기에서

선거전을 앞두고 괴벨스는 사고를 터뜨린다. 11월 베를린 시에서 예산 부족으로 시에서 운영하는 운송회사의 임금을 내리는 조치에 노조가 반발하여 파업을 시작하자 베를린 돌격대와 공산당이 손을 잡고 동맹파업에 참가한다.

히틀러는 웬일로 괴벨스와 오랜 시간 동안 통화한 끝에 "우리가 그렇게 행동하지 않는다면 사회주의도 노동자정당_{국가사회주의 독일노동자당}도 아닐 것이다."라며 지지했다. 돌격대원들과 붉은 전사동맹 깡패들은 나란히 완장을 차고 파업에 참여하지 않는 반동들을 때려잡고 버스와 전차를 때려부쉈다. 돌격대원은 유대인으로 의심되는 승객들까지 두들겨 팼다. 얼마 전까지 유럽 문명의 파괴자요 모스크바발 붉은 역병을 절멸시키자던 나치들이 벌인 이런 꼴사나운 행태에 많은 시민들이 발길을 돌렸다. 주요 언론에서도 "볼셰비즘이 우파 진영에도 깊이 잠입했다."며 깊이 탄식할 지경이었다.

"이제는 히틀러가 연설을 해도 유세장이 꽉 차지 않았다, 전문가들은 히틀러가 아무리 유세를 다녀도 나치 지지도의 급락을 막지 못하리라 예상했다. 괴벨스도 선거 전날 나치의 패배를 점쳤다."

– 이언 커쇼

결국 11월 재선거는 말 그대로 참패였다. 괴벨스는 노동자 계층에서 지지도가 올랐다며 "몇 천표 정도 잃는 것은 괜찮다."라고 정신승리했지만 실제 선거 결과는 200만 표를 까먹으며 지지도는 33%로 4% 이상 깎이고 의석수도 34석이나 줄었다. 선거가 너무 자주 열리자 질린 탓도 있고 "나치당에게 바이마르 체제를 '절멸시키라고 표를 줬더니 기존 정치인들과 똑같이 자리다툼이나 한다."라는 실망스런 의견도 많았다. 어쨌든 정권을 코앞에 두고 나치당은 몰락 위기에 봉착했다. 거듭된 선거로 돈은 빠져나가고 상승세는 꺾이고 정권 탈취는 요원했다. 40만 돌격대를 먹여 살리려면 한 주에 나치당서 250만 마르크씩 빠져나가는데 돈이 없어서 돌격대 대원들이 앵벌이를 하고 다니는 지경이었다. 상황이 이러니 지지자, 당원들, 돌격대 모두가 내린 결론은 "이제 더 이상의 선거는 안 된다."는 것이었다.

이런 위기 상황에서 나치당의 고위 5인 모임이 열린다. 히틀러, 괴링, 괴벨스, 프리크, 슈트라서가 모였다. 그러나 정권 장악에 대해서 이견이 생기는데 나치당 내 의원 원로인 프리크는 "정권에 참여하지 않으면 의회가 또 해산되고 또 한 번 선거해야 되는데 의원들이 자기 의원직이 날아갈까 봐 걱정한다."라는 현실론을, 슈트라서는 "7월 선거 결과가 좋았는데 가장 유리할 때 참여할 기회를 놓쳤다. 이제라도 정권에 참여해야 한다."라

헤르만 괴링[8]

자료 : ko.wikipedia.org

---

8 헤르만 빌헬름 괴링(Hermann Wilhelm Göring, 1893년 1월 12일 ~ 1946년 10월 15일)은 독일의 군인, 정치인이다. 국가사회주의 독일 노동자당(나치당)의 초기 당원이자, 초기 나치 돌격대의 지휘관을 지냈고, 게슈타포를 창설했다. 1935년 재군비 선언 이후에는 나치 공군의 총사령관(제국원수)으로 공군을 창설하고 육성했다. 그 자신이 제1차 세계대전 당시 전투기 에이스였다. 제2차 세계대전 종전 이후에 뉘른베르크 재판에서 사형을 선고받았지만, 사형이 집행되기 전날에 자신이 수감된 감방에서 자살했다.

는 유화론을 보인 반면, 괴벨스는 여전히 "정권은 정복의 대상이지 협잡질로 발만 담갔다가는 반동에 거부감 있는 나치 지지 세력들이 실망할 것이고 국정 책임을 나치가 지게 된다면 지지세도 사그라들 것이다."라는 의견을 냈다. 괴링도 괴벨스와 비슷한 입장이었다. 결국 히틀러도 인생 자체가 도박질로 매번 판돈을 올리며 벼락출세한 인간이라 그런지 역시 다소 불리해진 상황에서도 '모 아니면 도' 입장을 고수한다.

파펜 내각은 사퇴했지만 힌덴부르크를 조종하여 이번엔 음모가 슐라이허가 총리 겸 국방부장관 겸 프로이센 경찰청장직으로 1932년 12월 2일 취임하여 직접 내각을 운영했다. 그러나 역시 현직 육군 중장 출신 총리는 의회 내에서 지지 세력으로 의원 한 명도 없었다. 그나마 파펜은 후겐베르크라도 있었지만 진짜 군인이 일선에 나선 비정상적인 내각은 아무것도 없었다. 역시나 의회가 개원하면 또 불신임을 면하기 어려웠다.

신임 총리 슐라이허 장군은 승부수를 던지는데, 나치당에 지지 요청 속임수를 쓴다. 나치 지도부 중 정권에 참여하도록 설득이 가능하다고 판단한 슈트라서와 뜻을 같이 하자고 몰래 제안한다. 슐라이허는 부총리직과 노동부장관직을 슈트라서에게 제시하면 대략 나치당 의원 중에 60석은 슈트라서를 따라서 나와 자신을 지지해 줄 것으로 예상했다.

히틀러의 격노를 슈트라서가 버틸 수가 없었다. 슐라이허의 바람과는 달리 그레고어 슈트라서 딴에는 자신의 손으로 만들어나간 나치당이 깨지는 것까지는 원치 않았다. 히틀러와의 오래된 '주종관계'를 청산하는 대신 몇 년 동안 쌓인 불만들을 적어 히틀러에 보내며 "독일을 한 번 구렁텅이로 몰아넣고 정권을 탈취한다는 발상에는 도저히 찬성할 수가 없다."라고 소신을 밝혔다. 그 뒤에 근본 없이 막돼먹은 놈괴벨스, 암퇘지에른스트 룀이 동성애자란 걸 비꿈, 독일이야 어찌되건 자기 잇

속만 채우는 이기주의자<small>괴링</small>들을 성토하고 모든 당직과 의원직을 사퇴한 채 이탈리아로 훌쩍 떠나버렸는데 이를 '슈트라서 사태'라고 한다. 슈트라서 사태가 일어나자 나치당은 내분이 일어나기도 했고, 나치당의 최대의 위기라는 표현까지 나오는 수준이었다. 그러자 히틀러는 당 간부들 앞에서 "만약 당이 깨진다면 나는 3분 안에 죽어버릴 것이다."라면서 자살 쇼를 벌였다. 그러자 당 간부들은 깜짝 놀랐고 히틀러 앞에서 당을 분열시키지 않겠다는 약속을 하게 된다. 이 멜로드라마와 같은 행동이 나치당 간부들 사이에서 슈트라서가 불러일으켰을지도 모르는 동요들을 잠재웠다. 그들 모두는 이구동성으로 히틀러에 대한 충성을 다시 한 번 맹세하게 되었다.

그렇게 급한 불은 일단 껐지만 상황은 갈수록 나치당에 불리하게 돌아갔고, 나치당이 망하는 것은 시간문제라는 이야기까지 나올 정도였다. 이러한 시각은 동시대 영국의 지식인 해럴드 래스키가 한 말에서 잘 드러난다. "만약 나치당이 지금처럼만 간다면, 늙은 히틀러가 바이에른의 시골 촌구석에 처박혀서 저녁이면 저녁마다 맥줏집에서 한때는 내가 독일을 뒤집어엎을 뻔했다, 라는 이야기를 친구들에게 들려주면서 생을 마감하게 될지도 모른다."라고 할 정도였다. 이렇게 나치당의 위기로 몰아넣은 슈트라서에 화가 난 괴벨스는 당 내에 심각한 내분을 일으킨 슈트라서를 그냥 아예 쫓아가서 파묻어 버리자고 히틀러를 충동질하지만 당 내 분란이 알려지길 원치 않던 히틀러는 일단 덮어놓는다. 몇 년 동안 나치 내에서 물고 뜯던 숙적이 몰락하고 나자 괴벨스에게 당 내 방송 업무라는 전리품이 떨어진다. 물론 몇 달 후엔 더 큰 선물이 기다리고 있었다.

과거 음모의 대가 슐라이허 총리는 막상 멍석 깔아놓으니 형편없는 솜씨로 쓸데없이 그레고어 슈트라서를 날려버렸다. 그리고 인기를 높이고자 찾아간 노동조합, 농민단체, 기업인단체에 돌아가며 볶인 탓에 상충되는 약속을 카드 돌려막

자료 : ko.wikipedia.org

기 식으로 일단 지르고 보았다. 노조 쪽에선 역시 사민당이 꽉 잡고 있어서 비협조적이었고 농민단체와 군부 등에는 나치들이 깊숙이 침투해서 슐라이허가 허튼 짓하는 것을 손바닥 보듯 다 알고 있었으며 나치당이 일부러 더 들볶으라고 주문하기도 했다. 한편 부르주아 신문에서는 이미 마무리된 반란 사건을 두고 나치당에 내분이 일어났다고 뒤늦게야 뒷북이나 치고 있었다.

슐라이허가 한때 친구인 파펜이 나치와 접촉하며 자신을 구원한다고 착각하는 사이에, 슐라이허의 획책에 총리직을 잃었기 때문에 앙심을 품은 파펜과 나치당의 사이는 점점 가까워져서 힌덴부르크는 히틀러 총리, 파펜 부총리라는 안에 합의를 해버렸다. 결국 바이마르의 마지막 내각인 슐라이허 내각은 취임 57일 만에 날아갔다.

결국 1933년 1월 30일, 나치 정권이 탄생한다.

04

프로파간다의 **달인**

제3제국 국민계몽선전부장관

베를린의 정복자

나치 정권의 탄생과 함께 괴벨스는 베를린의 정복자의 일원이 되긴 했지만 높으신 분들이 보기엔 천박하게 풍각쟁이 노릇이나 하고 주정뱅이 난봉꾼들과 어울리던 괴벨스였기에 기존 내각에 참여하는 건 그들의 거센 반대로 무산되었다. 위에서 언급했듯이 괴벨스는 용감하게도 힌덴부르크를 워낙 욕하고 다녀서 본의 아니게 정권 탄생을 늦춘 잘못이 있었다 앞서 국가원수 힌덴부르크를 명예훼손하여 혼날 뻔한 적까지 있었다. 결국 새로운 정권에서 괴벨스가 언제쯤 공식 직위를 가지고 활약할 수 있을지 그 여부는 불투명해 보였다.

1월 30일에 히틀러가 수상으로 취임하자마자 공화국 체제를 합법적이며 최종적으로 절멸하기 위한 수권법을 통과시키기 위해 새로운 총선거가 벌어졌다. 물

168

론 이 마지막 선거에서도 괴벨스의 활약이 이어진다. 현 정부에서 각료도 아니고 직책도 없는 괴벨스가 제멋대로 선거일인 3월 4일을 민족 각성의 날로 선포한 가운데, 때마침 2월 27일에 마리누스 판 데어 루베라는 정신병자의 독일 국회 의사당 방화 사건이 터졌다. 이 사건 직후 공산 혁명이 임박했다는 구실로 괴링이 프로이센 경찰을 동원해 공산주의자들을 때려잡기 시작했고 정부에선 별다른 조사 없이 '볼셰비즘이 저지른 역사상 가장 극악한 테러'라는 발표로 힘을 실어준 데다가 히틀러와 대통령 힌덴부르크를 한 배에 탄 것처럼 같이 묶어서 선거 운동까지 했기 때문에 선거는 순조로웠다.

취임

1933년 내각선전장관 겸 제3제국 문화원장에 임명된 괴벨스는 2년에 걸쳐 독일연방은행의 국가보조금을 통해 라디오의 가격을 대폭 낮추었다. 괴벨스는 라디오의 빠른 보급을 위해 당시 독일 노동자들의 평균 급료인 35마르크만 있으면 누구나 라디오를 구매할 수 있게 했다. 괴벨스에 의해 독일 가정에 보급된 라디오는 히틀러와 나치의 일정을 자세히 소개하며 나치를 독일인들에게 친구처럼 친숙한 정당으로 인식시키기 시작했다.

나치 선전장관 괴벨스

자료 : m.blog.naver.com

독일인들은 처음에는 라디오를 통해 나치의 일상이 소개되는 것에 거부감을 느꼈으나 어느새 아무렇지도 않게 나치 소식을 듣게 되었고 라디오에서 전하는 나치 이야기 그리고 히틀러의 제국주의 사상을 찬양하며 다른 이들에게 알리기 시작했다. 몇몇 학자들이 괴벨스의 이런 선전 작전을 비난하며 라디오를 괴벨스의 입이라고 했지만 히틀러는 공포정치를 통해 나치를 반대하는 학자들을 조기에 제거했고 결국 제1차 세계대전에서 패전한지 21년 만에 제2차 세계대전을 일으킬 수 있는 힘을 얻게 된다.

히틀러가 젊은 나이의 괴벨스를 나치 독일의 선전장관으로 발탁한 이유는 연설능력이다. 그는 세 치 혀로 히틀러, 그리고 독일인들의 마음을 몇 번이나 들었

연설하고 있는 괴벨스

프로파간다의 달인

다 났다를 반복한다. 아래는 괴벨스가 유태인 말살정책을 본격적으로 시작하기
위해 청중들에게 던진 연설문이다.

"제1차 세계대전의 원인은 유태인에게 있다. 저 잔뜩 처먹은 돼지들을 보라. 독
일민족이 다시 건강해지려면 분노의 칼을 들어 기생충들을 섬멸해야 한다. 독일
인과 유태인이 같은 침대칸을 타는 일이 얼마나 허무맹랑한 일인가? 몇 달 동안
3천 명이 넘는 유태인이 베를린으로 이주했는데 화가 치밀어 오른다. 그 기생충
들이 여기서 무슨 짓을 하겠는가? 이제 그 악마들의 뿌리를 뽑아야 한다."

괴벨스는 독일인들의 마음을 움직일 수 있는 수단으로 라디오와 함께 유태
인 학살을 선택한다. 장관 감투에 대한 화답으로 괴벨스는 선거 후 3월 21일
을 '민족 봉기의 날'로 선포하고 원
래 나치당 행사로 꾸미려던 데서 계
획을 변경하여, 힌덴부르크와 히틀
러의 역사적인 악수 사진이 나온 행
사를 만들어버렸다. 포츠담 상수시
Sanssouci 궁전에서의 엄숙한 의식은
나치당 돌격대원 장례식으로 다져
진 행사 전문가인 괴벨스에게는 주
전공이나 다름없었다. 이 행사는
"기성세대와 신세대의 갈등을 화해
로 마무리 짓고, 새로운 독일의 출
발이라는 민족적인 감동을 일으켰
다."라는 평가가 나올 정도로 꽤 호
평을 받는다.

서로 악수하는 힌덴부르크와 히틀러

자료 : www.ppomppu.co.kr

히틀러 정권에서 새로 만든 선전부 조직은 베를린과 나치당 선전부에서 그대로 인원을 복제한 조직이었고 괴벨스도 이를 부인하지 않았다. 오히려 당당하게 "이 부서는 정부에서 월급을 받아먹는 나치당의 조직이다!"라고 선언했다. 나치당의 깡패 이미지와는 별개로 초기 350여 명의 선전부 조직은 대졸자들이 절반이 넘었고 박사 학위 소지자들도 상당했다. 100여 명은 황금당원 배지badge 보유자로 열성분자에 대부분이 30세 이하로 나치당의 다른 조직보다도 훨씬 젊었다. 괴벨스의 오른팔이자 차관인 전직 교사 출신 카를 항케Karl August Hanke는 29살에 불과했을 정도다.

괴벨스는 부서 명칭에 대해서 불만이 많았는데, 선전propaganda은 누가 보더라도 오해할 소지가 넘쳐났기 때문이었다. 이것은 '선전'이란 단어에서 풍기는 세뇌의 거부감과 선전 수단의 '천박함'이 원인이었다. 애초에 괴벨스가 원했던 부서의 이름은 선전 대신 문화나 교육이었다. 하지만 문화나 교육을 몽땅 통째로 괴벨스에게 맡기는 건 안 그래도 나치당 내 완장 차고 싶어 줄 선 많은 사람들의 반발

카를 항케

자료 : namu.moe

도 거셌고, 히틀러도 1인에게 권력을 몰아주는 걸 원하지 않았기 때문에, 결국 괴벨스는 지금까지도 악명을 떨치는 나치의 선전부장관이 되었다.

어쨌든 부모에게 손 벌리던 '가련한 아이'가 10년 만에 장관이 되었다. 괴벨스의 나이가 불과 35세일 때였다.

프로파간다의 달인

부처 관할권 확대 패럴림픽

새롭게 탄생한 국민선전계몽부는 힌덴부르크 대통령의 부서 설치 법령에서 '관할권은 총리에게 위임한다.'라고 되어 있었고 정작 총리인 히틀러는 자신의 추종자들이 충성만 다하면 다른 건 아무 관심이 없었다. 이런 상황은 그동안 베를린 뒷골목에서 길바닥 정치 투쟁이나 하던 괴벨스의 권력욕을 자극했고, 더구나 계몽이니 선전이니 하는 것은 어디 어느 분야에건 밥숟가락을 쑤셔 넣기 편리한 용어였다. 다른 나치당 권력 경쟁자들도 마찬가지였다. 조직 키우기 레이스에서 질 수 없었던 괴벨스와 다른 행정 부처와의 엄청난 마찰은 불가피했다.

괴벨스는 정책 홍보와 공공기관 관할을 두고 빌헬름프리크의 내무부와 가장 크게 충돌했고, 결국 발터 풍크의 도움으로 제국 내무부의 '문화국'을 통째로 탈취하는 데 성공한다. 방송 분야는 비非나치 관료인 체신부장관이 알아서 기는 바람에 기술 쪽을 제외하고 가져가는 데 성공했다. 제국문화원 설치를 두고는 원래 나치당에서 '문화'를 담당하던 알프레드 로젠베르크와 충돌했고, 특히 언론 분야에선 히틀러의 군대 시절 고참이자 나치 중앙당의 출판사장을 맡던 막스 아만, 히틀러의 신임을 받던 오토 디트리히와 충돌했다. 괴벨스가 애초에 눈독을 들이던 분야인 제국학술교육국민교양부의 장관 베른하르트 루스트와의 충돌은 당연시되었다. 해외 홍보를 두고는 콘스탄틴 폰 노이라트 남작의 외무부와 나치당 해외공보국장인 한프슈탱글과도 충돌했고, 농업정책 홍보를 두고 식량농업부 장관 발터 다레와도 충돌했다. 노동 분야를 두고는 독일노동전선의 수장인 로베르트 라이와 권력다툼을 벌였고, 나중엔 전시 점령지 선전을 두고 육군 최고사령부OKH와도 충돌했다.

괴벨스의 권력욕을 억제했던 건 괴벨스의 표현대로라면 제복 입고 우쭐거리는 '돼지 놈'이었는데, 그는 나치당에서 괴벨스보다 한 끗발 센 감투수집욕의 대가였다. 게다가 히틀러에 이어서 서열이나 권력이 괴벨스보다 위였기 때문에 자신의 관할 프로이센 주에서는 자신이 애용하던 국립극장과 극단의 양도를 거부하며 괴벨스의 체통에 금이 가게 만들었다. 괴벨스는 문화 부서의 일원화를 주장하며 괴링을 압박했지만 괴링은 콧방귀 뀌면서 이를 무시했고 히틀러는 그런 사소한 문제에 끼어들지 않았기에 괴벨스의 계획은 일부 좌절되었다. 한편 괴벨스에 제동을 건 다른 인물로 비非나치 관료 재무장관 슈베린 폰 크로지크 백작이 있었다. 그는 나치 집권 초기 재무장을 앞두고 인력 예산 확보가 어렵다며 영화사의 국영화를 반대했지만 그나마도 얼마 안 가서 괴벨스에게 굴복해야 했다.

유대인 탄압

유대인 탄압은 나치 집권 후 비단 문화계 전반뿐만 아니라 각 사회 전체로 파급되어, 뉘른베르크 법이 제정되는 1935년도 되기 전인 1933년 집권 직후부터 시행되었다. 정책으로 시행되지 않아도 돌격대 깡패들이 족보를 어떻게 입수했는지 유대인 공무원이나 교수, 판사의 사무실에 몰려가서 "유대인 꺼져라." 소리 지르며 난동을 부리고 개판을 쳐대면서 유대인 출신들은 독일 사회에서 점차 강제로 밀려나게 되었다. 탈脫유대화의 조치로 유대인 자본의 회사들에 대해 강제매각 명령이 떨어졌다. 문화계 또한 그동안 총통 각하를 비롯한 나치 예술인들이 바이마르 시대 예술에 혐오감을 진작부터 드러내고 있었기에 총통 각하의 열렬할 추종자인 괴벨스가 문화계에 손을 대지 않을 리가 없었다.

새로운 '숙적' 알프레드 로젠베르크는 행동력도 없고 나치당 내에서 괴벨스에게 영향력도 밀리는데다가 반기독교적 무신론자라서, 정권을 잡고 난 후 지지율이 떨어질 걸 우려한 히틀러가 멀리하기 시작한 인물이다. 공상주의적 이론가였던 로젠베르크가 나설수록 교회 세력의 반발과 함께 인기가 깎였기 때문이다.

사진사인 알프레드 아이젠슈테트가 유대인이란 사실을 듣고 그를 노려보는 괴벨스. 일명 '증오의 눈빛'이라고 불리는 사진이다.

괴벨스가 문화 쪽에 손을 대는 건 어렵지 않았다. 제국문화원저술, 언론, 방송, 연극, 음악, 영화, 미술 분과로 나뉘었다이 설립되면서 문화계에서 활동하려면 문화원에 가입해야 되었는데, 물론 '아리아인'만 가능했다.

괴벨스의 전공 분야인 저술이나 언론, 방송은 그러려니 하고 넘어가도 '전직 화가' 히틀러의 취향은 맞추기 어려워서 골

자료 : hankookilbo.com

수 나치당원인 화가들도 화풍이 유대인식으로 물들었다고 판정되면 가입이 거부되었다.

한 번은 선전장관의 저택이 공사를 마무리하고 개관식 겸 집들이로 나치당 고위 인물들과 히틀러까지 초청해서 문을 열었는데, 히틀러가 집안 입구에 들어서자마자 욕을 퍼붓고 황급히 차를 타고 돌아가 버렸다. 다른 초대 인물들도 당황하여 밥을 먹는 둥 마는 둥하고 돌아가면서 선전장관 저택에서의 파티는 무산되었다. 나중에 알고 보니 히틀러가 화난 이유는 선전장관의 저택이 공금을 빼돌려 사치스럽게 지었기 때문은 아니었고 제멋대로 국립미술관의 그림을 집안에 번듯이 걸어놓은 월권행위 때문도 아니었다. 단지 선전장관 저택 건물 입구에

걸린 '에밀 놀데'[9] 작품의 수채화가 천박해서였다니 괴벨스의 고충을 알 만하다. 괴벨스는 처음에 대학 시절 예술 쪽 강의를 몇 개 들은 것을 바탕으로 자신의 안목이 쓸 만하다고 여겼는데 히틀러의 기준으로 보나 진짜 미술 전문가의 기준으로 보나 영 수준 미달이었다.

이 사건을 계기로 유대인 화풍에 물든 작가들이 하루아침에 화풍이 바뀌었을 리가 없지만 나치당 내 높으신 분들의 취향이 총통 각하의 취향으로 모두 바뀌었음은 당연한 일이다. 후에 다른 나치 관료였던 알베르트 슈페어[10]는 회고록에서 자신은 그 당시 현대

에밀 놀데의 〈성령강림제〉와 〈실락원〉(아래쪽)

자료 : kcm.kr

자료 : www.ofmkorea.org

9 에밀 놀데(Emil Nolde, 1867년 8월 7일 ~ 1956년 4월 13일)는 독일의 화가이다. 본래의 성은 한젠으로 에밀 한젠이 본명이다. 그는 최초의 표현주의 화가 중 한 명이다. 성을 바꾼 경위에서도 알 수 있듯이 놀데는 북방의 풍토를 사랑하여 스스로 향토화가라 자칭했고, 북변(北邊)의 황량한 풍토화와 범신론적인 종교화에 대한 애호(愛好)는 점차 그를 인상파와는 정반대의 길로 이끌어갔다. 1909년 그의 종교화 〈성령강림제〉가 인상파적인 베를린 분리파 미술전에서 거부당하자, 그는 공개적인 질문장을 제출하여 이에 반론을 펴고 분리파와 인연을 끊었다. 이보다 먼저 드레스덴에서 개최한 그의 개인전에 찬사를 보낸 브뤼케파의 화가나, 분리파 가운데서도 혁신적인 신세대는 이 사건을 계기로 놀데를 표현주의의 맹장(猛將)으로 추앙하였다.

10 베르톨트 콘라트 헤르만 알베르트 슈페어(Berthold Konrad Hermann Albert Speer, 1905년 3월 19일 ~ 1981년 9월 1일)는 독일의 정치가이자 건축가이다. 슈페어는 히틀러의 측근으로서 나치 독일의 군수장관을 지냈으며, 후에 뉘른베르크 재판에 전범으로 회부되었고, 20년의 복역 후 석방되었다. 슈페어는 한스 프랑크와 함께 자신의 과오와 책

미술은 괜찮게 봤지만 히틀러에게 호되게 혼날까봐 전향했다고도 진술했다. 괴링은 2차 세계대전 때 무엄하게도 총통 각하와 미술품 약탈 경쟁까지 할 정도로 그림 마니아 행세를 하며 아리아 화풍에 물든 열렬한 문화인을 자칭했다.

괴벨스는 총통 각하의 고귀한 취향에 충성하기 위해서 '퇴폐 미술 전시회'를 열었는데, 현대미술 작품 사이사이에 정신병원에서 병자들이 그린 그림을 그럴 듯하게 집어넣어서 누가 그렸는지 알아맞히기로 웃음거리를 만들려고 노력했다. 이 웃음거리로 전락한 그림들의 정체는 앞서 총통 각하를 격분시킨 에밀 놀데를 포함하여 페히슈타인, 프란츠 마르크, 모더존-베커, 바를라흐, 피카소, 칸딘스키, 키르히너, 코코슈카, 파이닝어, 로틀루프, 샤갈, 헤켈, 막스 베크만 등의 저작이 포함된 이른바 문화 볼셰비즘 작품들이었다. 전시회가 끝난 후 괴벨스는 이 중 1,000여 점은 외국에 팔아먹었고 나머지 5천여 점은 전쟁을 앞두고 베를린 소방서 앞에서 홀랑 태워버리는 반달리즘_{vandalism}을 지휘했다.

음악 분야에서는 빌헬름푸르트뱅글러[11]를 독일 내에 눌러 앉히느라 괴벨스가 고생깨나 했다. 이 분야에서도 전문가 수준의 총통 각하의 음악 취향은 매우 까다로워서 "바그너는 좋은데 브람스는 별로 … 베토벤은 괜찮은데 슈트라우스는 별로 …" 이런 식이라 총통 각하께서 군말 안하고 넘어가는 지휘자는 푸르트뱅글러가 거의 유일했다. 푸르트뱅글러를 비롯해 리하르트 슈트라우스, 파울 힌데

임을 시인하고 사죄한 단 두 명의 나치 고위직이다. 원래는 수학자가 되기를 희망했지만, 아버지의 강권으로 가업인 건축가로서의 길을 택하였다. 1923년 독일을 덮친 초인플레이션으로 아버지의 재정사정이 악화되어 보통대학인 칼스휴 대학에서 건축공부를 시작하였으나, 아버지의 사업이 정상으로 돌아오자 명문인 뮌헨 기술대학으로 편입하였다.

11 빌헬름 푸르트뱅글러(Wilhelm Furtwängler, 1886년 1월 25일 ~ 1954년 11월 30일)는 독일의 지휘자이자 피아니스트 겸 작곡가였다. 베를린 필하모닉 오케스트라의 상임 지휘자로 활동했다. 베토벤과 바그너를 존경했으며 그들의 음악을 주로 지휘하였다. 지휘자로 널리 알려졌지만 작곡가로도 활동하였으며 주로 낭만주의 고전 음악을 표방하였다.

미트 등을 무리하게 잡으려는 괴벨스와 이를 반대하는 새로운 앙숙 로젠베르크 모두 고귀한 아리아인 문화와 대비되어 눈살을 찌푸리게 만들었다.

괴벨스는 자신의 진짜 주 전공인 저술 분야에선 의외로 곤란한 처지에 처했다. 그의 은사인 군돌프 교수와 발트베르크 교수가 유대인이라 괴벨스가 나서면 나설수록 스스로 패륜 행위가 되는데다가 이러한 모순적인 모습에서 로젠베르크를 비롯한 정적들도 괴벨스에게 한 방 먹이려고 벼르고 있었기 때문이다. 마침 한 대학에서 유대인 혹은 유대적 작가와 유대주의에 물든 책들을 불태울 때 괴벨스의 연설을 요청했는데, 그는 일부러 확답을 질질 끌다가 행사 예정일 당일에야 연락을 취하고 연설을 수락한다. 나치에 의해 유대적으로 물든 작가로 선언된 문호 노벨상 수상자 토마스 만의 아들은 당시 행사에서 직접 괴벨스의 연설을 들었는데 의외로 차분하며 오히려 사람들을 진정시키려는 듯한 느낌을 받았다고 표현했다. 다른 분야면 몰라도 타들어가는 책 앞에서 자신의 삶의 일부인 암울했던 젊은 시절을 부정하는 듯한 느낌을 지울 수 없었을 것이었다.

한편 브레히트의 시 내용대로 브레히트의 작품은 전면 금지당하지 않았는데, 나치 이념이나 인종차별에 적절해서는 절대 아니었다. 브레히트의 작품 배경이 대부분 독일이 아닌데다가 대표작 〈서 푼짜리 오페라Die Dreigroschenoper〉 같은 작품은 근대 영국이 배경으로 부르주아 금권정치 사회현실의 폐해를 잘 나타낸다는 의도였기 때문이다. 하지만 연극 분야에는 어느 분야보다 유대인 작가나 배우 비중이 높은데다가 히틀러는 "연극이란 것은 남의 흉내내기 급급한 유대인의 습성과 닮았다."라는 편견을 가지고 있었기 때문에 어느 분야보다 타격이 컸다.

괴벨스가 악명을 드높이며 심혈을 기울인 언론 분야는 그가 직접 솜씨를 부렸다. 괴벨스가 글쟁이 출신이라 잘 알듯이 '닭 모가지 하나 비틀 힘도 없는 작가'들이라도 그들의 글을 직접 건드리면 앞뒤 물불 안 가리고 반발할 것을 애초에 예상하고 검열 대신 세련된 보도지침을 내렸다. 이 당시 보도지침은 특정 사안을 아예 다루는 것을 금지하기보다는 특정 단어에 대해서 사용 자제를 권고하는 수준에서 시작되어 언론의 자유 운운하는 기자들의 반발이 생각보다 매우 적었다. 경제적 이유를 생각해야 하는 언론사 사주들 입장에서도 단비 같은 조치였다. 이후 점점 다락방에 물이 차오르듯이 지침들이 세세해지고 특정 사항에 엠바고

[12]돌격대 숙청 당시 도주자들의 성명을 보도하는 것을 체포에 방해된다는 이유 등으로 통제나 국익을 위한 외교정책 또는 군축이나 재무장 같은 사항에선 기자들도 국민 감정상 협조하지 않을 수 없었다. 물론 공산당이나 사회민주당이 운영하던 곳이나 괴벨스가 실업자 시절 취직을 거부당했던 유대 자본 출판사는 폐간을 면치 못했지만 체코나 덴마크, 프랑스 등지에서 지하 조직을 펴서 발행한 신문들을 꾸준히 반입하고 있었다. 당시 지식인이라면 불어나 영어 신문을 입수하거나 보는 데 큰 어려움이 없었기 때문에 무턱대고 정부 쪽 이야기로 통제만 했다간 오히려 비웃음을 동반한 역효과만 불러올 뿐이라는 계산도 있었다.

프랑크푸르트 기차역에 설치된 〈프랑크푸르터 알게마이네 차이퉁〉 네온 사인 광고. 마르세유로부터 프랑크푸르트 기차역까지 여행한 후 필자 촬영(2019.11.7).

　이런 식으로, 현재 많은 사람들이 생각하는 것과 달리 적어도 제2차 세계대전 전 나치시대 언론의 자유는 말 한마디 잘못했다고 수용소에 끌려가는 정도는 아니었다. 순수 아리아인 출신 기자가 보도지침을 어기면 처음에는 경고를 당하고, 그 후에는 감시를 하다가 더 말을 안 들으면 밥줄을 끊었다. 물론

12　엠바고(embargo) : 일정한 시간까지 보도를 금지함.

적극적으로 나치 정권에 저항했으면 해외로 망명하거나 수용소에 끌려갔을 것이다. 괴벨스의 솜씨 덕에 현재에도 독일에서 저명한 보수 일간지인 〈프랑크푸르터 알게마이네 차이퉁Frankfurter Allgemeine Zeitung, FAZ〉[13]은 제2차 세계대전이 말기에 접어든 1943년에야 폐간되었다. 이는 괴벨스의 술책으로, 외국에서 볼 때 외견상 제3제국의 언론의 자유는 보장이 된 것처럼 보여야 했기 때문이다.

괴벨스는 1920년대에 라디오를 처음 접한 뒤 이것을 본질적으로 권위적인 수단으로 생각했고, 라디오는 모든 이들이 악명 높게 기억하는 제3제국의 효율적인 통제 수단의 시작이었다. 독일에서 처음으로 라디오 상업방송이 시작된 것은 1923년으로, 괴벨스가 방송 분야의 정치적 중요성에 눈 뜬 계기는 1930년 총선이었다. 당시 집권 내각 브뤼닝 정부가 대놓고 권력을 이용해 자신의 정당과 정부에 유리한 시간대를 배정하는 횡포를 저질러 괴벨스의 분통을 터지게 했다. 1932년 대통령 선거와 총선 때는 이미 괴벨스를 비롯한 많은 사람들이 중요한 수단으로 여길 정도로 방송의 영향력이 커졌다. 그래서 그레고어 슈트라서를 숙청하기 전부터 괴벨스는 방송 분야에 대해 침을 삼키고 있었다. 정당을 대표하는 정치인의 방송 연설이 이때쯤 본격적으로 시작되었는데, 괴벨스는 첫 방송 당시 대중이 없는 낯선 장소에서의 경험 미숙 때문에 유감스럽게도 평소 연설 실력

13　프랑크푸르터 알게마이네 차이퉁(Frankfurter Allgemeine Zeitung, FAZ)은 독일 프랑크푸르트암마인에서 발행되는 일간신문으로, 독일에서 가장 영향력 있는 권위지 가운데 하나이다. FAZ의 첫 번째 판은 1949년 11월 1일에 나타났다. 창립 편집자는 Erich Welter였다. 일부 편집자들은 1943년에 금지된 온건한 프랑크푸르트 Zeitung을 위해 일했고, 1949년에 재설립되었다. 진실 보도와 객관주의를 추구하며, 반대 의견에 대한 공정 보도를 목표로 하고 있다. 국내외 뉴스의 폭넓은 보도와 권위 있는 해설로 좋은 평을 얻고 있다. 정치적으로는 보수적인 신문사이다.
괴벨스는 〈전진〉, 〈적기〉 등 좌파 언론의 폐간조치도 주도했다. 다만, 해외에 많은 독자를 가지고 있던 자유주의 성향의 〈프랑크푸르터 차이퉁〉은 언론탄압을 피해갈 일종의 '알리바이'로 이용하기 위해 1943년 8월까지 유지시켰다. 나치당 소유의 에어 출판사는 1939년까지 1,500개의 신문사를 인수했다. 1945년까지 나치의 언론 트러스트는 독일 출판사의 80% 이상을 합병했다.

　　　　　프로파간다의 달인

을 발휘하지 못하고 어물어물하는 굴욕을 맛보기도 했다.

당시 라디오 방송은 TV가 나오기 전 일상생활에 일대 혁신적인 수단으로, 일
방적으로 방송한 내용을 청자들은 듣기만 하고 반박할 수 없었기에 본질적으로
권위적일 수밖에 없었다. 라디오 방송의 시작부터가 국영방송이자 선전수단으
로 도입된 조선과는 다르게 독일은 1920년대부터 지역을 기반으로 여러 방송사
가 난립하고 있었고 꼭 괴벨스의 희망 때문이 아니더라도 한정된 주파수 문제와
여러 다른 기술적 문제, 상업방송에 대한 규제 미비 등으로 정부에서 개입해야
할 이유는 충분했다. 괴벨스는 이번에는 신문이나 출판사를 대할 때와 달리 관
대하지 않았는데, 정부 개입에 반대하는 방송사들은 강압적으로 통폐합되었으
며 높으신 분들을 믿고 뻗대는 몇몇은 강제수용소로 끌려갔다.

제2차 세계대전 당시

"Wollt Ihr den totalen Krieg? Wollt Ihr ihn, wenn nötig, totaler und radikaler, als
wir ihn uns heute überhaupt erst vorstellen können?"

"여러분은 총력전을 원합니까? 역사상 가장 총력적이고 급진적인 전쟁이 되기를 원합
니까?"

– 괴벨스, 1943년 2월 18일 Sportpalast에서 연설할 때

제2차 세계대전이 발발한 이후에도 괴벨스는 끊임없이 국민에게 선전을 해댔
고 독소전쟁 직전에는 마치 영국 상륙작전을 시도할 것처럼 선전을 해대면서 독
일이 침공하지 않을 것이라고 스탈린이 오판하게 만들기도 했다. 그리고 독일의

패색이 깊어진 가운데에 폭탄에 의해 부상한 국민을 구출하기 위한 구원대를 조직했으며, 중년 남성이나 소년들을 끌어모아 국민방위대 베어울프를 설립하며 독일 국민들의 인기를 얻기도 했다.

또한 제2차 세계대전에서 패색이 짙어지면서 점점 히틀러의 연설이 줄어들었고, 대신 괴벨스가 거의 모든 연설을 도맡아 하며 연합군에 대해 최후까지 항전하라고 국민들에게 선전을 했다. 특히 스탈린그라드 전투의 패배 이후 베를린의 스포르트팔라스트 나치가 대중 집회를 열던 대형 집회장에서 한 총력전 포고연설이 매우 유명하다. 하지만 선전 장소가 폭격에 의해 파괴되었을 때 괴벨스가 꽤 충격을 받았다는 기록이 자신의 일기에 남아 있다.

1944년 7월 20일에 일어난 클라우스 폰 슈타우펜베르크의 히틀러 암살 미수 사건 때에 괴벨스는 베를린에 남아있던 유일한 나치당 최고 간부로, 반란 진압에 큰 역할을 했다. 그 결과 1944년 7월 25일에 히틀러로부터 총력전 전국지도자로 임명된 괴벨스는 내정 전반에 큰 영향력을 행사할 수 있게 되었다.

1945년 1월 30일에는 베를린 방위총감을 겸임해 수도방위의 최고책임자가 되었지만, 히틀러 암살 미수사건으로 인해서 괴벨스는 독일 군부를 신용하지 않았다. 그래서 수도방위의 대부분을 정규군이 아닌 장비와 훈련이 뒤떨어지는 국민돌격대에 맡겨서 큰 희생을 치뤄야 했다.

결국 소련군에 의해 베를린의 포위가 임박하자 많은 고위간부와 나치 지도자들은 베를린을 탈출하기 시작했지만 괴벨스는 끝까지 히틀러의 곁에 남아서 히틀러를 지켰다. 베를린 전투에서 독일의 패배가 눈앞으로 다가오자 아내와 아이들을 데리고 히틀러의 총통 지하 벙커로 주거를 옮긴 괴벨스는 1945년 4월 29일에 마르틴 보어만과 함께 히틀러와 에바 브라운의 결혼 입회인으로 참석하였고 나중에 자살한 히틀러 부부의 시신을 보게 되었다.

히틀러와 에바 브라운

최후

괴벨스는 독일이 패주하던 1945년 4월 30일, 히틀러가 자살 직전 남긴 유언으로 총통에서 분리되어 나온 총리에 임명되었다. 그러나 다음날 소련에게 제시한 항복 조건이 수용되지 않고 오히려 소련이 무조건 항복을 요구하자 "죽음까지도 무조건적으로 그와 함께 할 사람이 적어도 하나는 있어야 한다."라고 말하며 죽지 말라는 히틀러의 명령을 저버리고는 자신의 아내와 여섯 아이들과 함께 독약으로 음독자살했다. 히틀러와 마찬가지로 자신과 아내의 시체를 불태워 달라고 미리 부관에게 유언을 남겼지만 휘발유가 부족해 대충 탄 채로 형체가 남은 시신이 소련군에게 발견되었다. 이때 찍힌 불에 탄 괴벨스 부부의 시체 사진은 웹에서도 찾아볼 수 있다. 그러나 이후 괴벨스의 시체가 어떻게 되었는지는 현재까지도 파악이 불가능한 상태다. 마그다 괴벨스와 아이들의 시체는 소련군에 의해서 매장되었지만 1970년에 다시 화장돼서 독일의 엘베 강에 뿌려졌다고 한다.

권총 자살한 뒤 반쯤 불탄 괴벨스의 시체, 1945년

자료 : gall.dcinside.com

프로파간다의 달인

악마의 혀, 천재 선동가 괴벨스

PROPAGANDA

CHAPTER **05**

괴벨스의 사생활

CHAPTER **05**

괴벨스의 사생활

01

개인적인 사항

 파울 요제프 괴벨스에게는 소아마비 때문에 다리가 굽는 신체장애가 있었다. 괴벨스의 박사 학위만큼이나 잘 알려진 개인적인 특징이다. 어려서부터 성인 나치당과 장관에 이르기까지 정적들의 공격 대상이었고, 괴벨스 자신도 장애를 잊지 않았다. 군대는 면제로 알려져 있지만 그렇지는 않고 대학에 다닐 때 징집된적이 있다. 현역은 아니고 군대에 비품을 공급하는 보훈단체에서 행정병으로 몇달 일하다가 높은 사람이 괴벨스의 꾀죄죄한 외모를 보고 그냥 집으로 돌려보냈다고 한다. 유대인 초등학교 교사 엘제 얀케와 결혼을 고민할 때도 여자 쪽에서 괴벨스의 다리 장애가 유전이 될까봐, 괴벨스는 엘제 얀케의 어머니가 유대인 출신이라는 점 때문에 대판 싸우는 원인도 되었다. 나치당 관구장이 될 때도말이 많았고 장관으로 출세했을 때도 정적들은 군 복무 경력과 신체장애를 빗대 '방구석 병사', '빼어난 외모의 게르만 청년'이라 비꼬거나 '절름발이 악마'라는 별

젊은 시절의 괴벨스, 작은 키와 삐쩍 마른 체구에도 여자는 언제나 들끓
었다고 함. 듣지도 보지도 못한 잡놈 시절에도 여자가 많았다고 함.

명을 붙였다.

 정작 장애가 있음에도 불구하고 장애인을 상대로 한 악명 높은 작전이었던 T4 작전[1]에서 그는 예외였으며, 오히려 본인이 장애인을 죽이는 데 앞장섰다.

 장관이 되고 나서는 다른 나치당 간부들만큼 흥청망청은 아니더라도 꽤나 해 먹었다. 우선 유대인 부호를 협박해서 땅을 헐값에 가로채고 괴링의 양해를 받아 산림구역에서 법을 어기고 주건물 방 개수만 21개, 욕실만 5개짜리 별도의 영화관과 연회홀이 딸린 저택을 300만 제국 마르크를 들여서 만들었다. 내부 장식도 가구나 식기는 물론이고 하나에 3만 마르크나 하는 루이 16세풍 양탄자를 까는 등 실내 장식에도 펑펑 써댔다. 물론 여기엔 재벌 출신 부인 마그다의 취향도 한몫했다. 이 대부분의 돈은 당연히 영화계의 뇌물이나 선전부 예산을 빼돌린 것이다. 나치당 베를린 관구장 시절에도 상당수의 베를린 관구 당 예산을 빼돌려서 소송비용이나 여자들을 만나고 다니는 데 썼다.

마그다 괴벨스

자료 : www.ecured.cu

1 나치 독일의 장애인 말살 프로그램이자 독재자 아돌프 히틀러의 우생학적 사상관을 추론할 수 있는 사건.

여자 관계

"모든 여자들이 나의 피를 끓게 만든다. "

– 1926년 그의 일기에서

볼품없는 외모에도 불구하고 주변에 여자들이 많았다. 고등학생 시절에도 시골 여자를 꼬여서 사귄 적이 있다. 얀카 슈탈헬름이라는 부자집 딸과는 신분 차이로 헤어지지만 오랫동안 진지하게 사귀는 사이였고 엘제 얀케라는 유대인 초등학교 교사와도 나치당에 들어가고 베를린 관구장으로 가기 전까지도 헤어지지 않았다. 한때 나치당에 있음에도 결혼을 심각하게 고려했고 베를린 관구장으로 부임하고 피눈물을 흘리며 헤어질 정도였다. 베를린에 가서도 여자들이 끊이지 않았고 자주 바뀌었다. 아내 마그다와 결혼하던 시절에도 전 여자 친구인 슈탈헬름과 양다리를 걸쳤으며 바쁜 와중에도 다른 여자들도 만났다. 권력을 잡은 뒤 선전장관이라는 직책상 배우들의 출세에 대해 최종권한을 쥐고 있었기 때문에 여배우들과 염문이 많았다. 그 문제가 불거져 정적이던 힘러는 "우리는 여직원을 농락하는 유대인 사장에 대해 비난해 왔는데 이제는 괴벨스 장관이 그 비난을 듣고 있다."라는 말까지 했다.

특히 체코 병합 이후에는 체코 출신 여배우 리다 바로바Lida Baarova, 1914~2000와 상당히 심각한 수준으로 문제가 되어 아내 마그다 괴벨스와는 이혼 직전까지 갔다. 리다 바로바는 원래 약혼자까지 있던 여자였는데 괴벨스가 데리고 다니면서 검열 삭제하다가 남자 배우인 전 약혼남에게 주먹질을 당했다는 둥 멱살을 잡혔다는 둥 결투를 했다는 둥 루머가 돌았다. 극장에선 리다 바로바가 나오면 '선전장관의 창녀'라고 다들 수군대는 둥 소문이 다 퍼졌다. 사회적 시각과 마그다 괴벨스의 인맥을 생각한 히틀러의 불호령으로 사건을 대충 수습하고 결혼 생활을 유지했다. 참고로 리다 바로바는 제2차 세계대전 이후까지 살아남았고 전후 증언에서 "파울 요제프 괴벨스는 진심으로 나를 사랑했다."라고 공언하였다고 한다. 정작 괴벨스는 대학 시절 연인 얀카 슈텔헤름이 자신이 진정으로 사랑한 연인이라고 생각했다고 한다. 신체적 장애에 대한 반발인지 여성관은 대단히 보수적이었고 마초[2] 성향이었다. 여자의 능력에는 한계가 있다고 생각했고 히틀러처럼 여자는 집안에서 애들 많이 낳고 남편 내조하는 데 충실해야 된다고 생각했다.

리다 바로바

Lida Baarova

자료 : hygall.com

마그다 괴벨스와 아이들

아내 마그다 괴벨스는 1901년 태생으로 유복한 가정에서 자랐다. 처녀일 때 성은 '리첼'로 어릴 때 어머니가 생부와 이혼하고 유대인 출신 부자 남편과 재혼했다. 상류층 영양들이 다니는 기숙학교를 다녔고 아비투어대학입학 자격 시험에도 합격

---

2   스페인어 machismo에서 온 명사이며 지나친 남자다움을 이야기한다. 스페인어로 macho는 때때로 용기 있음을 이야기하기도 한다. 마초의 범위는 다양하다. 좀 더 극적인 남자다움을 보여 주는 것이 대표적이다. 그들은 남성으로의 권리가 위험한 모험을 즐기는 것이라고 믿고 있으며, 여성들은 집안에서 어머니와 아내의 역할을 해야 한다고 생각한다. 이러한 사람들은 남성이 여성보다 우위에 있다고 생각하여 때때로 가정 폭력의 원인이 된다.

괴벨스와 결혼 전의 마그다

자료 : hygall.com

했으나 19세 때 나이가 40줄에 애 둘 딸린 재벌 크반트 가문과 결혼했다. 8년간 짧은 결혼 생활 동안 아들 둘_{하나는 요절}을 낳았지만 나이 차이도 많이 나고 바쁘다고 얼굴도 보기 힘든 남편을 두고 마그다가 젊은 남자와 당당하게 바람을 피우면서 자연스레 이혼한다. 이혼할 때 아들 하랄트 크반트를 데리고 나온다. 서양식 사고방식의 위엄인지 전 남편과 전 시가媤家와의 사이는 나쁘지 않았으며 이혼할 때도 풍족하게 위자료를 챙겨서 나온다. 오히려 이혼하고 나서 전 남편과 전 시가와의 사이가 더 좋아졌다고 한다.

그렇게 젊은 나이에 이혼하고 할 일 없이 소일하던 마그다는 심심풀이로 베를린 스포츠 궁에서 열린 나치당 집회에 놀러갔다가 깊은 감명을 받고 그날 즉시 나치당에 입당한다. 매우 열성적이어서 재벌집 마나님 출신이면서도 무급으로 베를린 나치당 사무실에서 자원봉사에 나섰고 이때 괴벨스를 만난다. 그는 왜소하고 못난 외모를 가졌지만, 뛰어난 머리와 훌륭한 연설 재능을 가지고 있다는 소문이 자자했다. 그런 괴벨스와 마그다가 결혼하게 된 것은 순전히 히틀러의 명령 때문이었다. 마그다 괴벨스는 나치당 집회에 갔다가 히틀러의 열정적인 연설을 보고 한눈에 반해서 무급으로 히틀러의 비서 노릇을 하게 되었다고 한다. 그녀는 순전히 히틀러를 사랑해서 그의 여자가 되려고 했지만, 히틀러는 당시 자기는 독신주의자고 국가와 결혼하겠다면서 마그다의 애정을 거절했다. 대신 선전장관 파울 요제프 괴벨스와 결혼을 주선한다.

이미 이 시절엔 괴벨스는 국회의원도 되고 나치당 베를린 대관구장이 된 터라 대학 시절 애인에게 손 벌리는 것처럼 딱한 상황은 아니었다. 그러나 출신 배경

파울 요제프 괴벨스 일가

자료 : blog.naver.com

차이란 게 있었기 때문에 괴벨스가 약간 기우는 감도 없지 않았다. 생부와 모친과 옛 시가媤家인 크반트 가문까지 모두 결혼에 반대했지만 첫 아이를 밴 상태에서 조용하게 결혼했다. 이후 인맥과 영향력으로 괴벨스가 출세하는 데 큰 영향을 끼쳤다. 남편보다 더 열렬한 총통 추종자에다 히틀러도 마그다를 좋아했기 때문에 독신인 히틀러를 돕는 제3제국 퍼스트 레이디로 불릴 정도였다. 프랑스어, 이탈리아어, 영어에 능통해서 다른 외국어에 약한 괴벨스나 히틀러를 대신해서 외국 손님들을 접대하고 다리를 놓는 데도 안성맞춤이었다. 괴벨스가 한때 권력층에 밀려나 찬밥이 되었을 때도 마그다에 대한 히틀러의 신임은 탄탄했다. 괴벨스가 리다 바로바와 바람이 났을 때는 괴벨스의 오른팔 선전부 차관이며 연하인 카를 항케와 맞바람을 피우며 이혼도 불사했지만 히틀러가 간곡하게 달래고 괴벨스가 아이들을 뺏는다는 으름장에 굴복하고 재결합한다.

제3제국의 다산정책을 몸소 실천해서 전 남편에게서 하랄트를, 괴벨스 사이에서 1남 5녀를 낳았다.

마그다 괴벨스는 바람기로 유명한 괴벨스와 결혼하는 것이 죽을 만큼 싫었지만 총통의 명이기에 순순히 따랐다.

히틀러는 괴벨스 가족을 아리안 민족의 이상적인 형태라고 하면서 나치 선전 영화에도 출연시킬 정도였다.

그렇지만 나치 패망 직전 그러니까 히틀러가 자살하기 직전, 마그다 괴벨스는 이 아이들을 다 직접 죽인다. 청산가리를 먹여서 아이들을 다 죽이고는 파울 요제프 괴벨스와 마그다 괴벨스 또한 히틀러를 따라간다.

사랑할 만한 가치가 없는 사람을 사랑해서 자기가 직접 낳은 아이도 죽인 무자비한 여자라는 생각밖에 들지 않는다.

여섯 아이의 태어난 순서는 헬가1932년 9월 1일, 힐데1934년 4월 13일, 헬무트1935년 10월 2일, 홀데1937년 2월 19일, 헤다1938년 5월 5일, 하이데1940년 10월 29일이다. 아들 헬무트는 마그다가 전 남편 사이에서 낳았다가 요절한 아들 이름 헬무트를 그대로 붙였다. 맏딸 헬가는 죽을 때 12세였는데 무척 영리하여 일찍부터 히틀러의 귀여움을 받았다. 참고로 전부 H로 시작하는데 총통을 기린답시고 이렇게 지었다고 한다. 사진 맨 위의 공군 상사 비행복을 입은 이는 아내 마그다가 전 남편과의 사이에서 낳은 아들 하랄트 크반트로, 괴벨스는 그도 양아들로 함께 데려와 키웠다. 헬가는 똑똑해서 괴벨스가 기대하며 아낀 반면, 외아들 헬무트는 자주 공상에 빠져서 '남자애 혼자 여자 형제들 사이에 키워서 저러나' 하고 괴벨스가 많이 걱정했다고 한다.

프로파간다의 달인

그리고 알려진 대로 나치 패망 직전 총통 벙커에서 자살하기 전에 자기 자식들을 다 죽였다. 괴벨스 가족의 시신은 소련군이 입수했는데 맏딸 헬가는 얼굴에 저항 흔적이 있었다고 한다. 영화 〈몰락Der Untergang〉과 유사하게 예방 주사 놓는다고 모르핀을 투여하고 자고 있을 때 청산가리를 먹였다고 한다. 괴벨스는 아이들을 해치기 전에 망설였지만 마그다가 적극적으로 죽였다고 한다. 그 이유는 총통 각하가 없는 세상 따위 살 가치가 없다는 것이었다. 마그다와 친한 알베르트 슈페어 회고록을 제외하고는 마그다가 나서서 죽였다는 증언이 일치한다. 슈페어 회고록에선 총통 벙커에서 마지막으로 마그다와 인사할 때 괴벨스가 질투해서 둘만의 이야기 시간을 주지 않았다고 원망도 한다.

행복한 괴벨스와 아이들

자료 : theqoo.ne

괴벨스 일가의 비참한 최후

의붓아들인 하랄트 크반트[3]는 전쟁 전 공군에 사병으로 입대, 부사관 시절 사관후보생을 지원해 공수부대 장교로 복무했다. 1941년 크레타 전투 때 부상당하기도 했고, 1944년에 이탈리아 전선에서 영국군 포로가 되었기에 살아남았다. 최종 계급은 중위였다. 마그다가 죽기 전 총통 벙커에서 보낸 편지는 기적적으로 하랄트에게 전해졌다는 일화가 있다. 전후에는 크반트 가문으로 돌아가

하랄트 크반트

자료 : no.wikipedia.org

사업가로 활동하다 1967년 비행기 사고로 사망한다. 친부자 관계는 아니었으나 양아버지와의 관계는 비교적 양호했던 것 같다. 여담으로 2014년 10월, 하랄트의 친족이자 BMW의 대주주인 요한나 크반트가 독일 최고 부호 반열에 올랐다고 영국 일간지 타임스가 보도했다. 요한나 크반트와 그녀의 두 아들딸의 BMW 지분을 합하면 46.7%에 달하는데, 이에 따르면 크반트 일가의 재산은 245억 파운드약 42조 2983억 원에 달한다.

3　하랄트 크반트(Harald Quandt, 1921년 11월 1일 ~ 1967년 9월 22일)는 독일의 기업인 귄터 크반트와 마그다 리첼의 아들이다. 그의 부모는 이혼했고 크반트의 어머니는 나중에 요제프 괴벨스와 재혼했다. 제2차 세계대전 후 크반트와 그의 이복형인 헤르베르트 크반트는 아버지가 물려준 산업 제국을 경영했고 오늘날에도 이 가족은 독일의 고급 자동차 제조 기업인 BMW의 지분을 소유하고 있다.

저 작

괴벨스의 저작으로 가장 방대한 자료는 《괴벨스의 일기》다. 20대 중반_{1923년}부터 거의 매일 꼼꼼하게 쓴 일기는 바이마르 공화국 시대와 나치 시대, 괴벨스와 히틀러 등 기타 나치 인사들을 연구하는 데 결정적으로 중요한 1차 자료다. 2만 페이지가 넘는 방대한 양이라서 1~2년 또는 2~3년 정도의 양으로 나눠서 출판했고 시대순은 아니다 전쟁 말기에 쓴 일기는 동독에 남아있어서 90년대에나 연구가 시작되었고 훨씬 늦게 발간되었다. 괴벨스의 인물평이나 당시 시대 여론이나 루머들이 솔직하게 적혀 있다. 그렇지만 일기라고 해서 완전히 자신만의 생각을 쓴 것만은 아닌 게 나치 집권 후 출판사로부터 자신의 사후 20년 출판을 조건으로 막대한 선인세를 받고 팔았기에 히틀러나 나치 정권에 대해선 완전히 자기검열 없이 쓴 것이라곤 볼 수 없다.

저작으론 몇 차례의 개작을 거친 반자전적 소설 《미하엘》이 있다. 자전적 소설이 아닌 반자전적 소설인 것은 자신의 절친한 친구였던 플리게네스가 노동자로 일하다 광산에서 사고사하자 그를 기리기 위해 집필했기 때문이다. 주인공 미하엘 포어만은 현실의 친구 플리게네스와 괴벨스 자신을 투영하여 암울한 환경에서 새로운 시대를 갈망하는 내용이다. 저자 본인부터가 그다지 좋은 작품은 아니었던 것으로 평했지만, 히틀러의 《나의 투쟁》처럼 집권 후 불티나게 팔려서 10쇄를 넘게 찍어냈다. 대한민국에도 2017년 4월에 번역, 출간되었다.

그 밖에 베를린 관구장 시절 공산당이 집회 때 연극을 이용하는 걸 따라 한답시고 정치적인 희곡을 몇 편 썼지만 역시 평은 좋지 않다. 나치당 입당하기 전 실업자일 때 언론사에 발표한 논문이 6편 정도가 남아있다고 한다.

괴벨스의 반자전적 소설 《미하엘》

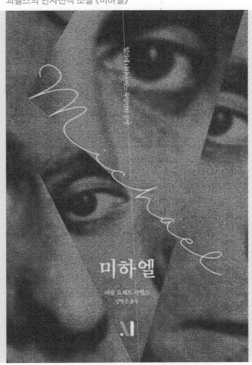

자료 : yna.co.kr

어록과 명언

괴벨스의 주요 어록과 명언을 소개한다. 이것들을 볼 때마다 소름이 돋으면서 천재적인 능력을 갖췄던 괴벨스를 새삼 상기하게 된다. 만약 독일이 제2차 세계 대전의 패전국이 아닌 승전국이었다면, 과연 괴벨스는 어떠한 평가를 받았을까? 다음은 괴벨스의 주요 어록이다.

① 대중은 지배자를 기다릴 뿐, 자유를 주어도 어찌할 바를 모른다.

② 나에게 한 문장만 달라. 누구든 범죄자로 만들 수 있다.

③ 대중에게는 생각이라는 것 자체가 존재하지 않는다. 그들이 말하는 생각이 란, 다른 사람들이 한 말을 그대로 반복하는 것일 뿐이다.

④ 선동은 문장 한 줄로도 가능하지만, 반박에는 수많은 문서와 증거가 필요 하다. 그리고 그것을 반박하려고 할 때면 이미 사람들은 선동당해 있다.

1935년 히틀러와 괴벨스(맨 오른쪽)가 당시 세계적인 독립 영화사인 유니버설영화사(UFA)에서 영화를 살펴보고 있다.

자료 : news.joins.com

⑤ 대중의 감성과 본능을 자극하라. 분노와 증오는 대중을 흥분시키는 가장 큰 힘이다. 대중의 이성을 제압하여 승리를 거두는 손쉬운 방법은 무력과 공포의 전염이다.

⑥ 선전가는 대중의 흔들리는 영혼을 조율하는 예술가가 되어야 한다. 군중의 긴장을 해소하는 유쾌함을 주는 오락영화를 활용해야 한다.

⑦ 이왕 거짓말을 하려면 될 수 있는 한 크게 하라. 대중은 작은 거짓말보다는 큰 거짓말을 잘 믿는다. 그리고 그것은 곧 진실이 된다.

⑧ 언론과 방송은 정부의 손바닥 안에 있는 피아노가 되어야 한다.

1932년 4월 대통령결선투표를 앞두고 히틀러가 유세하고 있다. 괴벨스(히틀러 뒤편 키 작은 사람)에 의하면, 나치는 독일국민에게 어떤 것도 강요하지 않았고 독일국민이 나치를 선택했으며 그리고 독일국민은 그 대가를 치뤘다.

자료 : news.joins.com

⑨ 대중은 이해력이 부족하고 잘 잊어버린다. 승리한 자는 진실을 말했느냐 따위를 추궁당하지 않는다.

⑩ 대중은 여자와 같아 자신을 지배해 줄 강력한 지도자가 나타나기를 기다린다. 그리고 여자는 약한 남자보다 강한 남자에게 지배를 받는 것을 원한다.

⑪ 우리는 모든 시대에 걸쳐 가장 위대한 정치인으로 역사에 남을 것이다. 아니면 역사상 가장 악랄한 범죄자로.

⑫ 사람들이 거짓말을 듣게 되면 처음에는 아니라고 하며, 두 번째는 의심하지만, 계속하다 보면 결국에는 진실이라고 믿게 된다. 거짓과 진실의 적절한 배합이 100%의 거짓보다 더 큰 효과를 낸다.

⑬ 우리는 국민들에게 강요하지 않았다. 그들이 우리에게 위임했을 뿐이며, 그리하여 그들 자신이 그 대가代價를 치루는 거다.

프로파간다의 달인

언론의 황제 괴벨스가 했던 명언 모음집이다. 주요 어록과 중복되는 것이 있다.

① 거짓말은 처음에는 부정되고, 그 다음에는 의심받지만, 되풀이 하면 결국 모든 사람이 믿게 된다.

② 승리한 자는 진실을 말했느냐 따위를 추궁당하지 않는다.

③ 열린 마음은 문지기가 없는 성과 같다.

④ 분노와 증오는 대중을 열광시키는 가장 강력한 힘이다.

⑤ 국민들에게 무조건 불쾌한 뉴스를 숨기는 것은 심각한 실수이다. 적당한 낙관주의를 기본 태도로 삼아야 하지만, 모든 부문에서 좀 더 현실적으로 변해야 한다. 국민들은 이를 능히 소화해낼 수 있고 또한 그래야만 한다.

⑥ 피에 굶주리고 복수에 목마른 적에 맞서려면 무엇보다 한없는 증오를 활용해야 한다.

⑦ 위기를 성공으로 이끄는 선전이야말로 진정한 정치 예술이다.

⑧ 선전가는 국민의 흔들리는 영혼을 이해하는 예술가가 되어야 한다.

⑨ 선전은 창조와 생산적 상상력에 관련된 문제이다.

⑩ 정치란 불가능의 기적을 일구어내는 것이다.

⑪ 전쟁에서 승리하려면 반드시 국민들에게 낙관적 전망을 심어줘야 한다. 그래서 긴장을 해소하고 유쾌함을 주

나치는 유대인과의 교제를 금지했다. 유대인 남성과 독일 여성이 나치 앞에서 피켓을 들고 공개 망신을 당하고 있다.

자료 : lifelog.blog.naver.com

는 오락영화가 필요하다. 그러나 영화야말로 일급의 민족 교육 수단인 만큼, 모든 영화는 면밀히 구성되고 조직되어야 한다.

⑫ 선동은 단 한 문장으로도 가능하지만 그것을 해명하고 증명하려면 수십 장의 문서와 증거가 필요하다. 그러나 그것이 잘못되었음을 밝혀냈을 때 이미 대중은 선동되어 있는 상태다.

에펠탑에 하켄크로이츠를 꽂고 마르스 광장을 걷던 히틀러와 나치 장성들. 그들이 느낀 우월감. 그 우월감은 열등한 유대 민족을 향한 증오심을 재물 삼아 성장한 것이었다. 우월감과 증오는 괴벨스가 선전술의 산통을 통해 낳은 쌍둥이였다. 괴벨스는 우월감과 증오가 프랑스를 상대로 승리한 비결이며 앞으로의 승리도 우월감과 증오의 활용에 달려있다고 생각했다.

자료 : brunch.co.kr

프로파간다의 달인

괴벨스의 인간성

"그는 결코 성급하지 않았다. 주도면밀하고 냉철했다. 얼음처럼 차가웠고 악마적이었다."

– 오토 야콥스, 속기사

애초에 히틀러는 나치당 최종 보스라서 당연히 다른 부하들보다 악명이 높지만, 괴벨스는 나치당 내에서도 손꼽히는 악마였다. 사실 괴벨스는 나치당 내 여러 유형 중에서도 워낙 특별한 유형이었으니 어떻게 보면 당연한 것일지도 모른다. 괴링은 흔해 빠진 부패한 유형이고 힘러같이 광신적 충성심과 사명감에 불타 돌쇠처럼 기계적으로 나치에 충성한 인물은 한둘이 아니었다. 반면 괴벨스는 북독일 라인란트 출신 노동자 계층 출신이란 점에서 프티부르주아 출신 고등학교 중퇴자 히틀러와 통하는 면이 있었으며, 둘 다 반자본주의적이고 반권위적이며 현란한 선동가이며 연설가였다. 또한 괴벨스는 금발이고 키가 크며 건장한 모습이 대부분인 아리안족과는 달리 흑발에 키가 작고 발을 저는 연약한 모습이었다. 하지만 특유의 뛰어난 말솜씨와 교활함으로 자신의 장애를 극복했으며 자신의 출신을 부끄러워하지 않고 오히려 자랑으로 생각했다. 그것이 그의 인기 비결이기도 했다. 괴벨스는 권위를 혐오했지만 추구했고 지성인 출신이지만 연설은 지성적인 언어를 쓰진 않았다.

괴벨스에 대한 책을 썼던 롤프 호흐후트는 '스스로 열광했기에 타인을 열광시켰던 신도'라고 했던 반면, 요아힘 페스트는 '최후까지 마키아벨리스트였던 자'라고 했다. 괴벨스를 다룬 다른 작가들은 '합리적인 선동가'라든가 '장애에 대한 보상을 총통 신앙과 세계관으로 대리 충족'했다는 다양한 평가가 있다.

종합적으로 보면 괴벨스가 가진 그만의 능력을 절대로 무시할 순 없다. 남들과는 다른 장애를 갖고 시작했음에도 불구하고 남들과는 다른, 아니 오히려 뛰어나다고 할 수 있는 그만의 언변 능력으로 독일 국민들을 사로잡고 하나로 뭉쳤다. 이렇게만 보면 장애를 극복한 뛰어난 연설가로 평가받아야겠지만 문제는 그 뛰어난 능력을 나치즘과 히틀러를 위해 사용했다는 점이다. 그의 재능만큼은 천재라고 해도 과언이 아니지만 그 천재성을 악하고 교활한 자가 갖게 되었을 때 어느 정도까지의 영향력을 보여줄 수 있는지 잘 보여준 인물이라 할 수 있다.

뛰어난 언변 능력으로 독일 국민을 사로잡은 괴벨스

자료 : m.blog.daum.net

프로파간다의 달인

소련과의 전쟁이 시작되었다. 나치군은 승전을 거듭하며 소련군을 몰아붙였다. 나치의 스몰렌스크 점령 직후 카틴(Ka-tyn) 숲에서 소련군이 폴란드 양민 2만 5천여 명을 학살한 정황이 드러났다(카틴 학살). 괴벨스는 즉시 중립국 의사들로 구성된 조사위원회를 조직하여 파견하고 선전 영화를 만들어 소련군의 학살을 대대적으로 알렸다. 카틴 학살 암매장지 중 하나(1943).

1945년 3월 9일. 나치의 선전부장관 괴벨스가 루반(Luban)를 방문했다. 루반을 탈환한 전쟁 영웅들을 격려하고 선전 영화를 촬영하기 위해서였다. T-34를 두 대나 격파한 전쟁 영웅이 괴벨스 앞에 섰다. 괴벨스는 영웅에게 2급 철십자장을 수여했다. 철십자 훈장을 받은 영웅의 이름은 빌헬름 휴프너(Wilhelm Hubner). 16세의 소년이었다.

05

프로파간다의 **달인**

참고사항

- 윈스턴 처칠이 미국 방문 연설에서 사용해 유명해진 '철의 장막'이라는 단어를 창조해 써먹은 시초가 바로 괴벨스라고 한다.

- 처칠이 군 부대를 방문해서 톰슨 기관단총을 써보는 사진을 이용해서 "저런 갱단 두목 같은 전쟁광이 여러분을 죽음으로 내몰려고 합니다. 처칠을 쫓아내고 우리 제3제국과 사이좋게 지내지 않겠습니까!"라는 선전 문구를 영국에 뿌렸는데 정작 영국 사람들의 혹평만 받았다. 결국 이 건은 괴벨스의 선전·선동에서 몇 안 되는 실패로 끝맺었다. 오히려 영국 사람들의 전의만 왕성하게 만들었다고 한다.

- TV와 라디오를 정치선전에 활용한 선구자이며 정치 쇼의 원조, 공약보다는 감성에 호소하는 선거전략의 선구자이다. 또한 시장 같은 장소에서 후보자가 유권자들과 어울리는 모습을 사진으로 찍어서 선전하는 행위의 창시자이

처칠이 톰슨 기관총을 들고 있는 사진을 보고 괴벨스가 저건 마피아다, 라고 선동했지만 정작 영국 내에서는 '폼이
나네. 주인 잘 만난 기관총!' 이런 반응이었다고 한다.

다. 그 덕분에 독일은 프랑스와 함께 세계 최초로 정기적으로 TV 방송을 보

낸 국가가 되었다.

PROPAGANDA

CHAPTER 06

히틀러와
나치스 이데올로기

CHAPTER **06**

히틀러와
나치스 이데올로기

01

프로파간다의 **달인**

인간 히틀러 개요

　제2차 세계대전 추축국 나치 독일 총통으로 오스트리아-헝가리 제국의 브라우나우 암인[1]이라는 도시의 평범한 세관원의 아들로 태어났다. 화가를 꿈꾸며 상업 미술가 활동을 이어나가던 히틀러는, 제1차 세계대전이 일어나자 독일 제국군바이에른 왕국군에 자원입대하였다. 독일 제국의 패전 이후 히틀러는 나치당에 들어가 정치활동을 시작했다. 그는 청중을 압도하는 연설과 천부적인 선전능력을 발휘하여 동네 소수정당에 불과했던 나치당을 제1당으로 일으켜 세웠다. 정

1　현재 독일과 오스트리아의 국경지역이다. 바이에른과 오스트리아가 만나는 지역. 10대 시절에 프랑스 이주 생활에 지쳐 있던(히틀러는 학창시절에 프랑스어 성적도 좋지 않았다) 히틀러가 바이에른으로 다시 이주를 결심한 것, 또한 시간이 지나 쿠데타사건으로 인지도를 높이고 나서 바이에른 정치인으로 정치를 부침 없이 시작했던 것도 언어(독일 수도권과 차이가 큰 바이에른-오스트리아의 독일어 방언)나 문화(독일 문화권 내에서는 보수성이 강함)에서 바이에른과 본인의 고향이 차이 없이 잘 맞던 영향이 적잖이 있다. 단 히틀러의 학창시절 자체는 바이에른과 거리가 먼 동부지역인 수도 빈에서 보냈다.

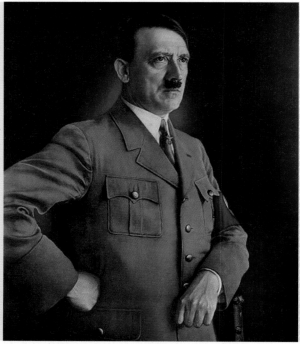

자료 : invaluable.com

권을 장악한 후 총리직과 새로 얻은 대통령직을 합쳐 제3제국의 퓌러Führer: 총통, 영
도자의 자리에 올랐다.

　나치 독일의 총통이 된 히틀러는 베르사유 조약을 파기하고, 군수산업을 확
충하며, 군국주의적 정책을 강행했다. 이러한 정책은 전쟁을 기피하는 연합국의
소극적인 반응에 힘입어 오스트리아를 병합하고, 뮌헨 협정으로 체코슬로바키
아의 주데텐란트 지역을 무혈로 독일에 병합하는 등 승승장구했다. 그러나 안일
한 생각으로 폴란드를 침공했다가 생각 외로 강경한 태도를 보인 연합국의 선전
포고를 받아 제2차 세계대전이 일어났다.

폴란드 침공 이후 전쟁 초기, 나치 독일은 영국, 프랑스의 가짜 전쟁[2]과 프랑스 침공으로 군사적 우위를 점했다. 그리하여 영국을 제외한 거의 모든 유럽 국가를 정복하고 승승장구했으나, 독소전쟁의 전략적 실책과 도움이 안 되는 동맹, 일본의 미친 짓으로 매우 열세해진다. 그와 동시에 점령지에서도 유대인 홀로코스트를 주도하고 각종 전쟁범죄를 방치, 조장함으로써 민심을 완전히 잃어버렸다. 이런 각종 실책을 벌인 끝에 결국 판도를 완전히 잃고 몰락하여 베를린에 있던 총통 벙커에서 자살로 생을 마감했다. 세계를 공포로 몰아넣은 독재자의 최후는 허망했다.

패색이 짙어지기 전에는 독일인들에게 거의 신으로 숭배받는 수준에 이르기도 했다. 그러나 종전 후에는 유럽에서나 전 세계적으로도 그와 관련된 모든 것들을 말하는 것조차 금기시되었다. 나치즘에 입각하여 전쟁 중 점령지의 민간인 학살을 명령하는 등 숱한 전쟁 범죄를 일으켰기 때문이다. 또한 홀로코스트 같은 인종 학살을 주도했고 T-4 프로그램[3] 같은 장애인 말살 정책을 펴기도 했다.

---

2   Phoney war. 제2차 세계대전 초기에 일어났던 해프닝, 가짜 전쟁이란 뜻으로 별명이 많다. 독일 언론은 Blitzkrieg(전격전)에서 머릿글자만 바꿔 Sitzkrieg(착석전)이라고 비아냥댔다. 프랑스에서는 Drôle de guerre(웃긴, 이상한 전쟁)이라는 표현을 사용한다. "대열은 있으나 전투는 없다."라는 말로 요약할 수 있는 상황이다. 말 그대로 선전포고는 했는데 전투가 일어나지 않았던 1939년 9월~1940년 5월 초순까지의 독일-프랑스 국경지대, 즉 서부전선에서의 기묘한 고요를 가리킨다. 결과적으로는 프랑스가 총동원령을 내려 다들 움찔하게 만들고는 독일 땅에 발만 살짝 담갔다가 다시 마지노선 안으로 유턴함으로써 일단락됐다.

3   나치 독일의 장애인 말살 프로그램이자 독재자 아돌프 히틀러의 우생학적 사상관을 추론할 수 있는 사건. 히틀러가 1939년 9월 한 극비 지령 문서에 서명하면서 T4 프로그램이 시작되었다. T4 프로그램은 장애인과 정신질환자 등의 부적격자에 대한 집단 살인 허가 명령이었다. 나치 정권은 이러한 부적격자를 사회로부터 제거함으로써 게르만 민족의 유전적 우수성을 지킬 수 있다는 인종위생학(독일 버전의 우생학)을 나치즘의 뼈대로 삼았다. 나치 정권은 이러한 사람들을 살 가치가 없는 밥벌레들(useless eater), 열등인간(Untermensch)으로 간주했고, 그들을 죽이는 것을 자비로운 안락사로 간주했다. 이들 기준에 따르면 게르만족들은 모두 우월해야 하는데, 그중에서 '불량품'이 있다는 것은 수치스러운 일이라 보았기 때문이다.

남미의 칠레, 아르헨티나는 친독 국가였다. 다만, 이들은 부득이한 이유가 있었을 가능성이 높다. 중동, 아프리카나 인도 등지에서는 아돌프 히틀러와 나치에 대해 긍정적이거나 최소한 중립적이다. 일부는 노골적으로 아돌프 히틀러를 옹호하기도 한다. 이들은 영국, 프랑스 같은 서구 열강에게 시달린 역사가 있기 때문이다.

핀란드, 발트 3국, 아이슬란드, 스웨덴 등은 나치 독일의 후원자였다. 핀란드, 발트 3국은 소련에게 많이 시달려 부득이하게 나치와 손을 잡았었고, 아이슬란

마린 르펜

드는 덴마크 군주인 크리스티안 10세 때문에 화가 났던 아돌프 히틀러가 독립시켜줬기 때문이다. 단 발트 3국을 제외하면 이들 나라들은 중립적인 입장을 취하더라도 아돌프 히틀러를 옹호하거나 긍정적으로 여기진 않는다.

최근 들어서 유럽의 이슬람 난민들이 유럽에서 범죄 등 많은 사회문제를 일으키자 히틀러를 본떠서 인종청소를 다시 부활시키려는 극우파들이 유럽에서 다시 고개를 들고 있다. 즉, 유럽에서 극우가 되살아나는 증거인데, 그래도 워낙 이미지가 나빠서 자신들은 나치가 아니라고 하며 연성으로 포장하는 경우가 더 많다. 마린 르펜[4] 등이 그렇다.

자료 : namu.moe

4   마리옹 안 페린 마린 르펜(Marion Anne Perrine Marine Le Pen, 1968년 8월 5일 ~) 현재 프랑스 극우 정당인 국민연합의 대표. 전 대표였던 장마리 르펜의 막내딸이다. 그러나 현재 우익 포퓰리즘 현상의 대두로 아버지보다 대중의 평가가 나은 편이다.

히틀러 이름에 대하여

"아돌프 히틀러가 누렸던 수많은 행운 중에서 맨 처음 행운은 히틀러가 태어나기 13년 전에 닥쳤다. 1876년 훗날 히틀러의 아버지가 되는 사내가 이름을 알로이스 시클그루버에서 알로이스 히틀러로 바꾼 것이다. 아버지한테 가장 고마운 점이 시클그루버라는 상스럽고 촌스러운 성을 내다버린 것이었다는 아돌프의 술회는 빈말이 아닐 것이다. 확실히 '하일 시클그루버'는 민족 영웅을 경배하는 인사말로는 어색하기 짝이 없었으리라."

– 이언 커쇼, 《히틀러》 1권 39쪽

  히틀러의 아버지인 알로이스 히틀러Alois Hitler의 원래 성은 시클그루버Schicklgruber 였으나, 알로이스의 어머니이자 아돌프의 할머니인 마리아 아나 시클그루버Maria Anna Schicklgruber가 요한 게오르크 히들러Johann Georg Hiedler와 재혼하면서 알로이스의 성이 히들러로 바뀌었고, 1876년에 히들러에서 히틀러로 성을 다시 바꾸었다.

이 일은 모두 아돌프 히틀러가 태어나기 이전의 일이기 때문에 아돌프의 성이 시클그루버인 적은 단 한 번도 없었다. 그러나 아돌프의 정적들과 소련군 및 연합군들이 아돌프를 놀릴 때 '아돌프 시클그루버'라고 불렀다. 소련군들 중에서는 "우리는~ 베를린에 처박혀 있는 광분한 시클그루버 아저씨를 곧 만나러 간다네~"라는 요상한 노래를 부르며 조롱했고, 연합군들은 "니네 총통이란 사람 오스트리아 페인트공 출신으로 원래 성씨는 '시클그루버'란다."라며 조롱했다. 당연히 게슈타포나 친위대의 손에 닿으면 쥐도 새도 모르게 사라지거나, 불구가 될 정도로 구타를 당하거나, 수용소에 끌려갔다. 아돌프 본인도 자신의 인생의 불명예로 생각할 정도였다.

히틀러라는 성은 히들러Hiedler, 휘틀러Hüttler라는 성의 바리에이션으로 여겨지고 있는데, 그 유래는 오스트로바이에른어로 천정천을 의미하는 Hiedl이나 독일어로 헛간을 의미하는 Hütte에서 왔을 것이라 보는 의견이 있지만 그 유래는 확실하지 않다. Hitler라는 성은 알로이스 시클그루버가 자신의 성을 바꾸면서 만든 성씨라 독일에서는 거의 히틀러의 가족들이나 쓰던 성이고, 바리에이션인 Hiedler, Hüttler도 독일어권에서는 그리 많이 쓰이는 성은 아니었다. 저 성으로 검색하면 뜨는 사람들이 모두 아돌프 히틀러의 가족일 정도다. 그렇기 때문에 제2차 세계대전이 끝나고 히틀러가 천하의 대악당으로 평가되면서 Hitler라고 하면 바로 아돌프 히틀러를 떠올리게 되어 독일어권에서는 더 이상 이 성을 쓰지 않게 되었다. 제2차 세계대전 이후에도 살아남은 히틀러의 가족들이나 Hitler 성씨를 지닌 이들은 Hiedler나 Hissler로 개명했다고 전해진다. 가끔 히틀러라는 이름을 스스로 붙이거나 자식에게 지어주는 사람이 있으면 네오 나치일 가능성이 100%라고 봐도 될 정도다.

히틀러라는 성뿐만 아니라 아돌프라는 이름도 서양 사회에서는 거의 나쁜 이

자료 : nemopan.com

름을 넘어 금지어급으로 취급되고 있다. 아돌프는 독일에서 흔한 이름이었으나 이후 전화번호부를 보면 그 흔했던 이름들이 싹 사라진다. 새 아기한테 지어주지 않는 건 물론, 멀쩡히 그런 이름을 가졌던 사람들도 다 개명한 것으로 보인다. 그러나 아돌프라는 이름은 오스나브뤼크의 성 아돌푸스축일은 2월 11일와 같은 가톨릭 성인의 이름에서 유래한 이름이기에 독일이 아닌 북유럽권에서는 현재에도 아돌프라는 이름을 가진 사람은 많다.

03

프로파간다의 **달인**

화가 지망생

1889년에 태어난 히틀러가 쓴 《나의 투쟁》에 따르면 히틀러는 자신이 반유대주의, 독일민족주의에 입각한 레오폴드 퓌슈라는 역사 선생님의 수업에 깊은 감명을 받았다고 회상하고 있으며 비교적 주위에 그러한 이야기를 많이 했다고 한다. 그래서 히틀러가 역사에 관해서만큼은 조예가 깊고 많이 알고 있는 경우로 잘못 알려져 있는 경우가 있는데, 《나의 투쟁》은 부분적으로는 히틀러의 정치적인 선전을 위해서 쑤셔 넣은 내용들이 들어가 있다는 주장이 많다. 실제로 히틀러는 역사에 대한 조예가 깊지 못했으며 역사 시험에서 낙제를 면하지 못할 정도의 형편없는 실력이었기 때문에 자신을 독일 민족주의자로서 선전하기 위해서 만들어진 것이라 보인다.

1905년 만으로 16살의 나이로 결국 히틀러는 무작정 오스트리아-헝가리의 수도였던 빈에 올라왔다. 아버지가 죽었기 때문에 빈으로의 유학도 다른 가족들로부터는 별 반대가 없었다. 갓 상경한 시골뜨기에게 웅장한 건물과 예술의 향기가 가득했던 빈은 신세계였고, 히틀러는 예술가를 꿈꾸며 국립미술아카데미에 입학을 지원하지만 낙방하였다. 재수까지 하지만 이듬해에도 낙방했다. 연이은 낙방에 직접 미술학교 교장에게 찾아가 항의하자, 공교롭게도 유대인이었던 교장은 "자네의 그림은 예술이라기보다는 건축에 가깝네. 건축학교로 가는 게 어떤가?"라며 권유했다. 그러나 건축학교 입학은 실업학교 졸업증이 필요했고, 히틀러는 실업학교 중등과정만 마치고 중퇴해서 고등학교 졸업장조차 없었다. 또한, 다른 교육을 받으려 해도 능력이 안 되는 나머지 받을 수가 없어 좌절하고 만다. 이런 좌절은 히틀러에게 삶에 대한 희망을 앗아가 버렸다. 이는 후에 나치 지도자가 된 힘러, 괴링, 룀, 괴벨스 등에게서 공통적으로 나타나는 패턴이었다. 따라서 어느 심리학자들은 한 번 좌절을 경험한 사람들은 그것을 만회하기 위해 더

히틀러의 그림 〈뮌헨의 Hofbrauhaus〉와 〈빈 카를 성당〉

자료 : m.blog.naver.com

욱 큰 차원의 목표에 눈을 돌리게 되고, 그 결과가 훗날 나치의 목표로 발현되었 다고 분석한다.

히틀러는 이때부터 방황하면서 일정한 목표 없이 백수건달로 전전했다. 하지 만 《나의 투쟁》에서의 기록과는 달리, 빈에서 살던 시절에도 처음부터 밑바닥 생 활을 전전하지는 않았다. 세무서장 출신 아버지가 물려준 재산과, 독신이라 자 식이 없는 고모들이 물려준 재산을 쓰고 다녔다. 또한, 어머니도 생전에 히틀러 한테 용돈을 두둑하게 주었다. 요하임 페스트의 《히틀러 평전》에서는 그가 부 업 삼아서 그리던 그림엽서가 잘 팔리면서 금전적으로는 별로 곤란을 겪진 않았 다고 한다. 또한 주기적으로 자식이 없는 고모나 외가 쪽 이모들에게 피아노를 산다거나 레슨을 받는다거나 그림 도구를 산다는 명목으로 나중에 물려줄 유산 도 '가불'해서 썼다. 뿐더러 이런 용돈들로 옷을 사고 바그너의 오페라 등을 보러 다니며 좋아하는 케이크도 사먹고, 연주회와 전시회에 다니면서 할 일 없이 놀

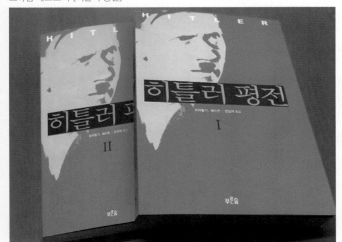

요하임 페스트의 《히틀러 평전》

자료 : legalinsight.co.kr

았다고 한다. 때문에 그의 수 중에 있는 돈은 상당히 많았고 연금과 유산상속 등으로 받은 재산을 아껴만 쓴다면 얼마든 지 일을 안 하고도 생활은 가 능했다.

실제로 히틀러가 독신자 숙 소를 전전하며 삶을 이어갔던 세월은 고작 1~2년에 불과했 고, 빈 시절 초기 그가 받은 한 달 연금은 당시 초임 배석판사

프로파간다의 달인

의 월급보다 많았다고 한다. 연금을 여러 개 수령해서 여동생 파울라한테 수령을 양보할 정도였다니 그의 물려받은 재력이 상상이 간다. 결국 《나의 투쟁》의 기록은 자신의 생애를 고의적으로 비참하게 만듦으로써 자신을 더욱 신화적 존재로 형성하려 하는 왜곡을 시도한 것이다. 하지만 받는 돈과는 별개로 히틀러 본인에게는 경제관념 따위는 없었고, 배석판사만큼 받는 돈으로도 부족해서 고모나 어머니에게 다시 손 벌리기 일쑤였다. 먹고 사는 문제 따위는 별 관심이 없었으며, 집권 후에도 경제에 대해서는 무식했던 히틀러는 추종자들에게 경제 같은 건 "의지에 달렸다."라고 했다. 이러니 경제 분야에서는 스스로 무능한 터라 아예 경제 전문가들한테 다 맡기며 경제에 관한 것은 그들 말대로만 했다. 다행히 당시 나치 정권에서 새로 뽑은 경제장관과 제국은행총재가 매우 유능했던 터라 독일의 심각했던 인플레이션과 대공황의 위기로 붕괴되는 독일경제를 살려낼 수 있었다. 어쩌면 《나의 투쟁》에서 말하던 밑바닥 인생이란 자신의 기준에서의 밑바닥이었을지도 모른다.

빈에서의 실패 이후, 미술가를 꿈꾼 히틀러는 심약한 어머니를 설득해 학교를 도중에 그만두고 파리로 간다. 하지만 야수파, 인상주의, 입체주의, 초현실주의 등의 혁신적인 화풍들이 인기를 끌던 당시 미술계의 흐름을 파악하지 못하고 자신의 딱딱한 화풍만을 너무 선호한 나머지 그저 그렇고 그런 미술학도 수준에서 그치고 만다. 전기 작가들의 기록에 따르면, 그의 그림 실력은 정말 '미술가 지망생' 수준이었다고 한다. 훗날 그가 정치가로 출세한 후에 예전의 그 그림들이 엄청난 고가로 거래되자, 스스로도 그런 그림들은 그만한 값을 치르고 살 만한 가치가 없다고 말했다고 한다. 그림들 대부분도 건축물에 대한 단순한 모사模寫화다.

여하튼 화가가 되지 못했을 뿐더러 건축대학에도 입학하지 못한 히틀러는 한

동안 빈에서 그림엽서 등을 그리며 생계를 꾸려갔다. 본인은 매우 불우했다는 식으로 이야기했지만 실제로는 수개월에서 1년 사이 정도의 기간을 제외하고는 먹고 사는 데 큰 문제는 없을 정도로 돈을 벌었다. 빈에서 시작한 그림엽서 '화가' 인생은 제1차 세계대전이 터지기 1년 전부터는 장사가 더 잘되는 뮌헨으로 옮겨서 전쟁 직전까지 계속되었다. 뮌헨에서는 상업광고에까지도 손을 대서 전단지용 그림들도 그리기 시작하였는데 그런 그림들이 그리긴 더 쉽고 벌이도 그림엽서보다 훨씬 좋은데다가 평도 나쁘지 않아서 전쟁이 터지지 않았더라면 이쪽으로 계속 눌러 앉았을 수도 있었다.

미술학교 입학신청을 거부당했다는 점과 히틀러의 라이벌들이 예술 취미에서 히틀러보다 더 나은 수준을 보여준 점 등 때문에 히틀러의 미술적 재능이 평가절하되는 면이 있다. 하지만 그건 어디까지나 예술가라는 측면에서 비엔나 아카데미라는 상당한 수준의 학교를 가고 싶어 했을 때의 이야기며, 좀 더 목표를 낮게 잡아서 교육을 받았더라면 또 이야기가 달라졌을지도 모른다. 일단 거창한 교육을 받지 않았음에도 웬만한 은행원 수준의 수익을 얻을 만큼 잘 팔리는 그림을 그릴 줄 알았다는 것은 히틀러의 미술적인 재능이 평범한 일반인 정도는 훨씬 넘었다는 뜻이다. 당장 별다른 미술 교육을 받지 않았다면 그림의 모작조차도 못하는 사람들이 대부분이며, 학원에서 돈 주고 미술을 배운다고 쳐도 평범한 수준의 재능이라면 히틀러 정도의 그림을 그려내는 수준에 도달하는 것도 상당한 시간이 걸린다. 즉, 제1차 세계대전이 일어나지 않았더라면 히틀러는 유명 예술가는 못 되었겠지만 그래도 적당히 돈 벌어 먹고 사는 상업화가로 평생 만족하고 살았을 수도 있다는 말이다. 제1차 세계대전이라는 세계적인 사건이 평범한 상업화가 히틀러를 한 국가의 총통 자리에까지 올라가게 하고 파멸시키게 한 셈이니 새옹지마에 비유되는 기구한 상황이라 할 수 있다.

프로파간다의 달인

04
프로파간다의 **달인**

제1차 세계대전

이렇게 자칭 예술가, 실제로는 백수와 다름없는 무의미한 삶을 보내던 히틀러에게 삶을 바꿀 전기가 찾아왔다. 그것은 바로 제1차 세계대전의 발발이었다. 독일 통일을 이룬 뒤 제국이 선포된 이래에 황제의 독일 제국은 불패를 자랑하는 강력한 국가였다. 적어도 제1차 세계대전이 발발한 1914년 당시에는 거의 전 독일인이 조국의 승리를 의심하지 않았다. 따라서 독일 국민들은 전쟁을 내심 환영했는데, 환호하는 군중들 사이에서 기뻐하는 히틀러의 모습이 발견되기도 했다.

환호하는 군중들 사이에서 기뻐하는 히틀러

자료 : namu.wiki

원래 히틀러는 오스트리아-헝가리 육군에선 복무 부적합 판정을 받았었다. 신체적 결함이 있었던 것은 아니고, 오스트리아 육군 복무 부적합은 엄밀하게 말해서 병역 기피 행위에 기인한 것이었다. 요아힘 C. 페스트는 《히틀러 평전》에서 "당시 히틀러는 군대의 시스템을 억압적인 학교와 비슷하게 느꼈고, 그로 인해 계획적으로 뮌헨으로 도주하였다."라고 설명했다. 어쨌든 이후 오스트리아 법에 따라 병역 기피로 재판에 회부되었으나 심신미약과 재정적 기반 없음 등의 이유로 면제 처리를 받았다. 오스트리아 군정 당국이 '심신미약'으로 처리한 이유는 "군대가 무서워서 도망칠 정도의 겁쟁이는 필요 없다."라고 판단했기 때문이다.

그럼에도 불구하고 제1차 세계대전이 터지자 독일 정부에 청원까지 하여 바이에른 왕국군에 자진 입대했다. 자진 입대한 이유는 의외로 간단했다. 군대는 신체적 구속이었지만, 전쟁은 일상으로부터의 탈출이었기 때문이었다. 그럼에도 굳이 옆 나라인 독일 육군에 입대한 이유는, 당시 오스트리아-헝가리군이 손가락으로 세다가 모자라서 발가락까지 동원해서 헤아려야 할 만큼 다양한 민족으로 구성된 다민족국가라, 자신이 혐오하는 슬라브 병사들과 같이 싸울 수 없다는 생각에서였다.

그러나 히틀러의 청원이 공식적으로 받아들여져서 바이에른 왕국군에 입대할 수 있었을 가능성은 낮다. 전후 바이마르 공화국 당국의 조사에 따르면 어떻게 히틀러가 바이에른 왕국군에 입대할 수 있었는지 그 과정을 알 수 없었다고 한다. 히틀러가 청원서를 보내고, 그 청원서를 윗선에서 검토한 뒤 오스트리아 국적인 히틀러에게 바이에른 군의 입대를 공식 허락한다는 과정을 증명할 증거가 없었다는 이야기이다. 게다가 개전 직후인 그 혼란한 상황에서, 히틀러의 진술대로 고작 하루 만에 1914년 8월 3일에 청원서를 보냄 이 청원서가 받아들여졌다는 건 납득하기 어렵다. 히틀러는 아마도 청원서를 개인적으로 보냈겠지만, 그 당시의 혼란 상황 때문에 업무 착오로 숱한 바이에른의 지원자들과 함께 입대할 수 있었을 가능성이 더 크다.

어쨌든 그는 바이에른 왕국 육군에서 복무했는데 리스트 연대에서 연락병으로 활동했다. 히틀러의 연락병 복무를 두고 일설에는 전방에서 근무한 같은 연대의 동료가 히틀러처럼 전선에서 벗어난 후방부대원과 사령부에서 펜대나 굴리는 참모 장교들을 두고 '저 후방의 돼지Etappenschweine들은 총검으로 통조림을 열지 못해 통조림 공장에서 굶어 죽을 것'이라고 조롱했다는 말이 있는데 히틀러가 후방출신이라는 선전은 30년대 정적들의 소문으로 신빙성이 낮다. 실제로 연락병은 참호를 나와 전선까지 가야했기에 상당히 위험한 보직이었다. 전방이든 후방이든 전시라서 저격수들이 득실대는데다, 참호를 벗어나면 박격포와 곡사포의 표적이 되었으며, 통신수단이 미비했던 당시에는 포격 후에 병력을 돌격시키다가 전령투입이 늦어서 시간차 파악이 잘못될 경우 아군의 오폭으로 죽을 수도 있었다.

1914년 히틀러는 이프르[5]에 첫 배치를 받았고 10월부터 격전이 시작되자, 2달만에 소속 연대의 3,600명 중 연대장까지 포함해서 3,000명이 전사하는 생사를 오고가는 격전을 치렀다. 어떤 날은 히틀러가 연대 사령부를 막 나간 지 몇 분만에 프랑스군의 포탄이 강타하여 안에 있던 사람들 대부분이 사망하였던 사건도 있었다. 게다가 연대에 속해 있던 연락병 60명들 중에서 훈장을 수여받은 병사는 히틀러를 포함하여 4명밖에 없었다고 한다. 2급 철십자 훈장을 받았을 때 히틀러가 뮌헨에 있는 몇 없던 친구에게 보냈던 편지에선 1914년 말에 2급 철십

---

5 1914.10.19.~11.22.까지 서부전선의 이프르에서 벌어진 전투. 이 전투로 인해 서부전선을 단기전으로 끝내려는 독일의 슐리펜 계획은 실패로 돌아가고, 참호전이 고착화된다.

자 훈장을 받았던 사람들 중에서 거의 자신만이 유일하게 살아남았다고 한다.

주위 전우들의 말을 들어보면 일반적인 병사들의 사고방식과는 조금 다르게, 언제나 독일의 국가적인 운명과 미래를 생각하는 등 현실감각이 결여되어 있는 몽상가적인 경향이 있었음을 알 수 있다. 다른 동료들의 증언에 따르면, 단 1통의 편지나 소포도 받지 못했고 술·담배도 안 했으며 매음굴에 가는 데는 관심도 없었고 남는 시간에 가끔씩 그림을 그릴 뿐이었다고 한다.

1914년 11월 1일 히틀러는 상병으로 진급했고 이것이 히틀러의 마지막 진급이었다. 부사관 막스 아만과 연대 인사주임은 히틀러를 부사관으로 진급시킬 것을 고려했으나 히틀러는 다른 부대로 전출되는 것이 싫어서 진급 대상자로 지명되기를 거부했다고 한다. 인사기록으론 히틀러가 부사관으로 진급하기엔 인간관계나 통솔력에 문제가 있다고 남아 있다. 히틀러는 비록 괴짜로 취급을 받았지

히틀러 젊은 시절

자료 : m.blog.naver.com

만 상사나 동료들에게 받은 평 자체는 나쁘지 않았다. 히틀러를 하사로 추천했던 소속부대 주임 상사 막스 아만은 후에 나치당 중앙기관지의 출판사장이 되었고 불우한 연대 출신 전우들을 나치당 하급 지도자로 채용하거나 돈 몇 푼씩 쥐어주면서 나름 챙겨 주었다고 한다. 간단히 말해 당시 히틀러는 전우들과 속 깊은 교류는 하지 않았으나 시키는 임무는 제대로 하던 군인 정도로 추측할 수 있다.

1916년 10월 9일 히틀러는 부상을 입는다. 소문에는 이때 혹은 맥주홀 폭동 때 고환 하나를 잃었다는 소문이 돌아서 연합군이 놀렸는데 후

술하겠지만 이는 사실과 다르다. 어찌됐든 히틀러는 두 달 가까이를 베를린 부근 벨리츠에 있던 적십자병원에서 보냈다. 이때 히틀러는 사기가 저하된 군인들과, 히틀러가 보기에 각종 꾀병을 부려서 병원으로 이송되어 온 환자들, 후방에서 반전운동을 벌이는 사회주의자들과 파업을 일삼는 노동조합 등을 보고 크게 경악한다. 이러한 경험은 그가 훗날 배후중상설[6]을 신봉하게 되는 계기가 되며, 이를 모두 유대인의 음모로 보았다.

1918년 6월 전쟁 말기에 히틀러는 1급 철십자 훈장을 받았는데, 훈장을 추천받은 이유는 기록이 말소되어 정확하게는 알 수 없다. 잘 알려진 사유로 유대인 장교인 휴고 구트만 육군 중위가 추천해서 없앴다는 설은 원본 기록이 없으니 알 수 없다. 어쨌든 1급 철십자 훈장은 특별한 소수만 받을 수 있어서 히틀러가 정치적으로 출세하는 데도 큰 자산이 되었다. 혹자는 히틀러가 구트만 중위와 친해서 받은 거라고 하지만 독일 제국군 훈장 서훈은 매우 엄격해서 단순히 간부들과 친하다고 해서 받을 수 있는 수준이 아니다. 구트만 중위가 적극 추천한다고 가정해도 하급 장교 중위 정도 수준의 추천은 그냥 참고사항일 뿐이다. 그냥 4년 동안 열심히 전선에서 열심히 복무한 대가로 받았다고 보는 게 일반적이다. 또는 히틀러는 사령부 소속 연락병이었기 때문에 그다지 빼어나지 않았음에도 불구하고 훈공이 인정되었다는 주장도 있다. 그러나 히틀러의 전공에도 불구하고 계급은 상등병에 머물렀고, 몇 년 동안 히틀러는 승진이 되지 않았는데 이는 당시 독일군이 우수한 하사관과 베테랑 병사들이 대거 전사하자 사령부에선 전령으로 우수한 히틀러를 사지로 보내지 않기 위해 계급을 머무르게 했다는 이

---

6 제1차 세계대전이 끝난 뒤 독일에서 떠돌던 정신승리 같은 음모론. 비수를 뒤에서 맞았다는 뜻의 비수 전설이라고도 한다.

야기도 있고, 당시 자기주장이 강해야만 승진이 고려되었던 점을 감안하면 히틀러는 상관에게 자신의 주장을 쉽게 자화자찬하는 성격이 아니었기 때문에 승진하지 못했다는 이야기도 있다.

종전이 가까워졌을 무렵에 히틀러는 전투 중에 독가스를 들이마시고 일시적으로 시력을 상실하여 후방으로 이송되었다. 독가스의 특성에 의해서 뇌신경의 일부가 손상된 히틀러는 히스테리 증상을 진단받고 군의관의 치료를 받았다. 또 독가스에 의해서 기관지를 손상당했기에 목소리가 변하였는데 이로 인해서 훗날 특유의 카랑카랑한 목소리로 연설할 수 있게 되었다.

그러나 정말로 히틀러가 독가스 피해를 원인으로 병원으로 후송된 것인지에 대해서는 의심하는 주장이 많다. 전쟁 말기에 히틀러는 독가스 공격으로 인해서 일시적으로 시력을 잃고 야전병원에 있었다고 하는데, 최근 연구결과에 따르면 독가스가 아닌 장기간 동안에 겪었던 최전선에서의 전투로 인한 PTSD[7] 증세였을 수도 있다고 한다. 히틀러가 차마 "난 전장에 대한 공포 때문에 실려 갔다."라고는 말 못하겠으니, 당시 흔하게 벌어질 수 있었던 독가스 중독이라고 둘러댔다는 것이다. 어쨌든 이후 병원에 입원해 있으면서 후방에서 느껴지는 전쟁에 대한 회의적인 정서들에 대해서 반감을 가졌고, 아직 입원해 있던 중에 결국 전쟁이 패배로 끝났다는 소식을 듣게 되자 자신의 꿈과 희망이 처절히 짓밟혔다는 듯이 크게 울분을 터트렸다고 한다.

7　Post-traumatic Stress Disorder, 외상 후 스트레스 장애. Trauma는 일반적으로 외상을 지칭하는데, 이는 영미권에서 이 단어가 처음 쓰이는 증상의 원인을 외상으로 본 것에 기인한다. 외상 후 스트레스 장애는 당뇨나 고혈압처럼 난치병까지 갈 수 있다. 이를 위해 충분한 치료, 상담, 지속적인 관심을 가져야 한다. 그러니 스스로 정신에 상처가 났다고 자각하면 정신과를 찾아가 치료받아야 한다. 진통제 덕분에 조금이라도 도피할 수 있다. 어떻게든 치료받지 못하면 상처는 곪고 점점 더 벌어져 상대에게 다시 전염이 되는 악순환이 이어진다.

프로파간다의 달인

05

나치 입당 과정

제1차 세계대전이 끝난 뒤, 독일 제국군은 베르사유 조약으로 사실상 해체되었다. 결국 히틀러는 종전 이후 참전 전에 자신이 생활했던 뮌헨으로 돌아갔다. 하지만 당시 뮌헨은 공산주의자들이 바이마르 공화국을 부정하며 소련식 볼셰비즘 정권을 수립한 상태였다.

히틀러는 자신을 받아주고 대접한 곳인 군대에 계속 남아있기 위해 노력하였고, 히틀러는 제2보병연대 산하 제1예비대대 제7중대로 배속되었다. 그리고 전역 대대에서 하달된 지시는 히틀러를 중대 대의원으로 임명하는 것이었다. 즉, 히틀러는 볼셰비즘 정권을 타도하는 데 힘을 쓰기는커녕 그 휘하 대대의 대의원으로 활동한 것이었다. 비록 이 시절 볼셰비즘 정권 휘하의 대대에서 대의원으로 활동하면서 기회주의적이고 시류에 영합하는 모습을 보여주기는 했어도 혁명 좌파에 반감을 품었다는 사실은 병영에서 같이 지낸 사람들의 뇌리에 남은 듯하다.

이 시기의 기록은 히틀러 본인은 물론이거니와 나치가 총통을 신격화하고자 대부분 훼손하였으나, 요아힘 C. 페스트를 비롯한 여러 학자들의 노력으로 상당한 부분이 밝혀졌다.

일부에서는 히틀러가 당시 활동할 수 있던 군사 단체가 뮌헨의 볼셰비즘 군대밖에 없었다고 이야기하기도 하지만, 실제로 뮌헨 밖에서는 각종 우익집단이나 의용군 등이 활동 중이었다. 즉, 히틀러는 정치적 이념에 의해서 볼셰비즘 군사 활동에 참여했다기보다는, 단지 제대하지 않고 가능한 한 군에 오래 남고 싶다는 이유로 기회주의적인 입장을 취했다고 추측할 수 있다. 사실 이것은 히틀러만의 문제가 아니었다. 갑작스레 끝나버린 전쟁에 갈 곳을 찾지 못한 상당수의 군인들은 실업자라도 면하기 위해 가까운 지역의 군 집단에 지원하였고, 그마저도 실패하면 전후의 불안정한 정국에서 남아도는 무기로 정치깡패나 용병집단을 조직하기도 했다.

그는 여기서 인생의 방향이 바뀔 경험을 하게 된다. 하나는 공산주의 국가로 탈바꿈한 러시아에 대한 독일인들의 공포와 질서에 대한 갈망이었다. 히틀러가

젊은 시절의 히틀러

자료 : www.raddit.com

뮌헨의 좌파 군대에 몸을 담고 있을 때, 뮌헨은 여러모로 혼란스러운 상황이었다. 무능한 공화국의 안일한 행정에 힘입어 극좌 공산주의자들은 뮌헨에 프롤레타리아 독재정권을 선언하였고, 그 과정에서 좌우 쌍방의 무차별 테러와, 재산 압류, 정치적 숙청 등이 이루어졌다. 이러한 혼란은 독일 국민으로 하여금 혁명이란 야만적이고 자신

프로파간다의 달인

들의 전통적인 삶과 아름다운 것을 파괴하는 것이라는 인식을 가지게 하였다. 그리고 히틀러 역시 이러한 인식을 가지고, 독일 국민들이 원하는 것에 대해 나름대로의 정확한 파악을 하게 된다.

또 하나의 경험은, 바로 선전과 구호의 힘이었다. 히틀러는 스스로 자신이 "카를 마르크스에게 많이 배웠다."라고 인정했는데 그것은 고루한 정치적 이념이 아닌 정치적 이념을 이룩하기 위한 선전효과였다. 광장마다 모이는 사람들 가운데서 연설하는 사람, 확성기에서 울려 퍼지는 자극적인 선전문구, 수많은 젊은이들이 팔에 붉은 완장을 차고 행진하는 모습에서 히틀러는 강렬한 인상을 받았다. 그것은 과거 독일 제국군에서는 볼 수 없는 모습이었고, 그것과는 상이하게 다른 강한 모습을 보였다. 그리고 그는 이것을 언젠가 자신의 것으로 이용해야겠다고 생각하게 되었다.

이후 뮌헨의 사회주의 혁명정부가 무너지자 히틀러는 부대원들의 보안 행적을 조사하는 뮌헨 심문에서 동료 대의원 두 명을 고발했다. 일설에 따르면 히틀러가 자리에서 벌떡 일어나 '우리는 이곳에 굴러들어온 유대인을 지키는 혁명군이 아니'라면서 코앞에 닥친 싸움에서 부대가 중립을 지킬 것을 역설하기도 했다고 한다. 이후 일주일도 채 지나기 전에 히틀러는 제2보병연대 예비대대원들이 소비에트 공화국에 열심히 가담했는지의 여부를 조사하라는 명령을 받게 된다. 이를 통해 히틀러가 좌익정부의 대대 대의원에 속해 있으면서도 오히려 볼셰비즘 정권에 대해 강한 반감을 품은 인사로 알려져 있었음을 유추할 수 있다.

1919년 5월 11일 소비에트 공화국을 무너뜨리는 데 관여한 바이에른 군대를 모태로 하여 폰 묄 소장의 지시로 바이에른 제국군 제4집단사령부가 창설되었다. 뮌헨 볼셰비즘 정권 붕괴 후 의용군과 같은 군 집단에 의해서 뮌헨 행정이 복구되기 시작하면서 히틀러 역시 해당 군 집단에서 활동을 하게 되었다. 히틀러는 군대의 조직을 동경해서 어떻게든 군대에 남으려고 했다. 이때 당시 뮌헨은 혼란스러웠으므로 새로운 민족주의와 반볼셰비즘 이론을 군대에 교육하는 일이 시급했다. 이는 히틀러를 지켜본 상관에 의해 이 역할을 받게 되었고, 이때 동료들 앞에서 시국에 대해 연설하면서 이 방면의 전문가로 인정받는다. 히틀러는 자신의 연설에 대한 재능을 자각하게 되었다. 그 전까지는 자기가 자랑할 능력이 없다는 것에 절망하던 상태였으므로, 재능을 자각한 순간 나름대로 그 방면으로 발전하려고 노력하기 시작했다.

그 뒤, 의용군에서 독일 내 소수정치단체 조사와 관련하여 정무적인 업무를 하고 있던 중 히틀러는 한 소수정당을 조사하라는 명령을 받게 되었다. 명령을 받고 간 곳이 '독일 노동자당'Deutsche Arbeiterpartei'이었다. 이 독일 노동자당이 이후 '국가사회주의 독일 노동자당'으로 이름을 바꾸면서 나치가 된다.

이 독일 노동자당은 당시만 해도 제대로 된 정치 활동은커녕 노동자나 고만고만한 서민들끼리 모여 불평불만을 늘어놓는 게 전부인 보잘것없는 조무래기 정당에 불과했다. 허름한 창고를 빌려 열린 당 토론회에 지루하게 앉아있던 히틀러가 떠나려던 무렵, 초청받은 바우만 교수가 바이에른 분리주의를 옹호하는 발언을 하자 이에 화가 난 히틀러는 바우만 교수를 몰아붙였고 교수는 당혹스러워하며 자리를 떠났다. 그러거나 말거나 히틀러는 열변을 토해내었다. 당시의 당 의장이던 안톤 드렉슬러는 이 연설에 엄청난 감명을 받았고, 자기가 직접 쓴 책자를 건네며 정치 운동에 참가할 마음이 있다면 찾아오라고 권유했다. 처음엔 코웃음만 쳤던 히틀러지만 이내 심경에 변화가 생겨 이에 응하고 당원번호 555번을 받게 된다.

참고로 나치라는 단어는 국가사회주의 독일 노동자당Nationalsozialistische Deutsche Arbeiterpartei에서 National의 Na와 sozialistische의 zi를 합쳐 불렀다고 흔히 이야

기되지만 실제로는 나치의 반대파들이 국가사회주의의 두음인 나찌Nati-를 영어로 음차해서 부르던 멸칭이었다. 현재는 워낙 대중화되어 일반인이든 네오 나치든 간에 모두 나치라고 부르지만, 히틀러 무리들은 자신들을 NSDAP, 국가사회당 정도로 약칭했다. 그리고 히틀러가 입당했을 시절에는 국가사회주의Nationalso-zia- listische라는 이름은 없었고 그냥 독일

노동자당이었다. 자물쇠 수리공인 안톤 안톤 드렉슬러
드렉슬러가 친구들을 모아 결성한 정치
모임에 가까웠지만, 히틀러가 여기서 주
도적으로 일을 벌이고 주도권을 잡음에
따라 점차 히틀러 개인당으로 변하고,
1921년 중반엔 당에서 절대적인 권위를
굳힌다. 안톤 드렉슬러 같은 사람들은
아예 있으나 마나 한 존재가 된다. 드렉
슬러는 나치당이 맥주홀 폭동 이후 재
건되면서 히틀러의 절대 권위에 도전하
다가 1925년 당에서 쫓겨난다.

자료 : ko.wikipedia.org

영국 애버딘 대학교 토머스 웨버 역사학 교수가 1919년에 새로 설립된 독일사회당German Socialist party 창당발기인 대표인 한스 게오르그 그라징거의 증언에 기반해 작성된 미공개 문서에서 발견되었는데, 내용은 히틀러가 독일사회당 기관지 사무실에 찾아와 그라징거에게 기관지 기자로 일하고, 당에 합류해 일하고 싶다고 말했다. 당시 돈이 한 푼도 없던 히틀러는 그라징거에게 돈을 빌려달라고도 했다. 하지만 그들은 독일사회당 기관지에는 일할 자리가 없고 당원으로 받아들이는 것도 원하지 않는다고 히틀러에게 대답했다는 글이다.

히틀러의 연설 능력 - 괴벨스와의 만남

히틀러의 탁월한 연설 능력과 천부적인 선전·선동 능력에 기반하여, 나치당은 무수한 극단주의 군소정당의 하나에서 점차 세를 늘려가기 시작했다. 빈의 부랑아 시절에 숙소에서 동료들에게 잡설을 늘어놓으며 연마한 웅변술과 오스트리아의 정치지형을 분석하면서 보유하게 된 정치적 안목은 나치당 입당 이후 히틀러에게 큰 자산이 되었다. 그는 기존까지 공산주의자들의 전매특허라는 인식 때문에 보수파 정치인들이 눈여겨보지 않았던 연설 능력과 선동 능력을 매우 중시했으며, 전속 사진가인 하인리히 호프만의 스튜디오에서 여러 제스처를 찍고 이를 분석하여 자신의 연설과 맞는 제스처를 효과적으로 선별하여 사용, 열광적인 반향을 불러일으켰다. 이런 히틀러의 역동적인 제스처는 히틀러를 모델로 한 가상의 인물에도 쓰이면서도 히틀러를 우스꽝스럽게 풍자할 때도 요긴하게 쓰였다.

"나는 한 방 얻어맞은 것처럼 충격을 받았다. 그때까지 집회에서 들어온 연설과는 너무나 달랐다. 그의 연설은 아주 간단명료했다. 베르사유 조약처럼 당시 사람들이 압도적으로 많은 관심을 기울였던 주제를 잡아서 온갖 질문을 던지는 것이었다. 이제 독일 사람은 어떻게 해야 하나? 현실의 참모습은 무엇인가? 유일한 활로는 무엇인가? 사이사이 우레와 같은 박수갈채를 받으면서 두 시간 반을 내리 연설했지만 더 길게 해도 얼마든지 들을 수 있을 것 같았다. 구구절절 가슴에서 우러나온 말이라 우리의 심금을 울렸다. …… 그는 아무것도 숨기지 않았다. …… 독일이 직면한 공포도, 고통도, 절망도 남김없이 드러냈다. 그뿐이 아니었다. 망가진 민족에게 유일하게 남은 활로가 무엇인지를 역사에서 찾아 보여주었다. 그것은 용기, 믿음, 행동력, 근면성, 위대하고 찬란한 공동의 목표에 헌신하는 자세를 통해서 가장 깊은 나락에서 벗어나고야 말겠다는 비장한 새 출발의 다짐이었다. …… 그날 저녁 이후로, 비록 당원은 아니었지만, 나는 독일의 운명을 휘어잡을 수 있는 사람이 있다면 그것은 오직 히틀러뿐이라고 확신했다."

– 《히틀러 평전》 1권 5장 맥주홀 선동가 239~240쪽, 한스 프랑크의 증언

"히틀러는 누가 뭐래도 일급 배우였다. 청중이 빽빽이 들어찬 집회장에 일부러 늦게 나타나는 것이나 철저하게 계산된 연설, 다채로운 어휘 선택, 화려한 손짓과 몸짓까지 이 모두가 관객의 반응을 염두에 둔 행동이었다. 갈고 닦은 연기력은 타고난 말솜씨를 더욱 돋보이게 만들었다. 처음에는 잠시 뜸을 들이면서 긴장을 고조시키다가, 낮은 소리로, 머뭇거리듯이 입을 열었다. 히틀러의 연설은 감미롭지는 않았지만 변화와 리듬이 있었고 생동감과 박진감이 넘쳤다. 문장을 스타카토처럼 딱딱 끊다가 적당한 대목에서 속도를 줄이면서 핵심을 강조했다. 연설이 점점 달아오르면 손동작도 활발해졌고 적에 대한 신랄한 야유도 터져 나왔다. 1927년과 1929년에 뉘른베르크에서 열린 전당대회를 준비하면서 아주 세부적인 데까지 신경을 쓰면서 히틀러는 청중에게 깊은 인상과 감동을 주는 데 집

착했다. 옷도 그때그때 모임의 성격에 맞게 입었다. 열성 지지자들이 모여드는 대규모 당 행사나 집회장에서는 하켄크로이츠 무늬가 팔뚝에 새겨진 연고동색 제복에 오른쪽 어깨에서 비스듬하게 가로지르면서 내려오는 가죽띠를 매고 무릎까지 올라오는 가죽 군화를 신었다. 일반 청중을 상대할 때는 전투적이라는 인상을 지우고 점잖은 느낌을 주기 위해 검은 양복에 흰 셔츠를 입고 단정하게 넥타이를 매고 나타났다."

- 《히틀러 평전》 1권 412~414쪽

실제로 히틀러의 연설은 청중을 사로잡는 힘이 있었다고 한다. 히틀러의 득세 이후 정세가 불안해지자 영국이 독일에 스파이를 심었는데, 그 스파이가 "그의 연설은 마치 마법과도 같았다."라고 보고한 일도 있었다. 하지만 오스트리아 사투리가 워낙 심해서 목소리만 놓고 보면 별로 듣기 좋은 편은 아니었다고. 실제

하인리히 호프만의 스튜디오에서 찍은 히틀러의 제스처 중 하나를 칼라사진으로 복원한 사진

자료 : namu.moe

프로파간다의 달인

히틀러와 레니 리펜슈탈

로는 연설 이전에 행해지는 다양한 효과들에 의해 히틀러의 연설 효과가 극대화 된 것이라고 볼 수 있다. 그 외에도 히틀러 본인도 제스처나 그런 것들을 연구해 서 활용하기도 했다. 청중을 사로잡았다던 히틀러의 연설은 대부분 이런 행사들 의 마지막에 이루어졌다. 하지만 이런 식의 과정을 세심하게 설계해서 연설이 먹 히게 하는 것도 재능이긴 재능이다.

　한편 이 히틀러의 연설은, 전후 비독일어권 사람들의 독일어에 대한 편견을 쌓 는 데 크게 기여했다. 히틀러의 연설이 매스미디어를 통해 전 세계로 퍼지게 되 면서 자연히 히틀러의 억양과 발음 등이 사람들의 뇌리에 자리 잡게 되었다. 이 때문에 독일어는 매우 딱딱하고 강한 발음의 언어란 인식을 가지게 되었다. 북한의 뉴스나 선전물 등을 접한 외국인들이 한국어가 딱딱하고 강한 어조를 가진 언어라 생각하는 것과 같다.

히틀러가 선동가로서의 명성을 가지게 하는 데 가장 큰 기여를 한 사람이 레니 리펜슈탈이다. 레니 리펜슈탈은 영화제작자·감독으로 히틀러의 연설 영상을 편집하여 배포하는 데 큰 도움을 주었다. 혹자에 의하면 히틀러의 연설 자체는 지겹고 길고 두서가 없지만 리펜슈탈의 연출과 편집에 의해 일반 대중들에게 매우 설득력 있는, 공감이 가는 선동가로 받아들여졌다고 한다.

1923년 뮌헨에서의 나치당 '맥주홀 폭동[8]이 전국적으로 알려지면서 괴벨스는 나치당과 히틀러에 대한 호감이 고조되었다. 그것은 전설적인 히틀러 연설 때문이었다. 괴벨스가 당 활동을 시작할 즈음인 1924년 12월 총선에서 나치당이 참여한 연합정당은 낮은 지지율에 그쳤다. 괴벨스는 1924년 말 히틀러가 출소하고 난 다음 1925년 초에 비로소 정식으로 입당할 수 있게 된다.

히틀러와의 몇 번의 식사 자리를 통해 충성심과 능력을 인정받은 괴벨스는 1926년 10월 말, 나치당의 새로운 거점지인 베를린-브란덴부르크 관구장으로 발령을 받는다. 무엇보다 수도 베를린을 맡게 된 점이 괴벨스의 흥미를 끌었던 것이다. 나치당은 아직 군소정당에 불과했기 때문에 '붉은 베를린'에서는 당세가 미약했다. 그 때문에 이것은 승진이면서 한편으로는 도전이었다.

---

8   뮌헨 폭동(München Putsch) 또는 맥주 홀 폭동(Bürgerbräu-Putsch)은 1923년 국가사회주의 독일 노동자당 (나치당)의 아돌프 히틀러가 일으킨 미수로 끝난 쿠데타이다. 당시 히틀러는 바이에른 주 뮌헨에서 폭동을 일으켜 권력을 잡으려다가 군부의 반대로 실패했다. 히틀러 폭동(Hitlerputsch), 히틀러-루덴도르프 폭동(Hitler-Ludendorff-Putsch)이라고 부르기도 한다.

프로파간다의 달인

07
프로파간다의 **달인**

나치당의 집권

세계대공황과 막대한 전쟁배상금으로 바이마르 공화국의 건국을 주도했던 중도 좌파와 중도 우파들은 정치적 위기에 몰리게 되었고 국민들의 지지는 점차 좌우의 양 극단에 위치한 정치 세력에 몰리기 시작했다. 이러한 과정에서 히틀러의 나치당은 극좌 공산당에 대항하는 극우 민족주의의 대표 정당으로 자리매김하였다.

지지율도 1928년 총선의 2.6%에서, 대공황 언저리의 1930년 총선에서 18.3%로 급격하게 상승하여 독일 사회민주당에 이어 제2당으로 도약하기에 이르렀다. 급기야 1932년 대통령 선거에서는 전쟁 영웅 힌덴부르크에 이어 히틀러가 36.7%의 득표율로 2위를 기록하였다.

또한 같은 해 1932년 7월 37.4% 230석으로 원내 1당으로 등극하면서 총리직을 요구하지만 거부당하고 의회 재해산 뒤에도 11월 총선에서 33.1%로 지지율은 내려갔지만 196석으로 원내 1당은 유지한다. 그러자 보수파에서는 히틀러를 끌어들여 대보수연합정부를 구성하려고 계속 시도하지만, 총리자리를 요구하는 히틀러와 히틀러의 총리 부임을 반대하는 대통령의 의견 대립으로 인해 지연되었다. 당시 대통령 내각이었던 쿠르트 폰 슐라이허 내각은 의회 내 지지 세력도 없었기 때문에 파펜, 마이스너 등이 힌덴부르크를 설득해 1933년 1월 30일 정권을 합법적으로 얻어낸다.

1933년 3월에 대통령이 새 내각에 힘을 실어주려고 의회 해산권을 행사했고 관권을 동원한 마지막 총선에선 44% 득표로 단독 과반수 확보엔 실패했지만 제국의사당 방화사건을 핑계로 공산당은 때려잡고 사민당은 무시하고 범 우파 계열의 찬성으로 수권법을 만들었다. 사실상 일당독재체제가 된다.

이 순간이 바이마르 민주주의의 최후였다. 그리고 세계 역사상 유례없는 독재자가 독일에서 탄생했다. 이러한 결과가 나온 것은 히틀러 특유의 직관적 정치력과 벼랑 끝 전술도 한몫했지만, 좌우파를 막론하고 나치당과 히틀러를 견제해야 할 경쟁 정파들이 히틀러와 나치당의 잠재력을 지나치게 과소평가한 것 때문이기도 하였다. 예컨대 히틀러가 이끄는 나치당이 1930년 총선에서 제2당으로 급격히 성장하자 사회민주당의 일부 논객들은 히틀러의 집권은 보수진영의 무능을 드러내 사회주의 독일로의 역사 이행을 한 층 더 앞당길 것이라고 전망하기도 하였다.

한편 당시 주류였던 독일의 중도 우파 역시 나치와 히틀러를 과소평가하였다. 보수파는 국민의 지지가 높은 나치당을 끌어들여 자신들의 방패로 삼고, 히틀러는 잘 달랠 수 있다는 생각이었다.

그러나 이런 사람들의 생각은 모두 일장춘몽에 불과하였다. 일단 권력을 거머쥐자 나치는 매우 빠르게 행동하기 시작하여, 히틀러가 총통에 오른 지 불과

2년 만에 모든 야당은 사라졌고 당내 좌파는 박멸되었으며 반대세력은 죽거나 도망쳤고 유대인은 비국민이 되었으며 독일은 재무장을 향해 달려갔다. 게다가 히틀러의 베르사유 조약 파기와 라인란트 재무장, 영독 해군 조약과 오스트리아 병합 등 연이은 외교적 성공으로 히틀러의 인기는 하늘을 찌르게 되었으며 독일 국민들은 실망은커녕 열광적으로 히틀러를 지지하게 되었다.

1930년, 아돌프 히틀러와 함께한 국가사회주의 독일 노동자당의 당원들

자료 : ko.wikipedia.org

08

프로파간다의 **달인**

히틀러 집권기

총리가 되고 얼마 되지 않아 총선을 치르게 되었는데 때마침 독일 국회의사당 방화 사건이 발생하자 히틀러는 지방의회를 해산하고 바이마르 공화국의 여당이었던 사회민주당은 불법 정당으로 규정했다. 그리고 각종 단체와 조합들은 나치당의 하부조직으로 바뀌었다. 이후 수권법에 의해 바이마르 공화국은 종말을 맞이했고 독일 제3제국_{또는 나치 독일}이 시작되었다. 동시에 나치 조직 내부의 권력 재편에 착수하면서 1934년 6월 30일 이른바 '장검의 밤' 사건으로 돌격대 지휘관

---

9   장검의 밤(Nacht der langen Messer)은 1934년 6월 30일 아돌프 히틀러가 돌격대 참모장 에른스트 룀(Ernst Röhm)과 반(反) 히틀러 세력을 숙청한 사건이다. 바이마르 공화국의 전직 수상이던 쿠르트 폰 슐라이허가 저택에서 총에 맞아 암살당했으며 반 나치파였던 에리히 클라우제너와 룀의 부관이었던 에드문트 하이네스, 국가사회주의 독일 노동자당(나치당) 내에서 권력 싸움에 밀렸던 그레고어 슈트라서, 과거 뮌헨 폭동을 진압했던 바이에른 주지사 구스타브 리터 폰 카르 등도 차례대로 암살당했다. 한편 테오도어 아이케는 룀을 체포한 뒤 룀에게 자살을 하도록 권총을 건넸지만 룀은 자살을 거부했고 결국 감옥에서 테오도어 아이케가 쏜 총에 맞아 암살당하고 만다.

장검의 밤 – 나치 독일의 대숙청

인 에른스트 룀을 제거하고 쿠르트 폰 슐라이허 장군, 프란츠 폰 파펜과 같은 위험요소들을 제거한다. 위협함으로써 자신의 경쟁자를 모두 해치우는 데 성공했고 이 일로 히틀러는 절대 권력을 다지게 된다.

재미있게도 히틀러는 초반에는 독일-폴란드 무역 전쟁을 해결하고 독일-폴란드 불가침 조약을 맺는 등 폴란드 제2공화국에 유화적이었다. 물론 이것은 폴란드가 예뻐서가 아니고 히틀러 집권 당시에는 독일이 재무장도 안 한 상태였기 때문이다.

그 후 독일 국방군은 나치당에 흡수되어버렸고 이러한 권력인수와 더불어 명실상부한 독일의 독재자가 된 히틀러는 민주공화제 시대에 비축되었던 국력을 이용해서 제3제국의 발전을 시도했다. 그리고 외교계, 경제계, 군부 요인들의 협력을 얻어 외교상의 성공을 거두었고 경제의 재건과 번영을 이루었으며 군비를 확장하여 독일을 유럽에서 최강국으로 발전시켰다. 그 때문에 국민의 열광적인 지지를 얻게 되었다. 그러다가 하인리히 힘러와 헤르만 괴링이 군을 장악하기 위해 벌어진 이른바 블롬베르크-프뤼치 사건이 발생하자 히틀러는 군 최고통수권자가 되었고 유럽에는 전운이 밀려오기 시작했다.

제1차 세계대전 이후의 유럽 정세를 규정한 베르사유 조약과 관계를 규정한 로카르노 조약은 휴지장이 되었고, 나치 내부의 여러 가지 반대 의견들조차 깡그리 무시하고 모험적으로 강행한 라인란트 재무장에서도 영국과 프랑스는 미온적인 반응을 보였다. 이에 도취된 히틀러는 소위 '게르만족의 생존 공간^{레벤스라움}'을 확보한다는 미명하에 침략의 고삐를 바짝 당겼다.

이처럼 상식을 저버린 모험의 연이은 성공은 히틀러의 도박에 정당성을 부여했고, 자연히 주변 인물들의 견제와 조언은 무시당하곤 했다. 게다가 히틀러는 계속 자신이 죽기 전에 모든 일을 처리해야 한다는 강박관념에 사로잡혔다. 폴란드 침공도 독일군이 다 준비되길 기다리면 5년이 더 필요한데, 그러면 정복의 길을 걷기에는 너무 나이가 많이 든다는 이유가 언급될 정도였다.

사실 아우토반 등 나치 독일 정부의 업적들조차 대부분은 보헤미안 기질이 넘쳤던 히틀러 개인의 즉흥적인 결정 내지는 나치 권력자들의 명예욕에 의한 것이었으며, 제대로 된 토의와 명령하달체계에 따라 실행된 경우는 거의 없었다. 일부 경기부양책은 하인리히 브뤼닝과 슐라이허 재임 시 기획되고 효과가 히틀러 때 나타난 것이기도 했다. 심지어는 스페인 내전 참전조차 히틀러가 오페라를 보다가 즉흥적으로 "도와주지 뭐!"라고 한 게 화근이 되었다는 설이 있다. 물론 이후에 폰 블롬베르크를 비롯한 여러 군인들과 관료들이 달라붙어 스페인에서 빼앗을 것은 잘 뺏었다. 하지만 히틀러 개인은 내전 과정에서 포켓 전함 어드미럴 그라프쉐페 호가 공화정부 측 폭격기에 피격되자 미친 듯이 날뛰면서 스페인에 선전포고하겠다고 하는 등, 치밀한 계획과는 거리가 멀었다고 한다. 이에 무차별적 지원을 해준 히틀러와 상반되게 반대편 인민전선을 지원한 스탈린은 꼼꼼하게 가격을 다 치러야 무기를 보내주고 값이 밀리면 지원을 중단했다. 그리고 그 와중에 숙청을 했다고도 한다.

이렇게 독일의 여력을 생각하지 않고 저지른 일들이 하나 둘씩 쌓이다 보니, 생활여건 유지와 계속된 재무장을 위한 자원 확보라는 측면에서도 침략을 멈출 수 없는 상황에 도달하고 말았다. 제2차 세계대전 개전에 즈음해서는 나치당 내부에서조차 히틀러 특유의 막가파식 폭주를 멈추면 정권이 뒤집힌다는 위기의식까지 있을 정도였다.

이후 1938년 3월 오스트리아를 합병하고_{안슐루스}, 체코의 독일인 다수지역인 주데텐란트를 빌미로 체코슬로바키아에 대한 야욕을 보였다. 직접적인 침략은 영국의 개입을 통한 1938년 9월 29일 뮌헨 협정으로 체코슬로바키아가 주데텐란트[10]를 포기하고, 독일은 거기까지 만족하는 선으로서 평화는 계속되는 듯 했다.

원래 가진 것 없이 도박판에서 허세를 부려 돈을 따면 거기서 끝이 아니라 점점 큰 판으로 넘어가듯 얼마 지나지도 않아 1939년 초에 체코를 병합하고 슬로바키아를 보호국으로 만드는 등 확장에 대한 야욕은 끝없이 줄달음쳤다. 설마 하던 영국과 프랑스도 이때부터 독일과의 전쟁이 단지 시간의 문제일 뿐 피할 수 없음을 인지하고 군비를 비축하기 시작하였다.

체코 다음은 폴란드였다. 제1차 세계대전 이후 상실하게 된 동프로이센으로의 회랑과, 단치히 자유시를 요구조건으로 걸고 폴란드에게 협박을 하였다. 그러나

---

10 주데텐란트(Sudetenland)는 20세기 초반 체코슬로바키아 서부 지역의 독일 민족이 다수 거주하던 지역을 일컫는 말로, 넓게는 보헤미아, 모라바, 실레시아 지역을 의미한다. 현재는 체코의 영토이며, 주데텐란트라는 단어는 수데티 산맥에서 유래하였다. 1938년에 열린 뮌헨 협정의 내용에 따라, 같은 해 10월 나치 독일이 체코슬로바키아의 영토인 이곳을 합병하였다.

폴란드는 당장 바다로의 출구가 막히는 등의 이유로 그리 쉽게 넘어오지 않았다. 폴란드가 영국과의 군사방위조약을 맺으면서 강경하게 저항하자 히틀러는 결국 창당 초기부터 이념적으로 대립하던 소련과 독소 불가침 조약을 체결, 비밀리에 폴란드 및 동유럽 전체의 분할을 약속한다.

이 시기에 마하트마 간디는 히틀러에게 다음과 같은 충고의 편지를 보냈다.

"친구에게, 다른 친구들이 인류를 지키기 위해 당신에게 편지를 쓰라고 재촉하는군요. 하지만 제가 편지를 보내는 것이 무례한 것 같아 사양해 왔습니다. 하지만 무언가가 이제 계산하지 말고, 가능한 어떤 호소라도 하라고 말하고 있어요. 현재로서는 당신만이 인류를 야만적 상태로 떨어뜨리는 것을 막을 수 있는 유일한 사람인 것이 확실합니다. 당신에게 어떤 가치가 있는 것으로 보이든 이런 대가를 꼭 치러야 합니까? 성공할 수 있었던 전쟁이라는 방법을 고의로 거절한 한 사람의 부탁을 들으시겠습니까? 어쨌든 제가 이 편지를 쓴 것이 실수였다면 용서 바랍니다."

간디가 히틀러에게 보낸 편지

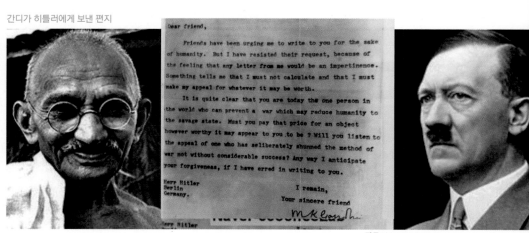

자료 : blog.naver.com

09

프로파간다의 **달인**

제2차 세계대전

결국, 폴란드를 침공함으로써 제2차 세계대전[11]의 막이 오르게 된다. 막상 폴란드를 침공할 때까지만 해도 영국과 프랑스가 참전하지 않을 거라 믿고 있었다고 한다. 애초에 폴란드만 잡고 끝낼 전쟁이었다.

그러나 이는 영국과 프랑스가 보여준 미온적인 대응과 태도 때문이지, 결코 영국과 프랑스와의 전쟁을 생각하지 않았다고 보기에는 힘들다. 히틀러와 당시 제3제국군 수뇌부의 판단 착오를 마치 영국과 프랑스가 선전포고를 하는 바람에 전쟁이 더 커졌다고 생각해서는 안 된다는 것이다. 설령 폴란드가 요구를 수용

11 제2차 세계대전은 1939년 9월 1일부터 1945년 9월 2일까지 치러진, 인류 역사상 가장 많은 인명 피해와 재산 피해를 남긴 가장 파괴적인 전쟁이다. 통상적으로 전쟁이 시작된 때는 1939년 9월 1일 새벽 4시 45분 아돌프 히틀러가 다스리는 나치 독일군이 폴란드의 서쪽 국경을 침공하고, 소련군이 1939년 9월 17일 폴란드의 동쪽 국경을 침공한 때로 본다. 그러나 또 다른 한편에서는 1937년 7월 7일 일본 제국의 중화민국 침략, 1939년 3월 나치 독일군의 프라하 진주 등을 개전일로 보기도 한다. 1945년 8월 6일과 8월 9일, 일본 제국 히로시마시와 나가사키시에 미국의 원자폭탄 투하 이후 8월 15일 일본 제국이 무조건 항복하면서 사실상 끝이 났으며, 일본 제국이 항복 문서에 서명한 9월 2일에 공식적으로 끝났다. 이 결과로 동아시아에서 일본의 식민지로 남아 있던 지역들이 독립하거나 모국으로 복귀하고, 그 외에도 여러 제국들의 식민지가 독립하게 되었다.

하였다 하더라도 동유럽권을 침략하는 목적 자체가 소련 및 서방과의 전쟁을 대비한 것이었으니 결과는 전혀 달라지지 않았을 것이다.

이와는 별개로 히틀러는 베를린 외곽에 대규모 공사를 지시했는데 그 이유는 히틀러가 세계정복을 하고 난 뒤에 세계의 수도를 건설하기 위해서였다. 히틀러는 이미 세계를 정복하려는 의지가 강력했으며 그래서 그 세계의 수도가 될 도시 이름을 '게르마니아'로 짓고 측근 알베르트 슈페어[12]에게 인구 1억 명이 거주할 수 있는 시설을 만들도록 지시했으며 곧 공사가 진행되었다. 특히 18만 명을 한꺼번에 수용할 수 있는 국민회관의 초대형 돔이 압권이었다.

그러나 이 공사가 진행되는 동안 나치 독일이 패망하는 바람에 공사는 중단되었고 도시는 미완성 상태로 을씨년스러운 분위기만 풍기고 있었다. 이 도시를 계획한 건축가부터 이미 나치 전범이었다.

히틀러는 이 계획을 구상할 때 "당신들은 12년 후의 베를린을 알아볼 수 없을 거야."라고 자부했는데, 그가 이 말을 했을 때가 1933년이다. 12년 후인 1945년에는 소련군이 베를린을 점령했으니 의도야 어떻든 그 말은 사실이 돼버렸다.

12　베르톨트 콘라트 헤르만 알베르트 슈페어(Berthold Konrad Hermann Albert Speer, 1905년 3월 19일 ~ 1981년 9월 1일)는 독일의 정치가이자 건축가이다. 슈페어는 히틀러의 측근으로서 나치 독일의 군수장관을 지냈으며, 후에 뉘른베르크 재판에 전범으로 회부되었고, 20년의 복역 후 석방되었다. 슈페어는 한스 프랑크와 함께 자신의 과오와 책임을 시인하고 사죄한 단 두 명의 나치 고위직이다. 슈페어는 젊었을 때는 정치에 관심 없었다고 술회했다. 그러나 1930년 12월 자신의 학생들의 부탁으로 베를린의 나치 집회에 참가하였다. 여기서 히틀러의 연설에 강한 인상을 받아 그의 카리스마에 빠져들고 히틀러의 이념에 동조하기 시작했다. 그리하여 1931년 3월 1일 나치당에 가입하였다.
슈페어는 처음에 나치당 내 지역 자동차 운전자 연합의 회장으로 나치당의 당직을 시작하였다. 여기서 베를린 나치당의 책임자인 카를 항케(Karl Hanke)를 알게 되었고, 항케가 살고 있던 자택의 리모델링을 보수 없이 해주었다. 항케는 이 일을 매우 고마워했다. 1931년 슈페어는 테세노프의 조수직을 사임하고, 아버지의 인맥을 이용하여 건축가로 취직하려고 고향인 만하임으로 갔다. 그러나 슈페어는 형의 재산관리인의 자리밖에 구할 수 없었다. 1932년 7월 슈페어는 베를린으로 가서 나치당의 국회의원 선거운동에 자원봉사하였다. 이 와중에서 항케의 소개로 괴벨스와 안면을 트게 되었고, 괴벨스는 이 젊은 건축가에게 나치당 베를린 당사의 리모델링을 맡겼다. 슈페어는 이를 마치고 만하임으로 돌아왔고, 나치당은 선거에 승리하여 1933년 1월 히틀러는 수상으로 취임했다.

히틀러의 건축가 알베르트 슈페어와 그들의 꿈

자료 : m.blog.naver.com

　　모호하게 전쟁이 종결되어 불안했던 질서가 유지되던 제1차 세계대전 이후의
전간기[13]와는 달리 제2차 세계대전은 누가 봐도 대립구도가 명확했고 결정적으
로 확실하게 승패가 갈렸기 때문에 앞으로의 역사와 세계질서를 완전히 결정짓

13　전간기(戰間期)는 제1차 세계대전 종결에서 제2차 세계대전 발발까지, 즉 기본적으로는 1918년 11월 11일에서
1939년 9월 1일까지의 시대이다. 세계사 전체에서 특히 유럽의 역사에서 중요하다.

게 되었다. 제2차 세계대전이 미친 영향이 워낙 커서 영향을 안 받은 곳이 없다. 그나마 아메리카 대륙은 별 일 없었지만 다른 온갖 대륙은 전장이 되었다. 독일은 유럽에, 일본은 아시아 및 오세아니아, 이탈리아는 아프리카에 전장을 만들었고, 대서양이나 태평양 역시 전쟁터가 되었다. 이 전쟁으로 인해 발생한 여러 가지 일들이 전후 세계를 많이 바꿔놓았다. 독일, 이탈리아, 일본 때문에 국가 자체가 잠깐 멸망해버린 경험을 한 국가도 많고, 아예 새로운 나라, 새로운 정권이 세워지거나 혹은 세계 각국의 정치, 사회 부분에 매우 큰 변화가 일어났다.

 '인류 역사상 선악이 분명하게 구별된 전쟁'이란 주장이 많지만, 반론도 있다. 개인 단위의 전쟁범죄를 배제하고 보더라도, 특히 소련은 전쟁 초기 독일과 함께 동유럽 전역을 상대로 침략전쟁을 벌였으며, 인민재판이라는 명목하에 정부 차원에서 점령국에 대한 대규모 학살과 강간을 주도·방조했다. 뉘른베르크 전범 재판에서 전범들을 기소했던 네 가지 죄가 반평화적 범죄를 위한 공모죄, 침략전쟁을 계획하고 실행한 죄, 전쟁법 위반, 반인륜적 범죄임을 감안하면, 소련도 승전국이라 전범재판을 피해갈 수 있었을 뿐 사실상의 전범 국가이다. 애초에 독소 불가침 조약의 이면합의만 보더라도 소련은 독일의 공범자였다. 영국 역시 인도 등지의 식민지야 원래부터 가지고 있었고, 추축국이나 소련처럼 국가 주도의 학살을 실행하지는 않았다고 하더라도 전쟁 수행에 방해가 된다는 이유로 소련과 함께 페르시아를 멋대로 침공하여 국왕을 갈아치우는 등 오늘날의 상식으로는 용인받기 어려운 일들을 많이 저질렀다. 냉정하게 말해 제2차 세계대전 중 개개인 단위의 전쟁범죄에서 자유로운 국가는 전무하다. 국가 전략적인 관점에서 보더라도 열강들은 마지막까지 중립의무를 지키다 명백히 공격받아 참전한 미국 정도를 제외하면 구린 구석이 하나씩은 있다. 물론 이런 사실이 나치와 추축국의 전쟁범죄에 대한 면죄부가 되지는 않는다.

뉘른베르크 국제군사재판

자료 : www.pinterest.com

긍정적인 영향도 없지는 않다. 총력전을 겪고 난 사람들은 더 이상 전쟁이 군인들만이 아닌 전 국민이 겪는 것이라는 사실을 깨달았다. 그 전쟁이란 게 인류 전쟁사의 온갖 기록을 다 갈아치울 만한 거대한 전쟁이었기에, 전 세계 사람들에게 '이런 전쟁은 다시는 일어나서는 안 된다.'는 인식이 자리 잡게 되었다. 이런 인식은 제2차 세계대전 이후 미국과 소련의 냉전으로 인한 대립구도가 전면전으로 발전하지 못하게 하는 역할을 했다. 또한 세계를 전쟁으로 이끈 전체주의와 제국주의는 과거에 비해 터부시 당하게 되었다. 그리고 전쟁 발발의 과정이 된

'제3차 세계대전'은 인공지능(AI)으로 인해 발발할 가능성이 높다.[14]

자료 : hospace.tistory.com

뮌헨 협정이 재조명되어 국제관계에서 독재 국가들이 무리한 요구를 하면 거절하고 힘을 보여줘야 한다는 인식이 주를 이루게 되었다.

하지만 제2차 세계대전의 결과가 '자유와 평화'라는 주장도 서유럽과 북미 등 열강에 한정된 이야기란 비판이 있다. 당장 제2차 세계대전의 포화가 멎은 지 5년도 지나지 않아 한국전쟁이 터졌고, 이후에도 동남아시아와 중동, 아프리카, 남동유럽에서 수많은 전쟁과 내전이 터졌다. 그동안 유럽은 EU의 형태로 단결

프로파간다의 달인

자료 : hwangryong.com

에 성공했지만 동북아시아를 비롯한 다른 지역은 여전히 극한의 대립이 이어지는 중이다. 냉전 논리에 따라 열강들이 자신들만의 평화를 누리고자 세계 각지에서 일으킨 대리전들은 오늘날 제3세계에 막대한 난민들을 만들어냄으로써 다시금 서방세계를 흔들고 있는 실정이다. 소통의 장으로서 유엔이 갖는 의의를 과소평가할 수는 없으나, 독재와 국가주의, 전쟁의 그림자는 여전히 시시각각 인류의 존망을 위협해오고 있다. 정치적 극단주의와 대결주의는 단순히 지나간 역사책 속의 비극이 아니라 언제든 우리들에게 닥쳐올 수 있는 현재진행형인 문제임을 기억하고 경계하지 않으면 안 될 것이다.

---

14 북한의 계속적인 핵실험으로 한반도 위기가 고조되고 있는 상황에서 2017년 9월 5일 엘론 머스크 테슬라 CEO가 "제3차 세계대전은 북한 핵보다 AI 경쟁으로 인해 발생할 가능성이 크다."라고 말해 눈길을 끌었다. 대표적인 'AI 회의론자'로 꼽히는 머스크 CEO는 트위터를 통해 "북한 핵실험은 현존하는 문명 위기의 우려 목록에서 하단에 위치해야 할 것"이라면서 "국가 차원의 AI 우월성 경쟁이 제3차 세계대전의 원인이 될 가능성이 크다."라고 주장했다.

PROPAGANDA

CHAPTER **07**

나치스의 대량학살과
강제노동 진상

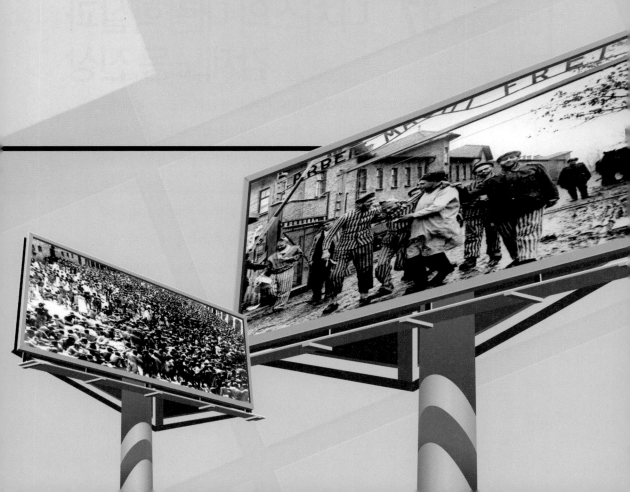

CHAPTER **07**   나치스의 대량학살과
강제노동 진상

01

프로파간다의 **달인**

개 요

　홀로코스트Holocaust는 제2차 세계대전 중 아돌프 히틀러가 이끈 나치당이 독일 제국과 독일군 점령지 전반에 걸쳐 계획적으로 유대인과 슬라브족, 집시, 동성애자, 장애인, 정치범 등 약 1천1백만 명의 민간인과 전쟁포로를 학살한 사건을 의미한다. 사망자 중 유대인은 약 6백만여 명으로, 그 당시 유럽에 거주하던 9백만 명의 유태인 중 약 2/3에 해당한다. 유태인 어린이 약 백만 명이 죽었으며, 여자 약 2백만 명과 남자 약 3백만 명이 죽은 것으로 파악된다. 유대인과 기타 피해자들은 독일 전역과 독일 점령지의 약 4만여의 시설에 집단 수용, 구금되어 죽게 되었다.

　이러한 박해와 학살은 단계적으로 진행되었다. 먼저, 1935년 제정된 뉘른베르크법을 비롯하여 유대인을 사회에서 배척하는 각종 법령들이 세계대전 발발 전에 제정되었다. 또한 집단 수용소를 지은 후 수감자들을 각종 노역에 동원하였

유태인 격리 구역, 게토

자료 : m.blog.naver.com

고, 이들은 대부분 과로사하거나 병사하였다. 동유럽 점령지의 경우, 특별행동부대라는 불법 무장 단체가 100만 명이 넘는 유대인과 정치사범을 총살했다고 알려졌다.

독일군은 유대인과 집시들을 게토[1]에 수용한 후 화물 열차에 실어서 집단 학살 수용소로 이송했다. 화물 열차에서도 많은 사람들이 죽었는데, 살아남은 이들은 차례대로 가스실에서 죽음을 맞이하였다. 이 학살에는 독일 관료제 전체가 관여했다고 알려져 있고, 한 홀로코스트 학자는 이 때문에 독일의 제3제국을 '학살국가'라고 칭하기도 하였다.

1   게토(ghetto)는 소수 인종이나 소수 민족, 또는 소수 종교집단이 거주하는 도시 안의 한 구역을 가리키는 말이다. 주로 빈민가를 형성하며 사회, 경제적인 압박을 받는다.

프로파간다의 달인

02

프로파간다의 **달인**

어원과 개념

홀로코스트Holocaust는 그리스어 holókauston에서 유래하는데, 이는 고대 그리스에서 신에게 동물을holos 태워서kaustos 제물로 바치는 것을 의미한다. 1960년대 이전까지만 해도 홀로코스트는 대량학살을 지칭하는 데 쓰였지만, 1960년대부터 학자들과 유명작가들에 의해 특별히 나치의 유대인 학살을 지칭하는 개념으로 쓰이기 시작하였다. 특히 1978년 방영되었던 TV 시리즈 홀로코스트는 이 개념을 대중적으로 널리 알리는 계기로 평가받는다.

성서 히브리어로 재앙을 뜻하는 쇼아Shoah는 1940년대부터 유럽과 이스라엘에서 홀로코스트를 지칭하는 히브리어 단어가 되었다. 많은 유대인들은 홀로코스트보다 쇼아[2]라는 표현을 더 선호하는데, 이는 종교학적으로 홀로코스트가 그리스 이교도의 문화에 어원을 두고 있다는 사실에서 기인한다.

2 히브리어로 '절멸'을 의미

자료 : hmap.co.kr

    나치당은 홀로코스트를 순화하여 완곡법을 통해 '유대인 문제의 궁극적 해결'
이라고 표현하였고, '궁극적 해결Final Solution'이라는 표현은 유대인 학살을 지칭하
는 개념으로 널리 쓰였다. 또한 나치당은 살 가치가 없는 생명lebensunwertes Leben이
라는 표현으로 유대인 학살을 정당화하고자 하였다.

03

특 징

전 국가적 동조

나치 독일의 유대인 학살은 히틀러 한 사람만의 범죄가 아닌, 독일 사회가 인종차별주의에 동조하는 구조악에 따른 범죄였다. 미국인이자 유태인 역사학자 마이클 베렌바움Michael Berenbaum은 자신의 저서에서 "국가독일의 정교한 관료제의 모든 부서가 학살 과정에 관여하였다. 독일 교회와 내무부는 유태인들의 출생기록을 제공하였고, 우체국은 추방과 시민권 박탈 명령을 배달했으며, 재무부는 유태인의 재산을 몰수하였고, 독일 기업들은 유태인 노동자를 해고하고 유태인 주주들의 권리를 박탈하였다."라고 썼다.

이와 더불어 대학교들은 유태인 지원자들을 거부하였고, 유태인 재학생들에게 학위를 수여하지 않았으며 유태인 교수들을 해고하였다. 교통부는 강제수용소로 이송할 기차편을 운영하였다. 독일 제약 회사들은 강제수용소에 수용된 사람들에게 생체실험을 행하였고, 기업들은 화장터 건설 계약권을 따기 위해 경쟁하였다. 또한 데호막Dehomag독일 IBM 지사사의 천공카드를 이용하여 사망 수치를 매우 정밀하게 측정하였다. 수용자들은 집단 학살 수용소에 들어가면서 모든 개인 소지품을 반납하였고, 이는 다시 재분류되어 독일로 보내져 재활용되었다. 또한 독일 중앙은행은 비공개 계정을 통해 유대인학살 피해자들에게 갈취한 재산을 세탁하는 데 일조하였다. 베렌바움은 저서에서 이러한 궁극적 해결책이 "가해자들의 눈에는 … 독일의 가장 큰 업적이었다."라고 기술한다.

이스라엘 역사학자 자울 프리트랜더Saul Friedländer는 저서에서 "독일과 유럽 전역의 어떠한 사회적 집단, 종교 집단, 학술 기관 혹은 협회도 유대인과의 유대 관계를 인정하지 않았다."라고 기술한다. 그는 반유대주의적 정책들이 일반적인 대항 세력기업, 교회, 기타 이해관계자 등의 별다른 반대 없이 펼쳐질 수 있었다는 점에서 홀로코스트가 독특한 현상이라고 주장한다.

배경 사상과 규모

다른 학살들의 경우, 학살 정책의 핵심은 영토와 자원의 통제 등 실리적 사항들이었다. 이에 대해 이스라엘 역사학자 예후다 바우어Yehuda Bauer는 "홀로코스트의 기본적 동기는 순수하게 이데올로기적이었는데, 이러한 이데올로기는 아리아인이 지배해야 할 세상에서 국제적으로 유대인들이 반동을 일으킬 것이라는 나치의 허황된 상상에 기반을 두고 있다. 여태까지 알려진 어떠한 학살도 이렇게 전적으로 미신, 환상, 추상적이고 비합리적 이데올로기를 바탕으로 - 정작 실행은 매우 이성적이고 실리적인 수단을 통해 이루어졌다. - 하지 않는다."라고 주장한다.

또한 독일 역사학자 에버하르트 예켈Eberhard Jäckel은 1986년 저서에서 홀로코스트의 한 가지 독특한 성격으로 "이렇게 국가가 지도자의 권한으로 노인, 여자, 유아를 포함한 특정 인간 집단을 속전속결로 죽일 것을 공포하고, 이를 모든 국가 권력을 동원해 실행한 유례는 지금까지 없었다."라는 것을 꼽았다.

학살은 독일 점령지역 전역현재는 35개의 국가에 걸쳐서 조직적으로 자행되었다. 가장 심했던 지역은 유럽 중부와 동부 지역이었다. 이 지역의 유대인 인구는 1939년에 700만 명이 넘었는데 약 500만 명이 학살당하였고, 특히 폴란드에서 300만 명, 소련에서 백만 명이 희생되었다. 또한 네덜란드, 프랑스, 벨기에, 유고슬라비아, 그리스 등지에서도 많은 수의 유대인이 죽었다. 반제 회의Wannsee Protocol에서는 나치당이 그들의 '궁극적 해결책Final Solution'을 영국과 아일랜드, 스위스, 터키, 스웨덴, 포르투갈, 스페인 등 중립 지역에서도 실행할 계획이었다고 밝혔다.

3대 혹은 4대에라도 유대인 조부가 있는 사람은 누구나 예외 없이 말살 당하였다. 다른 학살의 경우 다른 종교로 개종하거나 다른 방법으로 동화되면 죽음을 면할 수 있었지만, 유럽 점령지역 유대인에게 이는 적용되지 않았다. 그들의 조부가 1871년 1월 18일 이전에 개종한 것이 아니라면, 모든 유대인 혈통의 사람들은 독일 통치 지역에서는 말살당할 운명이었다.

아우슈비츠 강제수용소

자료 : news.kbs.co.kr

집단 학살 수용소

"유대인들은 하나의 인종인 것은 틀림없으나 인간은 아니다."

— 아돌프 히틀러

사람들을 조직적으로 집단으로 말살시키려는 목적으로 가스실을 구비한 수용소를 지은 것은 홀로코스트의 특징이자 역사적으로 유례가 없는 현상이다. 즉, 집단 인간살상이 유일한 목적인 장소는 이전에는 존재하지 않았었다. 이러한 수용소는 아우슈비츠Auschwitz를 비롯해 벨첵Belzec, 헬름노Chełmno, 야세노박Jasenovac, 마이다네크Majdanek, 말리 트로스테네츠Maly Trostenets, 소비보르Sobibor, 트레블링카Treblinka 등에 세워졌다. 트레블링카 수용소에서 90만 명, 벨첵에서 60만 명, 그리고 소비보르에서 25만 명이 희생되었다.

아우슈비츠 수용소

생체 의학실험

나치 학살의 특징적 요소 중 하나는 인간을 대상으로 의학실험을 자행했다는 점이다. 미국의 정치학자 라울 힐버그Raul Hilberg에 따르면 "독일 의사들은 다른 전문직에 비해 대단히 나치화되었다." 실험은 아우슈비츠를 비롯해 다샤우Dachau, 부헨발트Buchenwald, 라벤스브뤽Ravensbrück, 작센하우젠Sachsenhausen, 나츠바일러Natzweiler 등지의 수용소에서 이루어졌다.

이러한 생체실험을 거행한 의사 중 가장 악명 높은 사람은 아우슈비츠에서 근무한 요제프 멩겔레Josef Mengele[3] 박사였다. 멩겔레 박사는 여러 가지 실험을 하

---

3   가장 유명한 악마 의학자이며 인간 말종에 생체실험의 선두주자였던 요제프 멩겔레, 악명이 너무나 높아 죽음의 천사라고까지 불렸던 인간이다. 선배 카를 게프하르트, 카를 브란트와 함께 의학도 명칭을 버렸다고 해도 무방한 잔인 무도한 악마. SS장교 내과의였고 1943년 아우슈비츠-비르케나우 강제수용소 집시 캠프 의무관으로 임명 이후 히틀러 주치의가 되는 줄 알았으나 생체실험 의사가 되어 말 그대로 실험이라는 실험은 다해본다. 조수 니슬리 미클로시를

나치 요제프 멩겔레의 쌍둥이 실험

자료 : m.blog.naver.com

였는데, 이 중에는 실험대상자를 고압력 방안에 집어넣는 실험, 얼음방 안에 집어넣는 실험, 약 임상 실험, 아이들의 눈에 염색약을 주사하여 눈 색깔을 바꾸는 실험 등이 포함되었고, 이외에도 수많은 잔인한 외과실험이 있었다. 실험으로부터 살아남은 자들은 거의 즉시 살해된 뒤 해부되었다. 멩겔레 박사의 실험기록은 현재 유실되었는데 이는 그가 기록을 보냈던 오트마 폰 페르슈어Otmar von Verschuer 박사가 기록들을 모두 파괴하였기 때문이다.

멩겔레 박사는 특히 집시 아이들을 대상으로 많은 실험을 하였다. 그는 아이들에게 사탕과 장난감 등을 주면서 가스실로 데려갔다. 아이들은 그를 '멩겔레 삼촌Onkel Mengele'이라고 불렀다고 한다. 아우슈비츠 수용소에서 50쌍의 집시 쌍둥이를 돌보았던 한 유태인 수감자는 "한 쌍의 쌍둥이가 특별히 기억에 남는다. 4살 정도 된 구이도Guido와 이나Ina이다. 어느 날, 멩겔레는 그들을 데리고 갔고, 그들이 돌아왔을 때는 끔찍한 상태였다. 그들은 샴쌍둥이처럼 등이 꿰매져 있는 상태였다. 상처는 감염되었고 진물이 나왔다. 그들은 하루 종일 비명을 질렀다. 그것을 본 그들의 부모 - 엄마 이름이 스텔라였다. - 는 어딘가에서 모르핀을 구해왔고 아이들을 고통으로부터 해방시켜주기 위해 아이들을 죽이고 말았다."라고 회상했다.

대동하여, 노동능력이 없는 아이들이 주 실험 대상이었으며. 마취 없이 늑골적출, 염색약으로 안구 색깔을 바꾸는 실험, 쌍둥이 근친교배, 샴쌍둥이 실험 등. 전후 아르헨티나로 도망갔으며, 가짜 이름으로 수십 년간 살다가, 80년대 신분이 들통났고, 이스라엘로부터 추적을 받다가 체포 직전 상파울루 바닷가에서 심장마비로 죽게 된다. 1993년에 무덤이 발견되었는데 이때 치아 DNA 확인 결과 본인이 맞다고 했다.

05
프로파간다의 **달인**

발달과 실행

유래

예후다 바우어_{Yehuda Bauer}와 루시 다비도비치_{Lucy Dawidowicz}에 따르면 중세시대부터 독일 사회와 문화는 반유대주의로 뒤덮여 왔다. 그리고 이것은 중세 대학살과 나치 수용소 간의 이데올로기적 직접 연결이 되었다.

19세기 후반 독일과 오스트리아, 헝가리 등에 휴스턴 스튜어트 체임벌린과 폴드 라가르드와 같은 사상가에 의해 개발된 민족주의 운동이 출현하였다. 이 운동은 의과학적, 생물학적 기반의 인종차별주의인데, 이것은 유대인을 아리안 족이 세계를 지배하기 위해 반드시 사투해야 하는 인종으로 여겼다. 민족주의적 반유대주의는 기독교적 반유대주의로부터 나왔지만, 유대인을 종교라기보다는 인종으로 여겼다는 점이 달랐다.

1895년, 옛 독일제국의 의회 이전에 행해진 연설에서 민족주의 지도자 헤르만 알바르트Hermann Ahlwardt는 유대인을 '육식 동물과 '콜레라균'이라 칭하며 독일 국민의 이익을 위해 처형해야 한다고 말했다. 1912년 발간된 그의 베스트셀러《내가 황제라면Wenn ich der Kaiser wäre》에서 하인리히 그룹의 민족주의 그룹 지도자 알도이 버밴은 모든 독일 유대인들에게서 독일어 시민권을 박탈하고 외국인 법에 따라 이들의 권리를 축소시킬 것을 촉구했다. 이 그룹은 유대인들에게 소유지를 갖거나 공직에 진출하거나 혹은 언론에 참여하거나 은행업무 그리고 자유로운 직업 활동 등이 모두 금지되어 독일의 모든 삶에서 제외되어야 할 것을 촉구했다. 이 그룹은 1871년 독일 제국이 선포된 이래로 유대인이었던 적이 있거나 적어도 조부모님이 유대인이었던 모든 사람을 유대인으로 명명하였다.

독일 제국 기간 민족주의와 의과학적 인종차별주의는 독일에서 매우 만연했다. 특히 교육을 받은 높은 계층의 사람들이 이 인간 불평등적인 이데올로기를 받아들였기 때문이다. 비록 민족주의 정당이 1912년에 독일 제국의회Reichstag 선거에서 패배하였지만 반유대주의는 주요 정당들의 기반에 자리 잡았다. 국가사회주의 독일 노동자 정당Nazi Party; NSDAP은 민족주의 운동에서 발전하여 1920년에 설립되었으며 반유대주의를 채택하였다.

19세기 후반부터 20세기 초까지 독일 복지의 발전과 함께 나타난 엄청난 과학적·기술적 변화는 모든 사회문제의 해결이 멀지 않았다는 유토피아적 희망을 만연하게 했다. 그와 동시에 몇몇 사람들은 다른 이들보다 생물학적으로 더 가치 있다고 여기는 세계관을 가진 인종차별주의자, 사회진화론 주장자, 우생학자들도 많이 있었다. 역사학자 데틀레프 포이케르트Detlev Peukert는 반유대주의가 유대인 대학살이 일어나게 된 유일한 이유가 아니라 굉장히 많은 작은 흐름이 큰 흐름으로 이어졌고 이것이 대학살을 일으키게 된 축적된 과격화의 산물이라고 말했다. 제1차 세계대전 이후에 전전의 낙관적인 분위기는 독일 관료들이 이전에 생각했던 것보다 사회적 문제가 더 잘 해결될 수 없음을 알고 환멸로 변했다. 점차 생물학적으로 맞지 않는 삶을 구제하는 것보다 생물학적으로 알맞은 삶들을 구제하는 것에 더욱 초점을 맞추게 되었다.

경제 대공황의 경제적인 압박들은 독일 의학계가 정신적으로나 육체적으로 고칠 수 없는 사람들을 안락사시키는 것이 고칠 수 있는 사람들을 위해 비용을 절감할 수 있다는 주장을 옹호하게 했다. 1933년에 나치는 힘을 얻게 되었고 그 때쯤 독일에는 이미 인종적으로 가치 있는 사람들을 구하는 반면, 인종적으로 가치 없는 이들을 사회에서 없애자는 사회정책이 존재했다.

히틀러는 유대인에 대한 그의 증오를 공공연하게 드러냈다. 그의 책《나의 투쟁Mein Kampf》에서 그는 유대인들을 독일의 정치적·교육적·문화적 사회에서 배제시키고자 하는 그의 의도를 경고했다. 그가 유대인들을 몰살시키고자 했다고 쓰지는 않았지만 사적으로는 매우 분명하게 얘기되었다. 이미 1922년에 전해진 바에 따르면 그는 그 당시 저널리스트였던 마요르 요제프 헬Major Joseph Hell에게 말하기를

"내가 정말 힘 있는 사람이 되면, 나는 제일 먼저 유대인을 몰살시킬 것이다. 내가 이것을 하게 될 만큼 힘이 생기자마자 나는 교통 여건이 허락하는 한 뮌헨의 마리엔플레츠에 교수대를 차례로 지을 것이다. 그러고 나서 유대인들은 무차별적으로 교수형을 시킬 것이고 위생에 문제가 없을 만큼 오랜 시간, 악취가 진동할 때까지 그들을 내버려둘 것이다. 그들이 교수대에서 내려오자마자 다음 유대인이 교수형에 처해지고 뮌헨에 유대인이 없어질 때까지 교수형을 행할 것이다. 다른 도시들은 이 관행을 따라 독일 전체의 유대인을 모두 몰살시킬 것이다."

교수형에 처해지는 유대인들

자료 : m.cafe.daum.net

프로파간다의 달인

보수적인 반유대주의에 견주어, 독일의 가톨릭에 더 조용한 반유대주의가 존재했는데 이는 학대에 반대하는 가톨릭 신자들을 없애는 데 영향력을 미쳤다. 따라서 학대에 반대하는 유명한 가톨릭의 시위는 유대인 대학살을 반대하는 시위와는 동반되지 않았다.

독일그리고 다른 어디든의 가장 독설에 찬 세 번째 반유대주의는 민족주의 반유대주의 혹은 인종차별주의라 불리는데, 이는 맨 처음으로 폭력을 정당화했다. 어떻게든 1938년이나 1939년에 히틀러가 독일 유대인들을 없애기 위해 강제로 이주하는 것을 알아차렸어야 했다. 그때는 아직 유대인을 죽이는 어떠한 행위도 일어나지 않았었다. 그러나 이것은 나치나 다른 곳에서 폭력적인 방식을 사용하는 것을 망설이지 않았다거나 유대인에 반하고 유대인의 상점에 침투하는 것을 망설이지 않았다는 것을 뜻하지는 않는다. 하지만 전쟁의 두 번째 해까지는 어떠한 공식적인 학살도 일어나지 않았었다. 이것은 '예약reservation' 프로젝트가 실패한 이후 진행되었다. 그렇다고 이것들이 치명적인 요소를 포함하지 않았다는 것을 뜻하지는 않는다.

법적 탄압과 이주

나치 지도자는 민족공동체Volksgemeinschaft의 존재를 공표했다. 나치 정책은 사람들을 두 가지 종류로 나누었는데 민족공동체에 속하는 같은 국민과 그에 속하지 않는 이방인이다. 유대인 탄압에 대한 나치의 정책은 사람들을 세 종류의 적으로 나누었다. 먼저 혈통으로 인해 인종적인 적으로 간주된 유대인과 집시이다. 막스주의자, 진보주의자, 기독교 신자, 반동자와 같은 정치적인 적과 도덕적인 적으로는 동성애자, 일하기 싫어하는 사람 그리고 상습범들이 있었다. 이들 모두는 다루기 힘든 국가적인 적으로 간주되었다. 마지막 두 그룹은 재교육을 위해 강제 수용소로 보내졌는데, 이의 목적은 그들을 민족공동체로 흡수하기 위해서였다. 하지만 도덕적인 적으로 간주된 몇몇 사람들은 불임시술을 받아야 했고, 그들은 유전적으로 하등한 사람으로 여겨졌다.

정의에 의해 인종적인 적으로 여겨지는 유대인들은 절대 민족공동체에 속할 수 없었다. 그들은 철저히 사회로부터 배제되었다. 독일 역사학자 데틀레프 포이케르트가 말하기를 국가 사회주의자들의 목표는 이상적인 민족공동체를 만드는 것이었고, 완전한 경찰의 감시하에 모든 이단적인 행동과 그러한 모든 시도를 테러로 간주하는 것이었다.

1933년 3월 독일의회 선거에서, 나치는 반대파에 폭력을 동반한 캠페인을 더욱 심화시켰다. 지방 정부 당국의 협조에 힘입어 이들은 자신들에게 반대하는 이들을 사법절차에 의하지 않고 구속시키기 위한 강제 수용소를 설립한다. 1933년 3월, 다하우에 가장 먼저 강제 수용소가 설립되었다. 이 수용소의 초기 목적은 민족공동체에 따르지 않는 사람들에게 공포감을 심어 그들을 제지하는 것이었다.

1930년대에 유대인의 법적·경제적·사회적 권리는 꾸준히 제한되었다. 1933년 4월 1일 첫 국가적 반유대주의 캠페인인 유대인 기업의 불매운동이 일어났다. 처음에는 1주를 계획하였으나, 지지자가 부족하여 하루 만에 끝이 나버렸다. 1933년, 일련의 법률이 입법되었는데, 이 법률은 핵심 분야에서 유대인을 제외하는 것이었다.[4]

유대인 변호사는 자격을 박탈당하였는데, 특히 드레스덴에서 유대인 변호사와

---

4 전문 공무 회복에 관한 법, 제3제국에서 통과된 첫 번째 반유대주의 법, 의사나 법률가가 되는 것, 그리고 농장을 소유하거나 농업에 종사하는 것을 금지하는 법.

판사들은 그들의 사무실과 법정 밖으로 끌려나와 몰매를 맞았다. 히틀러는 공무원들 중 제1차 세계대전 참전용사이거나 그의 아버지나 아들이 참전했다면 자격을 박탈하지 않고 계속 사무실에 남아 일할 수 있도록 했다. 히틀러는 그러나 1937년 그 면제제도를 취소했다. 유대인들은 학교와 대학_{학교의 과밀을 방지하기 위한 법}에서 제외되었고, 기자협회에서도 제외되었으며 신문사를 소유하거나 신문사의 편집장이 되는 것도 금지되었다.

1933년 7월, 유전적으로 병이 있는 자손을 낳는 것을 방지하기 위해 열등한 사람을 강제적으로 불임화하는 법이 통과되었다. 이러한 우생정책은 200여 개가 넘는 유전건강 법원이 설립되게 했고, 나치 통치하에 사십만 명 이상이 불임시술을 받게 되었다.

1935년, 히틀러는 뉘른베르크법을 소개했는데, 이 법은 아리아인이 유대인과 성적 관계를 맺거나 결혼을 하는 것을 금지시키는 것이다. 비록 이 법이 나중에 집시와 흑인 그리고 그들의 사생아 또한 포함하게 되었지만 _{독일 혈통과 독일 명예를 지키는 법} 이 법으로 인하여 유대인들은 그들의 시민권을 박탈당했다. 이와 동시에 나치는 이러한 유대인 제한법을 정당화하기 위해 인종오염 개념을 널리 알리는 과장된 선전을 펼쳤다. 히틀러는 '혈통 법'을, 문제에 대한 합법적인 규제가 미래에 일어나게 될 실패를 통해 법이 국가사회주의 정당의 마지막 해결책이 될 것이라고 말했다. 히틀러는 만약 유대인 문제가 이와 같은 법들로 해결되지 않는다면, 법에 의한 최후의 해결책을 제시하기 위해 국가사회주의 당이 이것을 맡아야 한다고 말했다. '최후의 해결책' 또는 '궁극적 해결'은 나치에게 유대인 몰살정책의 완곡한 표현이었다. 1939년 1월, 그는 공개연설에서 이렇게 말했다.

"만약 유럽 내부와 외부의 국제금융 유대인이 또 다른 세계 전쟁에 빠지게 하는 데 성공한다면, 그 결과는 세계의 적화가 아니라 유대인의 승리를 말하므로

자료 : encyclopedia.ushmm.org

유럽에서 유대인들은 몰살되어야 한다."

연설 중 이 장면은 유럽에서 유대인을 몰살하기 위한 합리적인 근거와 청사진을 제공하기 위해 1940년 나치 선전영화인 〈영원한 유대인Der ewige Jude〉에 사용되었다.

유대인들 중 지성인들이 가장 먼저 고향을 떠났다. 철학자 월터 벤자민은 1933년 3월 18일 파리로 떠났다. 소설가 레옹 페츠바그너는 스위스로 떠났다. 지휘자 브루노 월터는 그가 베를린 필하모닉 홀에서 콘서트를 하면 그곳이 불타게 될 것이라는 얘기를 듣고 떠났다. 프랭크 펄터는 4월 6일 월터와 그의 동료 지휘자 오토 클램퍼러가 '예술적 유대 청산인'에 의해 야기된 독일 대중의 분위기를 정부가 보호해 줄 수 없었으므로 떠나야 했다. 알버트 아인슈타인은 1933년 1월 30일 미국에 방문 중이었다. 그는 벨기에의 오스텐더로 돌아왔고, 다시는 독일로 돌아갈 수 없었다. 그는 빌헬름 황제 협회와 프로이센 학술회에서 쫓겨났으며, 그의 시민권은 박탈되었다. 1938년 독일이 오스트리아를 합병했을 때 지그문트 프로이트와 그의 가족은 비엔나에서 영국으로 도망가야 했다. 예술 프로이센 학술회의 명예로운 회장직을 맡은 맥스 리버만은 회장직을 박탈당하고 그의 동료 중 그 누구에게도 위로의 말을 들을 수 없었으며 2년 후 죽을 때까지 그는 철저히 외면당했다. 1943년 경찰이 자리를 보전하고 있는 85세의 미망인을 강제 추방시키기 위해 들것을 들고 도착했을 때, 그녀는 들것에 실려 나가기보다 바르비투르 과다복용으로 자살하는 것을 택했다.

크리스탈나흐트 Kristallnacht, 1938

1938년 11월 7일 미성년자 유대인 헤르쉘 그륀스판 Herschel Grünspan 은 파리에서 독일 나치의 외교관 에른스트 봄 레이스를 암살했다. 이 사건은 나치에 의해 유대인에 대한 법적 탄압을 넘어서는 대규모의 물리적 폭력구실로 사용되었다. 나치가 주장한 자발적인 '공공의 분노'는 사실 나치당에 의해 집단 대학살을 선동하는 하나의 흐름이였으며 이는 SA 멤버와 오스트리아, 주데텐 지방을 포함한 독일 나치와 연관된 사람들에 의해 행해졌다. 이러한 집단 학살은 '깨진 유리의 밤 Reichskristall- nacht(문자 그대로 '크리스탈 밤') 혹은 11월 집단학살로 알려져 있다. 유대인들은 공격당했고, 유대인들의 공공재는 파손되었다. 7,000개가 넘는 유대인 상점

크리스탈나흐트

자료 : prologue.blog.naver.com

과 1,200채가 넘은 유대교회당은 피해를 입거나 파괴되었다.

공식적으로 알려진 숫자인 91명의 사상자보다 더 많은 사상자가 발생했을 것으로 예상된다. 약 3만명이 다하우Dachau, 작센하우젠Sachsenhausen, 부헨발트Buchenwald, 오라니부르크Oranieburg 등에 있는 강제 수용소에 수감되었다. 그들은 몇 주간 수감되었는데 곧 그들이 다른 곳으로 이주될 것이라 확실하거나 그들의 재산을 나치에 양도할 경우 풀려날 수도 있었다. 독일 유대인들은 대학살을 피하기 위해 물질적으로 보상하기도 했는데, 이는 수백, 수천 마르크였으며 이 뿐만 아니라 '속죄 세금'으로 10억 마르크가 넘는 돈을 지불해야 했다. 이러한 집단학살 이후 독일로부터 유대인들의 이주는 가속화되었고, 독일에서 공개적인 유대인의 삶은 끝장이 났다.

프로파간다의 달인

재정착과 강제추방

전쟁 이전 나치는 유럽으로부터 독일 유대인을 대량 강제추방하는 것을 고심하였다. 1938~1939년 히틀러는 샤흐트 계획에 동의했고 샤흐트 계획이 필요 없어질 때까지 수천 명의 유대인 강제추방이 이루어졌다. 이것은 히틀러가 그때는 아직 일어나지 않았던 대학살에 대한 관심을 보여준다.

이전에 독일의 식민지였던 탄자니아, 사우스웨스트 아프리카 등에서 자신들의 나라를 되찾고자 했던 계획은 히틀러에 의해 중단되었다. 그는 세상 어느 곳도 용감한 독일인의 피가 흘려지지 않은 곳이 없으며 그들의 식민지는 독일의 가장 악질적인 적을 위한 거주지로 사용되어야 한다고 주장했다. 다른 식민지 지배국가_{주로 영국과 프랑스 등}에서 쫓겨난 유대인을 그들의 식민지에 살 수 있도록 하는 외교적인 노력 또한 행해졌다. 재정착이 허락된 지역으로는 영국의 팔레스타인, 이탈리아의 에디오피아, 영국의 로데시아, 프랑스의 마다가스카르, 호주가 포함되었다.

이 지역들 중 마다가스카르는 가장 심각하게 거론되었다. 하이드리히는 마다가스카르 계획을 '지역적인 최후의 해결책'이라 불렀다. 마다가스카르는 외딴 곳에 위치했으며, 생존하기에 악조건을 갖추어 죽음을 재촉했다. 1938년 히틀러에 의해 승인된 재정착 계획은 아돌프 이치만의 사무실에서 시작되었으며, 1941년에 시작된 유대인 대량학살이 시작될 때 폐기되었다. 이 계획은 홀로코스트를 향한 중요한 심리적인 단계로 여겨졌다. 1942년 2월 10일 이 마다가스카르 계획이 중단되었음을 공표했다. 독일 외무부는 소비에트 연방과의 전쟁으로 인해 유대인을 동쪽으로 보냈다고 공식적으로 발표했다.

나치 관료들은 또한 유럽의 유대인을 시베리아로 이주하기 위한 계획도 세웠다. 오직 팔레스타인만이 나치의 재정착 계획에 대한 괄목할 만한 결과를 냈기 때문에 독일의 시온주의 연방, 나치 정부, 하바라 협정이 이 조약을 시작했다. 이 조약은 6만 명의 독일 유대인을 이주시켰고, 제2차 세계대전 발발까지 독일에서 팔레스타인에 1억 달러를 수송했다.

강제 수용소와 노동 수용소 1933-1945

제3제국의 시작과 함께 강제 수용소가 설립되었고, 처음부터 감금을 위한 곳으로 사용되었다. 강제 수용소에서 50%에 육박하는 사망률을 보이긴 했지만, 그곳은 사람을 죽이기 위한 곳으로 설계된 것이 아니었다 1942년 나치 지배하의 폴란드에 오직 많은 학살만을 위한 6개의 대규모 집단 처형장이 세워졌다. 1939년 이후, 많은 수용소가 유대인과 전쟁포로들이 처형당하거나 강제 노역을 하는 장소로 변했다. 15,000개의 수용소와 보조 수용소가 독일에 세워졌으며, 대부분 동부 유럽에 위치했다. 독일 내에도 많은 유대인과 폴란드 지식인, 공산당원 혹은 로마와 신티[5] 인구를 수용하기 위한 새로운 수용소가 많이 세워졌다.

수감자들을 화물차에 태워 이송하는 일은 많은 이들이 도착지에 다다르기도 전에 죽어버려 굉장히 공포스러운 분위기에서 진행되었다.

노역을 통한 학살은 구조적인 학살정책이었다. 수용소의 수감자는 문자 그대로 죽을 때까지 일을 하거나, 체력적으로 일을 할 수 없게 되면 독가스에 의해 죽거나 총에 맞아 죽었다. 노역은 전쟁용품 생산에 사용되었다. 허락하에 몇몇의

5   신티(Sinti)는 독일, 오스트리아에 살고 있는 집시들.

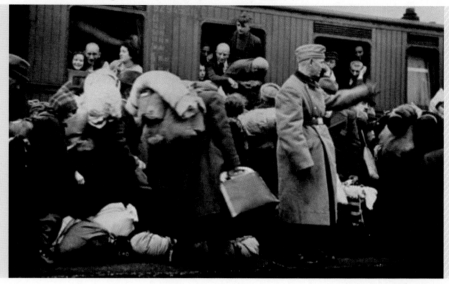

자료 : morningsunday.com

수용소는 수감자의 몸에 수감번호를 새겼다. 이것은 12시간에서 14시간을 교대로 일을 하게 하는 데 편리했다. 노동 전후로 점호가 있었는데 이는 때때로 몇 시간 동안 이루어졌다.

게토 Ghetto, 1940-1945

폴란드 침공 이후, 나치는 편입된 영토에 유대인의 제한된 게토와 일반정부를 설립했다. 유대인들이 유럽으로부터 추방될 때까지, 이것들은 처음에는 일시적으로 보였다. 하지만 밝혀진 것처럼, 그러한 추방은 일어나지 않았고 게토의 주민들은 대신에 학살 수용소로 보내졌다. 독일인들은 각각의 게토에 유대인들의 공동체 지도자들로 구성된 유대인 공동체Judenrat에 의해 운영돼야 된다고 지시했다. 그러한 위원회의 설립을 위해 첫 번째 주문은 하이드리히Heydrich에서 특수행동부대Einsatzgruppen의 상부에 1939년 9월 29일 편지를 통해 전달되었다. 게토는 다른 시간들과 다른 이유들로 형성되었고 외부세계로부터 배제되었다.

그 위원회들은 게토를 매일 운영해야 하는 책임이 있었고, 그것은 살 곳, 의료, 난방, 물, 음식의 배급 문제들을 포함했다. 또한 독일인들은 위원회에 몰수 시작, 강제 노동 구성, 마지막으로 학살 수용소로의 추방을 용이하게 하도록 하였다. 그 운영회의 기본적 전략은 손실을 최소화하기 위해 노력하는 것이었고, 나치 정권 또는 그 대행자가 주로 협력하였다. 점점 더 끔찍한 협정 뇌물수수와 청원을 받아들였다. 전반적으로 만연한 잔인함과 죽음을 피하기 위해 사람들은 위원회에 언어, 돈, 노동력 그리고 마지막으로 그들의 목숨을 제공했다.

각각의 유대인 공동체의 궁극적인 임무는 살해되어야 할 추방자들의 이름을 수집하도록 하는 것이었다. 비록 그 주된 패턴은 이 마지막 과제를 준수하는 것이었지만, 몇몇 위원회 지도자들은 사형 이상의 범죄를 저지르지 않는 한 어떤 사람도 넘기지 말아야 한다고 주장했다. 리스트 작성을 거부한 리비우Lviv 그리고 요제프 파르나스Joseph Parnas 같은 지도자들은 총살되었다. 1942년 10월 14일에 부아로짜Buaroza의 전체 위원회는 추방을 협력하는 대신에 자살했다. 1942년 7월 23일에 바르샤바에 아담 체르니아코프Adam Czerniakow는 마지막으로 게토가 청산되어 그가 더 이상 무엇인가를 할 수 없을 때 자살했다. 차임 룸코프스키Chaim Rumkowski와 같이 독재자에게 헌신하게 된 사람들은 그들의 임무는 살 수 있는 유대인들을 살리기 위해 다른 유대인들은 희생되어야 하는 것이라고 주장했다. 게토의 박해와 살인을 용이하게 하는 위원회는 독일에서도 유지되었다. 한 사무실은 유대인 위원회의 권위는 어떠한 상황에서도 지지받고 강력해야 한다고 강조했다. 또 다른 사무실은 유대인 위원회의 지시를 복종하지 않는 유대인은 파괴자로 다뤄져야 한다고 강조했다. 유대인 전투기관이 위원회의 권위를 떨어뜨린 후 바르샤바 게토에서 발생한 것과 같은 그러한 협력관계가 무너졌을 때 독일인들은 통제를 잃게 됐다.

바르샤바 게토는 380,000명의 인원으로 가장 컸고 우치 게토는 160,000명의 인원으로 두 번째로 컸다. 요컨대 느리고 수동적인 살인자인 미하엘 베렌바움 Michael Berenbaum에 따르면 그곳은 거대하게 북적이는 감옥이었다. 바르샤바 게토는 폴란드 수도 인구의 30%를 포함했지만 그곳은 폴란드 수도 지역의 2.4%만을 차지했고 한 방당 평균 9.2명의 사람들이 있었다.

1940년과 1942년 사이에, 기아와 질병, 특히 장티푸스 때문에 수십만 명의 사람들이 죽었다.

바르샤바 게토의 43,000명 이상의 거주자들은 1941년에 그곳에서 죽었고, 테레지엔슈타트Theresienstadt에서 10분의 1 이상이 죽었으며, 1942년에는 그 거주자들의 반 이상이 죽었다.

"독일인들은 경찰이 되었고 그들은 집들을 두드리고 다니기 시작했다. '나가, 나가, 나가, 유대인은 나가Raus, raus, raus, Juden raus' 한 아이가 울기 시작했다. 다른 아이도 울기 시작했다. 그래서 그 엄마가 그녀의 손에 오줌을 누어서 그 아이를 조용히 시키기 위해 음료로 주었다. 그 경찰이 갔을 때 나는 그 엄마들에게 나오라고 했다. 그런데 한 아이는 두려움 때문에 죽어 있었고, 다른 엄마는 그녀 자신의 아이를 기절시켜 죽였었다."

– 아브라함 말릭Abraham Malik이 코브노Kovno 게토에서의 경험을 저술한 것에서.

자료 : encyclopedia.ushmm.org

히틀러가 1942년 7월 19일에 추방의 시작을 지시했고 그로부터 3일 후 7월 22일에 바르샤바 게토의 추방이 시작되었다. 9월 12일까지 삼십만 명의 사람들이 바르샤바로부터 트레블링카Treblinka 학살 수용소까지 화물기차로 수송되었다. 많은 다른 게토들도 완전히 인구가 줄어들었다.

첫 번째 빈민가 폭동은 남동 폴란드 라크바Łachwa의 작은 마을에서 1942년 9월 발생했다. 1943년 무장저항 시도는 바르샤바 게토 봉기와 비알리스토크Białystok 빈민가 반란과 같이 큰 게토들에 의해 발생했지만, 모든 경우 그들은 압도적인 나치 군대에 의해 실패했고 나머지 유대인들은 살해되거나 죽음의 수용소로 추방되었다.

프로파간다의 달인

유대인 대학살₁₉₃₉₋₁₉₄₂

지역의 인구에 의한 수많은 치명적인 학살은 제2차 세계대전 나치의 격려에 의해 일부는 자발적으로 발생했다. 이것은 1941년 6월 30일 루마니아 이아시의 학살을 포함하는데 그 학살은 14,000 유대인이 루마니아 주민과 경찰에 의해 사망하는 사건이다. 또한 1941년 7월의 실크 프로그램_{Jedwabne pogrom}을 포함하는데 이는 나치 질서경찰_{Nazi Ordnungspolizei}이 있는 데서 300명의 유대인이 불난 헛간에 갇히게 되는 사건이다. 독일인에 의해 같은 곳에서 40명의 유대인 남성이 처형되었다. 이것은 발굴에 참여한 고고학 및 인류학 팀에 의해 조사된 두 개의 무덤에 있는 피해자의 숫자로 확인되었고 국립추모연구소에 의해 2000년에서 2003년 사이에 실시한 공식조사로 최종 발견되었다. 소문보다 더 많은 사람들이 희생되었음을 반증한 것이다.

대량 살인의 새로운 방법

1939년 12월의 시작과 함께 나치는 가스를 이용한 다중 살인의 새로운 방법을 소개하였다. 첫째로, 가스 실린더를 장착한 실험용 가스차_{gas van}와 밀폐된 트렁크 칸막이는 T-4 작전_{나치의 인종정책 일환으로 안락사를 이용한 장애인 학살 계획}의 일환으로써 포메라니아, 동프로이센 그리고 점령된 폴란드의 요양원에 있는 정신질환자들을 죽이는 데 사용되었다. 작센하우젠 수용소에선 100명까지 수용할 수 있는 더 큰 가스차가 실린더 대신 엔진의 배기가스를 이용하면서 1941년 11월부터 사용되었다. 이 가스차들은 1941년 12월 헤움노 집단 수용소_{Chełmno extermination camp}에 소개되었고 그것 중 15대는 점령된 소련에서 대량살상조직인 아인자츠그루펜에 의해 사용되었다.

이 가스차는 국가보안본부SS-Reichssicherheitshauptamt의 감독 아래에서 개발되었고 운영되었다. 또한 대략 50만 명의 사람들을 죽이는 데 사용되었는데 그 사람들은 주로 유대인이었지만 집시와 다른 나라 사람들도 포함되었다. 가스차는 신중하게 감독받았고 한 달 동안의 관찰 후의 한 기록에서는 "기계에 어떠한 결함도 나타나지 않고 세 대의 가스차를 이용하여 9만7천 번이 진행되었다."라고 쓰여 있다.

새로운 다중 살인 기법의 필요성은 군사정부의 통치자인 한스 프랑크Hans Frank에 의해서도 언급되었다. 한스 프랑크는 다수의 사람들을 간단히 쏘아 죽일 수는 없다고 말했다.

"우리는 그들을 제거할 방법으로 설계된 단계를 밟아야 할 것입니다." 이것은 나치친위대SS가 독성 가스를 이용하여 거대한 규모의 살인이 동반된 실험을 하게 만든 문제였다. 크리스티안 비르트Christian Wirth는 가스방을 발명한 사람으로 생각된다.

반제 회의와 최종해결법1942-1945

반제 회의는 반제의 베를린 교외에서 1942년 1월 20일에 라인하르트 하이드리히에 의해서 소집되었고 유대인 문제와 관련된 정책에 책임이 있는 국가 사무총장, 고위 관리, 파티의 리더, SS 장교와 정부 부처의 다른 지도자의 숫자를 포함 약 15명의 나치 지도자들이 참석했다. 정책 회의의 초기 목적은 유럽 안에서의 가스차. 독일에 있는 헤움노 집단 수용소에서 처음 사용되었다. 차의 화물칸을 밀폐하고 사람들을 쑤셔 넣어 독가스를 주입하여 죽이는 것이다.

수많은 유대인들을 청산가스로 학살시켰던 아우슈비츠의 가스실

유대인 문제에 대한 전반적인 해결방법에 대한 계획을 논의하는 것이었다. 하이드리히는 히틀러의 명령에 의해 유럽 내 유대인들을 해결하기 위한 방법으로서 다양한 점령 지역에서 대량 살인을 계획했다. 특히 장관급 관료들이 이 정책을 위한 지식과 책임을 모두 공유할 수 있도록 하기 위한 것이었다.

아이히만에 의해 그려진 사본은 살아있다, 하지만 하이드리히의 지시에, 그것들은 '완곡 어법 언어'로써 쓰였다. 따라서 회의에서 사용된 정확한 단어는 알려져 있지 않다. 그러나 하이드리히는 동쪽에 유대인 철수 정책에 의해 추방을 나타내는 회의는 대체되었다고 연설했다. 이는 독일에 의해서 통제되는 지역뿐만 아니라 영국과 미국을 포함하는 나머지 나라들에 의해 통제되는 지역에 사는 11만 유대인들을 포함하는 임시적인 해결방법에서 궁극적인 해결방법까지

라인하르트 하이드리히

자료 : blog.naver.com

될 수 있는 것처럼 보였다. 그 해결방법이 무엇인가에 대해서는 의심할 여지가 없었다. "하이드리히는 또한 '최종해결책'의 문구에 대해서 이해되도록 분명히 했다." 최종해결책은 "유대인들이 강제 노동과 대량학살의 조합에 의해 전멸할 것이다."이다.

관계자는 이 200만은 여전히 소련의 통제하에 있었지만 230만 유대인은 일반정부, 850,000은 헝가리에, 다른 점령 국가에서 110만, USSR 안에 오백 만까지 있었다고

들었다_{총 약 650만.} 이들은 거의 모두가 한 번에 가스로 죽을 폴란드에 있는 학살 수용소_{Vernichtungslager}로 기차에 의해 수송될 것이다. 아우슈비츠 강제 수용소와 같은 일부 캠프에서는 일에 적합한 사람들은 잠시 동안 살 수 있지만, 결국 모두 살해될 것이다. 괴링을 대신하여 참석한 에리히 노이만 박사는 산업 노동자들의 몇 가지 클래스에 대한 제한된 면제를 받았다.

유대인의 반발

 저항의 정의와 평가

"나치의 학살에 대한 유대인 공동체의 반응은 거의 완벽한 무저항으로 특징지을 수 있다. 실제로 넘쳐나는 나치 독일의 프로파간다 자료와는 달리, 유대인 공동체의 자체적인 저항운동에 대한 자료는 거의 전무하다시피하다. 당시 유럽을 전체적으로 살펴보더라도 유대인들은 저항기구 수립이나 무장활동에 대한 계획 자체가 없었고, 심리전에 대한 대비조차 없었다. 그들은 완전히 무방비 상태였다.

… 유대인과 관련한 독일군 측 사상자 자료를 분석해 보면, 유대인의 조직적인 무장저항은 없었다고 봐도 무방할 정도였다. 오히려 독일은 유대인을 체포하고 이송하는 데 있어서 유대인 사회의 순종적인 참여에 상당 부분 의존하는 경향까지 보였다. … 그나마 각 지역 Resistance 등에 산재하며 적극적으로 저항활동을 벌이던 유대인들은, 동족들이 집단적인 무력감과 타성에 빠져 순순히 나치의 명령에 이끌리는 것을 경고하며 '도살자에 이끌려가는 양떼가 되지 마십시오.'라고 호소하고 다니곤 했다. … 두 집단학살 수용소를 관리했던 Franz Stangl은 전후 서독 감옥에 투옥되고 받은 인터뷰에서 나치 치하의 유대인

들과 그 처분에 대한 질문에 이렇게 답했다. '최근 나그네쥐[6]에 관한 책을 읽었는데, 자신들이 어디를 가는 것인지 알지도 못한 채 집단적으로 벼랑을 향해 달려가는 이 쥐들에게서 트레블린카 수용소에 바글거리던 그들이 겹쳐 보였다.'"

– Raul Hilberg, 《The Destruction of the European Jews》

피터 롱게리치Peter Longerich 역시 막대한 연구 끝에 "유대인들은 실질적으로 어떠한 저항도 하지 않았다."라고 결론지었다. 라울 힐베르크Raul Hilberg는 이러한 순응적인 태도는 유대인 박해의 역사를 통해 설명할 수 있다고 주장했다. "유대인들은 수세기 동안 단순히 압제자들에게 애원하기만 할 뿐, 명령에 복종하며 극적으로 치달을 수 있는 상황은 되도록 피함으로써 자신들에 대한 박해가 수그러들 때까지 받을 수 있는 피해를 최소화하는 방식을 선택해 왔다. 이 때문에 유대인 사회는 박해를 받는 시기에는 항상 수많은 피해를 받았지만, 마치 물이 빠지면 드러나는 바위와 같이 다시 재기하곤 했으며 사실상 이들이 지상에서 완전히 사라진 적은 없었다. 하지만 '이번만큼은 지금까지와 다르다.'는 사실을 너무 늦게 깨달았다는 것이 문제였다. 결국 그들은 반복되어온 순종의 역사가 각인시킨 타성 속에 갇혀버린 셈이다."

하지만 예후다 바우어Yehuda Bauer를 비롯한 동료 사학자들은 당시 유대인들의 저항정신을 단순히 겉으로 드러난 물리적 항쟁뿐만이 아니라, 그들이 존엄성과 인권을 지키기 위해 취한 모든 종류의 행동들까지 포함해 고려해야 한다고 주장했다.

6   레밍(lemming) 또는 나그네쥐는 비단털쥐과에 속하는 설치류의 일종으로, 쥐 가운데 작은 것을 부르는 말이거나 레밍족에 속하는 동물, 특히 노르웨이레밍(Lemmus lemmus) 한 종만을 일컫는 말이다. 북유럽(스칸디나비아 반도), 북아메리카, 유라시아 지역에 많이 서식하며 다리가 짧고 부드러운 털을 가졌다.

"유대인들은 모든 게토, 강제 송환 열차, 강제 수용소와 심지어 가스실 앞에서까지 온갖 형태로 저항을 표시했다. 조악한 무기를 들고 싸우는 자들과, 어떠한 상황에서도 항상 저항의 뜻을 밝히는 자들, 그리고 죽음의 위협을 무릅쓰고 물과 음식을 구하기 위해 용기를 짜내는 자들, 이 모든 행동들은 나치 독일이 자신들의 죽음을 조소와 함께 감상하는 것만은 용인할 수 없었던 유대인들 마지막 자존심의 발로였다.

이 중에서 무위와 순종이야말로 벗어날 수 없는 잔인무도한 폭력 앞에서 그들이 취할 수 있는 유일하고도 가장 숭고한 저항이었다. 짐승보다 못한 취급 속에 확정된 죽음을 목전에 두고도 인간으로서 마지막 품위를 지키려 애쓰고, 차라리 죽고 싶게 만드는 고문 속에서도 끝까지 생명의 끈을 놓지 않아 고문기술자를 곤혹스럽게 하는 것이야말로 그들의 저항이었다. 결국 모든 것이 끝나고 나서, 이들의 순응과 죽음은 전범재판에서 나치 독일의 잔인무도함을 고발하는 가장 강렬한 증거가 되었다. 인간정신의 승리였다."

– Martin Gilbert,《The Holocaust: The Jewish Tragedy》

한편 힐베르크Hilberg는 위에 인용된 마틴 길버트Martin Gilbert의 평가처럼 과잉되고 범위조차 명확치 않은 정의를 통해 유대인 저항을 필요 이상으로 과대평가하는 흐름을 경계하며 이렇게 말했다.

"평범하거나 순수했던 사람들이 전쟁 속에서 무자비한 학살을 자행하게 되어버린 케이스처럼 개인적이고 흔치 않은 사례들을 당시의 보편적인 사례로 과장한다면 우리는 정작 나치 독일이 취한 정책의 특성과 의도에 대해 명확하고 일관된 평가를 내릴 수 없게 된다.

마찬가지로 흔치 않거나 소규모의 개별적인 사례들을 당시의 시대상인 양 포장하면 실제로 벌어졌던 사건들의 의의와 기본성격까지도 왜곡시켜버릴 수가 있다. 실제로 저항의 정의를 끝없이 확장하고 사례들은 과장하다 보니, 오히려 실제로 실행되었던 저항다운 저항운동들은 제대로 주목받지 못하는 경우가 발생하고 있다. 이러한 흐름대로 간다면 영웅적 정신은 유럽의 모든 유대인들과 그 공동체들의 기본 소양으로 치부되어버리고, 정작 저항을 행동에 옮겼던 소수 유대인들의 진정한 용기는 퇴색시키는 결과를 낳게 될 것이다. 여기서 우리는 유대 사회의 이러한 '순응하는 대다수와 행동하는 극소수의 혼재와 불통'을 단순히 문제해결 과정을 흐리멍텅하게 만드는 맹탕 공동체로 치부하는 데 그쳐서는 안 된다. 이 구조는 사실상 자신들이 속한 공동체에 대한 생산적인 질문과 대안을 주고받는 것이 불가능하며, 이는 곧 공동체 스스로 추론능력과 생존전략을 포기하는 것과 마찬가지이다. 이러한 문제를 외면한다면, 유대인의 역사는 더 이상 지속될 수 없을 것이다."

죽음의 행렬

자료 : gdlsg.tistory.com

프로파간다의 달인

히틀러는 왜 홀로코스트로 600만 유대인을 죽였을까?

절정

1942년 6월, 라인하르트 하이드리히가 암살되었고 그 뒤를 이어 SS소속 장성인 에른스트 칼텐브루너가 RHSA국가보안본부의 수장이 되었다. 하인리히 힘러의 감수 아래, 그는 최종해결법유대인 말살계획을 착실히 전개해나가며 1943년부터 1년간 독일의 영향권 아래에 있는 모든 유대인들을 체포하여 수용소로 보내는 데 전념했다. 유대인 학살이 절정에 달했던 1944년 봄, 아우슈비츠의 가스실에서는 하루에 8천 명의 사람들이 목숨을 잃었다. 사실 나치 정부의 일반 부문 중 유대인 게토의 강제 노동에 기반한 군수산업의 생산성은 손에 꼽을 정도로 높은 편이었다. 하지만 Final Solution의 실행으로 인해 1943년 모든 게토의 생산은 중단되고 유대인들은 집단학살 수용소로 보내지게 되었다. 이 일환으로 1943년 초, 바르샤바 게토에서 10만 명이 넘는 사람들이 강제 이송되어 학살되었고 이로 인해 바르샤바 게토 봉기가 발생했지만 무자비하게 진압되었다. 1943년 11월 3일 단 하루 만에, 마이다네크Majdanek 수용소와 인근 캠프들에서는 추수감사 작전Aktion Erntefest이라는 이상한 작전명 아래 4만2천 명에 달하는 유대인들이 사살되었다. 러시아 점령지에서 잡힌 유대인들도 실려 오는 족족 그 자리에서 사살한 이 작전은, 나치 독일이 자행한 최대의 유대인 단일 학살 작전으로 기록되었다.

독일에서 유대인 수송차량은 철로상에서 가장 우선권을 가졌었다. 심지어 1942년 끝자락에 스탈린그라드 전투로 지독한 소모전이 벌어지고, 기반시설과 철도에 대한 연합군의 폭격이 가중되던 시점에도 이 철칙은 지켜졌다. 이 때문에 군수품의 우회와 연착이 빈번하게 발생해 육군 사령관들의 빈축을 사기도 했다. 물론 숙련된 유대인 기술자들과 고학력자들이 처형이 예약된 상태로 이 차량들 속에 실려 있었기 때문에 경제 부처와 경영인들의 눈길도 고울 순 없었다.

자료 : blog.daum.net

더군다나 전쟁이 막바지에 치달을수록 패전의 기색이 역력해졌기 때문에, 사실상 나치의 광신도가 아니라면 누구나 전후 전범 처리에 대해 신경이 쓰이지 않을 수 없었다. 하지만 아돌프 히틀러의 권한을 쥐고 흔드는 하인리히 힘러와 강력한 SS의 억제력 때문에, 기본적인 군사적, 경제적 우선순위 따윈 안중에도 없는 최종 해결법을 지켜보면서도 정작 반발을 표하는 사람은 없었다.

피해자와 사망 통계

홀로코스트 피해자에 대한 통계치는 홀로코스트란 단어에 대한 정의에 따라 다르다. 일부 학자들은 이 단어가 500만 명 유럽 유대인에 대한 큰 규모의 학살을 의미하며, 홀로코스트란 단어에 정확한 정의가 없다는 점을 지적했다. 마틴 길버트의 측정치에 따르면 총 피해자 인원수는 600만 명 이하이며, 당시 유럽 유대인의 78%를 차지한다고 말했다. 티모시 스나이더는 홀로코스트란 단어를 두 가지 의미로 나눠 보았다. 하나는 독일군이 전쟁했을 때 모든 학살행위이며, 하나는 나치가 유대인에 행한 모든 압박행위이다.

포괄적인 의미의 홀로코스트로 인해 사망한 인원수는 소련 전쟁포로 200~300만 명, 폴란드인 200만 명, 장애인 27만 명, 집시 22만 명, 프리메이슨 회원 22만 명, 슬로베니아인 2만 5천 명, 동성애자 1만 5천 명, 여호와의 증인 신도 5천 명, 스페인 공화주의자 5천 명을 포함하여 총 1,100만 명이다. 더 넓은 통계범위로

베를린 홀로코스트 추모관

자료 : blog.naver.com

홀로코스트 추모기념관, 야드바셈 예루살렘

자료 : methodist.tistory.com

600만 명의 소련 민간인을 포함하게 될 경우 총 사망 인원수는 1,700만 명에 달한다. 미국 유대인학살기념관에서 전시된 수치에 따르면 1,500~2,000만 명의 사람이 사망하거나 징역형을 선고받았다. 루돌프 럼멜은 홀로코스트로 사망한 사람 수를 2,100만 명이라고 측정하였으며, 다른 학자의 측정치에 따르면 소련 민간인의 사망 수를 합쳐 2,600만 명이 사망했다고 추산한다.

PROPAGANDA

CHAPTER **08**

나치스의
프로파간다

CHAPTER **08**

나치스의
프로파간다

01
프로파간다의 **달인**
나치의 선전·선동

"선전·선동은 전체 국민에 대하여 독트린을 강요하는 것이다. ⋯ 선전·선동은 어떠한 이상과 그 관점을 일반 대중이 받아들이게 하고, 또 그 이상과 관점이 성공적인 결실을 맺을 수 있도록 대중을 준비시키는 것이다." 아돌프 히틀러Adolf Hitler는 이러한 글들을 자신의 책《나의 투쟁Mein Kampf》1926년에 기술했다. 이 책에서 그는 국가사회주의 이상의 전파를 위해 선전·선동의 사용을 주장하였다. 그중 인종차별주의, 반反유대주의[1] 그리고 반볼셰비즘을 그 예로 들었다.

1933년, 나치가 집권하면서 히틀러는 파울 요제프 괴벨스Paul Joseph Goebbels를 장관으로 하는 제국 대중계몽선전부Reich Ministry of Public Enlightenment and Propaganda를

1 　반유대주의(反유대主義) 또는 반유대주의(反猶太主義)는 유대인들을 향한 차별과 증오를 말한다. 영어로는 antisemitism이라고 하지만 셈족 전체를 겨냥하지 않고 오직 유대인들을 목표로 한다.

2차 세계대전 당시 독일군으로 복무한 흑인들의 모습(좌, 우)

자료 : instiz.net

창설한다. 계몽선전부의 목적은 예술, 음악, 연극, 영화, 서적, 라디오, 교육 자료 및 언론을 통하여 나치의 메시지를 대중에게 효과적으로 전달하는 데에 있었다.

당시에는 나치의 선전·선동에 관심을 갖는 대중들이 있었다. 나치는 독일인들에게 외국의 적들과 유대인의 독일 전복 음모에 대하여 상기시켰다. 유대인에 대한 법안의 통과와 처단 정책이 시행되기 전, 선전·선동 캠페인은 유대인에 대한 폭력을 묵인하는 분위기를 조성하였다. 특별히 1935년 9월의 뉘른베르크 인종 법안과 1938년 반유대주의에 근간한 경제 법안의 통과 이전과 '수정의 밤' 이후에는 그 분위기가 최고조에 달하였다. 선전은 유대인에 대하여 곧 실현될 정책들을 나치가 개입하여 '질서를 바로잡는' 것으로 인식하게 하여 이러한 정책들을 받아들이도록 독려하였다.

제1차 세계대전 당시 독일 영토에 속하였던 체코슬로바키아와 폴란드 같은 동부 유럽 국가에서 독일 인종에 대한 차별도 나치 선전의 주제였다. 이러한 선전은 정치적 명분과 소위 말하는 독일인들에 대한 인종적 자각을 불러일으킬 명분을 모색하였다. 이는 또한 유럽 강대국들을 포함한 외국 정부들이 오해하도록 유도하여 나치가 유럽의 다른 나라들을 합병하는 데 구실을 마련하도록 하였다.

나치 독일 치하의 유대인(왼쪽)은 외출 시 '다윗의 별'을 달고 다녀야 했다. 나치는 아리안족만이 완전한 인간이라고 주장하며 대학살을 저질렀다.

자료 : news.joins.com

프로파간다의 달인

독일이 소련을 침공한 후, 나치의 선전·선동은 자국 국민과 군인, 경찰 및 점령지의 비독일인들에게 소련의 공산주의가 유럽의 유대인과 연결되어 있음을 강조했다. 독일을 유대인과 볼셰비키의 위협으로부터 '서구' 문화를 수호하는 역할을 수행하는 것임을 강조하고 소련이 전쟁에서 승리할 경우 일어날 수 있는 일들을 종말론적 그림을 통해 강조하였다. 이러한 선전은 1943년 2월, 독일이 스탈린그라드 전투에서 대패하고 난 후 극심해졌다. 이러한 주제는 전쟁 말기까지 나치와 비非나치 독일인들 그리고 지방 협력자들까지도 전투에 참여하도록 유도하는 결과를 낳기도 했다.

특히 홍보 영화는 반유대주의 사상과 독일군의 우수성, 그리고 나치 이데올로기에 의해 적으로 간주된 자들의 악마적 성향을 유포하는 데 중요한 역할을 담당하였다. 나치 영화는 유대인들을 아리아인의 사회를 더럽히는 '사람만도 못한 존재'로 묘사하였다. 예를 들어, 프리츠 히플러Fritz Hippler가 제작한 영화 〈영원한 유대인The Eternal Jew〉1940년은 유대인을 성과 돈에 집착하며 방랑하는 문화적 기생충으로 묘사하였다. 레니 라이펜슈탈Leni Reifenstahl이 감독한 다른 영화 〈의지의 승리The Triumph of the Will〉1935년는 히틀러와 나치 사회주의 운동의 찬란함에 대하여 조명하였다. 라이펜슈탈의 다른 두 작품인 〈국가의 축제Festival of the Nations〉와 〈미의 축제Festival of Beauty〉1938년는 1936년, 베를린 올림픽 게임과 올림픽으로 인하여 그 국가적 지위가 상승된 나치 정권에 대하여 묘사하고 있다.

독일 신문들 중, 무엇보다도 슈튀르머Der Stürmer, 돌격대는 반유대주의적 관점의 만화를 통하여 유대인을 희화하였다. 1939년 9월, 폴란드 침공으로 독일이 제2차 세계대전을 일으킨 후, 나치 정권은 독일 국민과 군인들에게 유대인은 단순히 인간 이하의 존재일 뿐만 아니라 독일 제국의 위험한 적이라는 사실을 주입시키기 위한 선전 기법을 사용하였다. 나치 정권은 독일인 정착 지역에서 유대인들을

어린이 도서의 삽화. 머리글에는 '유대인은 우리의 불행' 그리고 '유대인의 속임수법'이라고 쓰여 있다. 독일, 1936년.

자료 : encyclopedia.ushmm.org

영구히 제거하기 위한 자신들의 정책에 대해 지지 또는 최소한 묵인을 이끌어 내기 위하여 이와 같은 대대적인 선전을 수행한 것이었다.

유럽 유대인에 대한 대량학살인 소위 '최종해결[2]'의 실현 과정에서 집단학살 수용소의 SS 간부들은 독일과 유럽 전역에서 홀로코스트의 희생자인 유대인들을 가능한 한 자연스럽게 집단학살 수용소로 수송하기 위해 필요한 속임

수들을 강구하였다. 수용소 및 학살 수용소의 간부들은 곧 가스실로 보내질 수감자들에게 집으로 엽서를 보내어 자신들은 좋은 환경에서 좋은 대우를 받고 있다고 알리도록 강요하였다. 그런 방식으로 수용소 당국은 자신들의 학살과 대량 살상을 은폐하기 위한 선전 수법을 사용하였다.

1944년 6월, 독일 치안 경찰은 국제 적십자사로 하여금 보헤미아와 모라비아[현재 체코 공화국]의 감독 지역에 위치한 테레지엔슈타트 수용소-게토를 방문하도록 허락하였다. 1941년 11월, SS와 경찰은 독일 제국에 사용할 선전 도구로 사용하기 위하여 테레지엔슈타트[3]를 설립하였다. 수용소-게토는 나이가 많거나 장애가 있

2   유대인들을 말살하고자 한 나치의 계획.

3   테레진(체코어: Terezín, 독일어: Theresienstadt 테레지엔슈타트)은 체코의 우스티 주에 있는 도시이다. 면적은 13.57 km², 인구는 약 2,900명이다. 제2차 세계대전 당시 게슈타포는 테레진에 테레지엔슈타트 강제 수용소를 설치하였다. 약 144,000명의 유대인이 이곳에 수용되었고, 이들 중 33,000명이 여기서 죽었다. 약 88,000명은 아우슈비츠 강제 수용소 등의 다른 수용소로 이송되었고 전쟁이 끝났을 때 단 19,000명만 생존해 있었다.

프로파간다의 달인

테레진

자료 : ko.wikipedia.org

는 상이군인 또는 지역 예술가나 음악가들을 '동부 지역'에 강제 노동으로 보내는 것에 대하여 의구심을 가지는 독일인들에 대하여 납득할 만한 설명을 하기 위하여 사용되었다. 1944년의 방문에 대비하여 게토는 '미화' 프로그램까지 시행해야 했다. 조사에 즈음하여 감독 지방의 SS 간부들은 테레지엔슈타트 '주민'들이 관대한 처우를 즐기고 있는 영상을 촬영하기 위하여 게토 주민들을 이용하기도 했다. 영상이 완성되었을 때, 독일군은 촬영에 출연한 대부분의 사람들을 아우슈비츠-비르케나우 집단학살 수용소로 보냈다.

나치는 정권 말기까지도 자신들의 선전을 독일 국민으로 하여금 자신들의 정복 전쟁을 지지하도록 만드는 데 효과적으로 활용하였다. 나치의 선전·선동은 유럽의 유대인들과 나치 통치의 다른 희생자들에 대한 대량학살 정책을 수행하는 데 있어서 핵심적 역할을 담당하였다. 이는 또한 방관자적인 다른 수백만의 사람들로 하여금 인종탄압과 대량학살을 묵인하도록 하는 역할도 수행하였다.

나치 선전 및 검열

민주주의를 종식시키고 독일을 일당 독재로 전환시키는 데에 성공한 나치는 독일인의 충성심과 협조를 얻기 위해 대대적인 선전 운동을 조직했다. 요제프 괴벨스Joseph Goebbels 박사가 이끌던 나치 선전부는 신문, 잡지, 서적, 공공회의, 집회, 예술, 음악, 영화 및 라디오 등을 비롯하여 독일의 모든 형태의 커뮤니케이션을 통제했다. 어떤 형태로든 나치 신뢰 또는 정권에 위협이 되는 관점들은 모든 매체에서 검열되거나 제거되었다.

1933년 봄, 나치 학생 단체, 교수 및 사서 등은 독일인이 읽어서는 안 될 서적에 대한 긴 목록을 만들었다. 그런 다음 1933년 5월 10일, 나치는 독일 전역의 도서관과 서점들을 급습했다. 이들은 횃불을 들고 야간 행진을 하고 구호를 외치며 거대한 장작불에 책들을 소각했다. 그날 밤 2만 5,000권 이상의 책들이 불에 탔다. 불탄 서적들 중에는 알버트 아인슈타인과 지그문트 프로이트를 비롯한 유대인 작가들의 책들도 있었다. 대부분의 책들은 잭 런던, 어니스트 헤밍웨이, 싱클레어 루이스 등과 같은 유명한 미국인들을 비롯한 비유대인 작가들이 저술한 책이었는데, 나치의 생각에는 이들의 사상이 자신들과 다르다고 생각했기에 읽어서는 안 될 책들이라고 결론지었다.

보고 듣지 못하는 장애를 극복한 헬렌 켈러의 책들도 나치가 검열하여 불에 태웠는데, 그녀는 자

1933년 5월 10일 나치의 주도로 독일 전역에서 벌어진 대규모 분서(焚書) 사건은 세계를 경악케 한 반지성적 반문명적 퍼포먼스였다.

자료 : m.blog.naver.com

신의 책들이 불에 탔다는 소리를 듣고는 "강압으로는 사고의 힘을 이길 수 없다."라고 말했다. 미국의 뉴욕, 필라델피아, 시카고 및 세인트루이스 등지에서 수십만 명이 모인 대중 집회에서 언론의 자유에 대한 명백한 위반인 서적 소각 행위를 규탄했다.

나치의 사상을 전파하는 데 있어서 학교도 중요한 역할을 했다. 검열을 통해 교실에서 일부 교과서의 사용이 제거된 반면, 새롭게 저술된 교과서들을 통하여 당에 대한 무조건적 복종, 히틀러에 대한 사랑, 그리고 반유대주의 사상 등을 학생들에게 가르쳤다. 히틀러 청년단과 독일 소녀 연맹은 방과 후 활동에서 어린이들에게 나치당에 충성하도록 가르치고 훈련시켰다. 교내와 교외에서 청소년들은 아돌프 히틀러의 생일과 그의 정권 창출 기념일과 같은 행사들을 축하하는 데 동원되었다.

아돌프 히틀러가 아돌프 지글러(나치에 복무한 화가 겸 정치가)를 대동하고 1937년 뮌헨 '퇴폐미술전'의 준비 상태를
점검 차 둘러보고 있다.

주요 날짜

 1930년 12월 5일

영화 개봉을 방해한 요제프 괴벨스

베를린에서 아돌프 히틀러의 최고 참모 중 하나인 요제프 괴벨스Joseph Goebbels
와 나치 돌격대SA는 에리히 마리아 레마르크Erich Maria Remarque가 저술한 동명 소

프로파간다의 달인

설로 제작된 영화 〈서부 전선 이
상 없다All Quiet on the Western Front〉
의 개봉을 방해한다. 나치 시위
자들은 연막탄과 최류탄을 던지
면서 영화를 중단시킨다. 이러
한 소란에 항의한 청중에게는
폭력이 가해진다. 소설이 전달
하고자 하는 전쟁의 잔학상과
부조리를 '독일답지 못한' 것이라
고 간주한 나치에게 있어서 이
소설은 그리 달가운 것이 아니

영화 〈서부 전선 이상 없다〉 상영 금지

자료 : blog.daum.net

었다. 결국, 이 영화는 상영 금지된다. 1931년 레마르크는 스위스로 이민을 가게
되는데, 나치는 권력을 장악하면서 1938년 그의 독일 시민권을 박탈한다.

　레마르크의 원작 소설은 평화에 대한 기대가 한껏 부풀었던 1929년 1월 31일
출간돼 그해 독일에서만 50만 부 넘게 팔린 것은 물론 18개월 만에 세계 25개국
언어로 번역돼 300만 부 이상 팔리는 화제를 모았다. 루이스 마일스턴이 감독한
영화는 1930년 아카데미 최우수작품상과 감독상을 수상했다.

　하지만 당시 독일은 반전영화를 수용할 분위기가 아니었다. 3개월 전 치러진
총선에서 나치가 107석을 획득하면서 제2당으로 급부상하면서 파쇼화가 막 태
동하고 있었다. 경제공황으로 400만 명의 실업자가 거리로 내몰렸고, 몰락한 중
산층은 프랑스와 유대인을 향해 증오의 눈길을 보내고 있었다. 나치는 그 기회
를 놓치지 않고 선동했고, 대중은 그런 나치에 열광했다. 나치의 광기狂氣는 〈서부
전선 이상 없다〉와 같은 소설과 영화를 용납하지 않았던 것이다.

나치 선전부장관으로 임명되는 요제프 괴벨스

아돌프 히틀러가 가장 신임하는 참모 중 하나인 요제프 괴벨스Joseph Goebbels는 제국 대중계몽선전부Reich Ministry for Popular Enlightenment and Propaganda의 장관으로 임명된다. 이 부서는 대중 오락 및 문화 프로그램극장, 예술 및 음악을 비롯하여 모든 대중 매체신문, 라디오 프로그램 및 영화의 출판물 및 방송을 통제하게 된다. 괴벨스는 나치 인종주의와 그 사상을 대중 매체에 통합시킨다.

히틀러의 잔인하고도 뛰어난 선전부장관 요제프 괴벨스(왼쪽)가 거구인 헤르만 괴링 옆에 서 있다. 괴링이 나치의 경제·경찰·공군을 장악했다면, 괴벨스는 독일의 '정신'을 통제했다.

자료 : news.joins.com

 1933년 5월 10일

베를린의 서적 소각 행사에서 연설하는 요제프 괴벨스

베를린의 오페라 광장에서 독일 선전부장관 요제프 괴벨스의 연설을 듣기 위해 4만 명의 사람들이 모여든다. 괴벨스는 유대인, 자유주의자, 좌익, 평화주의자, 외국인, 그리고 '독일인이 아닌' 기타 사람들이 저술한 서적을 비난한다. 나치 학생들이 서적을 불태우기 시작했다. 독일 전역의 도서관에서는 '검열된' 서적이 제거된다. 괴벨스는 '독일 정신의 정화'를 외친다.

독일 제3제국 장관인 괴벨스 박사는 젊은이들을 향하여 연설하였다. "친애하는 학생 여러분, 독일의 신사 숙녀 여러분, 과장된 유대계 지식인들의 시대는 이제 종말에 이르렀습니다. 독일 혁명의 승리는 독일의 나아갈 길을 분명하게 하였습니다. 그리고 미래 독일인들은 그저 책 속의 인물로만 머무는 것이 아니라 실제 그 인물이 될 것입니다. 그리고 이를 달성하기 위하여 우리는 여러분들을 교육하기를 원합니다. 이러한 목표를 신속하게 달성하기 위하여 용기 있는 자들은 삶을 냉정한 눈으로 관찰하기를 원합니다. 죽음을 존경하면 죽음에 대한 공포로부터 벗어날 수 있습니다. 이것은 젊은이들의 사명입니다. 그러므로 이 시간에 과거의 지적 쓰레기들을 불길 속으로 던져버리는 여러분을 치하합니다. 이것은 11월의 공화국의 지적 기반이 이제 전환점을 맞았음을 전 세계에 알리는 강력하고 위대하며 상징적인 책임의 인수, 바로 그것입니다. 그러나 오늘의 희생을 기점으로 이제 새로운 정신의 승리가 일어날 것입니다."

1932년 베를린 루스트 정원의 대중들 앞에서 연설 중인 괴벨스

자료 : m.blog.naver.com

03

언론 장악

　국민들을 전체주의 국가가 원하는 틀로 주조(鑄造)하기 위해 가장 필요한 것은 '언론 장악'이었다. 괴벨스는 "언론은 '정부의 손안에 있는 피아노'가 되어 정부가 연주해야 한다."라고 공언했다. 괴벨스는 그럴 경우 언론이 재미 없어진다는 것도 알고 있었다. 그는 그에 대한 해법도 제시했다. "언론이 기본 원칙에서는 일치해야 하지만 뉘앙스는 다양해야 한다."라는 것이다.[4]

　괴벨스의 언론 장악은 '획일화'라는 말로 표현됐다. 먼저 국회의사당 방화사건 후 공포된 대통령 긴급조치에 따라 좌파 언론들과 유대계 언론사들이 폐쇄됐다. 영국의 〈타임스〉, 미국의 〈뉴욕타임스〉와 어깨를 나란히 하던 230년 역사의 〈포시셰 차이퉁 Vossische Zeitung〉은 1934년 4월 폐간됐다.

4　배진영, "언론은 '정부의 손안에 있는 피아노'… 정부가 연주해야 한다", Daily 월간조선, 2018.7.

대중을 지배하기 위한
괴벨스의 작전
전 국민에게 라디오 공급

자료 : mediatoday.co.kr

통신사들은 독일통신사BND로 통합됐다. 히틀러의 첫 내각에 경제장관 겸 농업
장관으로 입각했던 국가인민당 당수 알프레트 후겐베르크[5]도 자기 소유의 통신
사 텔레그라펜우니온을 빼앗기는 것을 피할 수 없었다.

나치 정권은 '편집인법'을 제정하여 그때까지 신문·잡지의 발행인이 지던 책임
을 편집인도 나누어지도록 했다. 이를 통해 국가가 편집권에 직접 영향력을 행

---

5   알프레트 에른스트 크리스티안 알렉산데르 후겐베르크(Alfred Ernst Christian Alexander Hugenberg, 1865년
6월 19일 ~ 1951년 3월 12일)는 전간기 독일의 영향력 있는 정치인이자 사업가이다. 독일 국가인민당 당수로서 아돌
프 히틀러가 총리가 되는 데 지대한 공헌을 했으며 1933년 제1차 히틀러 내각의 각료가 되었다. 후겐베르크는 자신이
히틀러를 제어할 수 있다고 생각하고 히틀러를 자신의 '도구'로서 사용하려고 했지만, 독일 제3제국이 성립한 이후에
는 아무런 영향력도 발휘하지 못했다.

사할 수 있게 됐다.

언론인으로 활동하려면 선전부 문화원 산하 언론원言論院 회원이 되어야 했다. 언론원 회원이 되려면 '정치적 신뢰성'과 '아리안 인종'임을 입증해야 한다. 본격적인 유대인 탄압이 시작되기 훨씬 전인 나치 집권 초기부터 유대인들은 언론사에서 쫓겨났다. 괴벨스의 눈 밖에 난 언론인들은 언론원이 작성하는 언론인 명부에서 이름이 지워지거나 강제 수용소로 보내졌다.

언론을 연주하는 역할을 맡은 곳은 선전부 언론국이었다. 언론국은 매일 정오 언론사 회의를 소집해 '방향설정'을 하달했다. '보도지침'을 내린 것이다. '방향설정'은 활자 크기와 기사에 사용할 단어와 그 뉘앙스, 기사의 분위기까지 지시했다.

괴벨스는 당시 세상에 등장한 지 10년도 되지 않은 라디오의 중요성에도 주목했다. 그는 "라디오만이 국민을 완전히 장악할 수 있게 해준다."라고 했다. 괴벨스는 '국민수신기'라는 이름의 염가형 라디오를 제작하여 보급했다. 국민들은 이 라디오를 '괴벨스의 주둥이'라고 불렀다.

괴벨스는 방송 장악 의도를 대놓고 천명했다.

"우리는 결코 숨기지 않는다. 방송은 다른 누구도 아닌, 바로 우리에게 속한다. 그리고 우리는 방송이 우리의 이념에 복무하도록 할 것이다. 방송에서는 그 어떤 다른 이념에 대해서도 발언해서는 안 된다."

그는 《공격》지에 쓴 글에서 "비판은 오로지 수용소로 가는 것을 겁내지 않는 자들에게만 허용된다."고 위협했다.

04

상징 조작

괴벨스는 상징 조작에도 능했다. 그 첫 작품은 1933년 3월 21일 열린 국회 개원식이었다. 행사는 독일인들의 국가적 영웅인 프리드리히 대왕이 잠들어 있는 포츠담의 가르니송 교회에서 열렸다. 힌덴부르크 대통령은 훈장을 주렁주렁 단 과거 독일제국 시절의 원수元帥 복장을 하고 나타났다. 연미복 차림의 총리 히틀러는 그 앞에서 공손히 고개를 숙이고 악수를 했다. 히틀러는 "과거의 전통을 계승하고, 이 과거에 부끄럽지 않은 미래를 만들어 나가겠다."라고 연설했다. 그 자리에 있던 모든 이가 힌덴부르크로 상징되는 영광스러운 옛 독일과 히틀러로 상징되는 젊고 힘찬 새 독일이 하나 되는 모습을 보았다고 확신했다. 그들은 나치 돌격대가 그동안 거리에서 자행했던 야만스러운 폭력과 히틀러가 《나의 투쟁》에서 천명한 반유대주의와 대외침략노선을 잊어버렸다. 포츠담에서의 행사가 있은 지 이틀 후인 3월 23일, 전권위임법이 국회를 통과했다. 국회의 입법권이 행정부로 넘어갔다.

히틀러에게 권력을 넘긴 독일 대통령

자료 : m.blog.naver.com

　그 직후 왕년의 자칭 '독일공산주의자' 괴벨스는 노동절인 5월 1일을 국경일로 선포하는 법률안을 제안, 통과시켰다. 노동절이 국경일이 된 것은 이때가 처음이었다. 노동자들은 나치당이 그 이름처럼 '노동자당'임을 확인하면서 축제를 즐겼다. 그 다음날 전국의 모든 노조勞組는 해산되고, 노조 지도자들은 강제 수용소로 처넣어졌다.

　자신의 부서를 선전부가 아닌 문화부로 명명하기를 바랐던 하이델베르크 대학교 문학박사는, 독일을 문화적으로 야만의 시대로 후퇴시켰다.

　1933년 5월 10일 밤, 괴벨스는 베를린의 프리드리히 빌헬름 대학교 건너편 광장에서 '비非독일적 도서' 2만 권을 불태우는 분서焚書 행사를 주관했다. 1937년에는 뮌헨, 이듬해 2월에는 베를린에서 '퇴폐미술전시회'라는 것을 열었다. 샤

프로파간다의 **달인**

베를린의 '퇴폐미술전시회'

자료 : m.blog.naver.com

갈, 클레, 코코슈카 등의 작품들이 전시됐다. 퇴폐 미술작품이라는 이유로 공공미술관에서 철거되거나 몰수된 작품 6,000여 점 가운데 5,000여 점은 1939년 3월 베를린 소방본부 마당에서 불구덩이 속으로 던져졌다. 약간의 작품은 외국으로 팔려나가 보존될 수 있었다.

괴벨스는 권력의 단맛도 놓치지 않았다. 선전장관으로서 그는 영화의 기획, 연출, 배역선정, 배급 등에 대해 절대 권력을 행사했다. 이런 권력을 이용해 그는 수많은 여배우와 염문艶聞을 뿌렸다. 괴벨스는 한때 체코슬로바키아 출신 리다 바로바Lida Baarova, 1914~2000에게 푹 빠져 아내 마그다와 이혼 지경에까지 이르렀다고 했다. 히틀러는 괴벨스에게 "이혼할 경우, 당신의 정치 경력은 끝장날 것이다."라고 경고했다. 권력과 애인 사이에서 괴벨스는 권력을 선택했다.

괴벨스는 막대한 국가 예산을 들여 자신의 저택과 별장을 짓게 하는 등 나랏돈을 물 쓰듯 했다. 그는 이를 자신이 평생 국가를 위해 헌신한 데 대한 당연한 대가라고 생각했다.

리다 바로바

자료 : www.reddit.com

05

가짜 뉴스 생산

괴벨스는 히틀러가 침략전쟁을 수행하는 과정에서 그 나팔수 역할을 충실히 했다.

히틀러 집권 초기에 그는 나치의 침략 야욕을 은폐하는 데 앞장섰다. 1934년 9월 말 괴벨스는 제네바에서 열린 국제연맹회의에 특사로 파견됐다. 그는 국내에서 정치투쟁을 할 때와는 달리 온건하고 세련된 언행으로 국제외교가로서 좋은 인상을 심어주었다. 괴벨스는 회의를 취재하러 온 각국 언론인들 앞에서 〈나치 독일, 그리고 평화를 위한 나치 독일의 과제〉에 대해 연설했다. 그는 이 연설에서 "새로운 독일이 미래의 팽창정책을 준비하고 있다는 주장은 황당무계한 소리"라고 주장했다.

히틀러의 침략 전쟁을 돕기 위해 괴벨스는 '가짜 뉴스'를 생산하는 일에도 앞장섰다. 히틀러가 1938년 체코슬로바키아의 주데텐Sudetenland 지방을 병합하려

했을 때, 독일 국민들은 주데텐에서 일
어나고 있는 독일계 주민들에 대한 끔찍
한 만행에 대한 보도들을 듣고 격분했
다. 그 '만행'이라는 것은 괴벨스의 참모
베른트가 지도와 주소록, 인명록을 보면
서 나키는 대로 짜깁기해서 만들어낸 것
이었다. 괴벨스의 선전활동은 영국·프
랑스 등에 주데텐이 '분쟁지역'이며, 이
문제를 독일에 유리하게 해결하는 것이
바람직하다는 인상을 심어주었다. 뮌헨
협정으로 나치 독일이 주데텐 지방을 손

발터 폰 브라우히치

자료 : ko.wikipedia.org

에 넣게 됐을 때, 육군총사령관 브라우히치[6] 대장은 괴벨스에게 그의 무기인 언
론과 선전이 승리를 가져왔다는 내용의 전보를 보내왔다.

1940년 봄 서부전선에서의 전쟁을 앞두고 괴벨스는 미국 국무부 차관보 섬너
월레스와 프랑스 총리 폴 레이노가 중부유럽 지도를 앞에 놓고 독일 분할을 획
책하고 있는 그림을 유포했다. 네덜란드·벨기에 침공을 앞둔 시점에는 신문·방
송을 통해 "독일은 두 나라에 대해 어떠한 공격 의사도 없다."라고 보증했다.

프랑스·영국과의 전쟁 때에는 선전용 지하 방송국들을 만들었다. 이 방송들
은 적군에게 탈영을 권유하고, 국민에게 염전厭戰 분위기를 전파시켰다. 이 방송

6 하인리히 알프레트 헤르만 발터 폰 브라우히치(Heinrich Alfred Hermann Walther von Brauchitsch: 1881년
10월 4일~1948년 10월 18일)는 제1차 세계대전과 제2차 세계대전에서 활약한 독일의 육군 군인이다. 그는 제2차
세계대전 초반에 독일 국방군 육군의 최고사령관을 맡아 독일의 승리에 기여했으나, 1941년 말 모스크바 공방전 실패
의 책임을 지고 물러났다.

〈민족의 파수꾼(Völkischer Beobachter)〉지

자료 : amazon.com

국들은 마치 프랑스나 영국 내에 있는 것처럼 위장했다.

1941년 6월 22일 소련 침공을 앞두고는 괴벨스 자신이 직접 '가짜 뉴스'의 생산과 전파傳播에 나섰다. 그는 나치당 기관지 〈민족의 파수꾼Völkischer Beobachter〉지에 '크레타의 예例'라는 글을 기고했다. 독일 공수부대가 맹활약했던 크레타 전투를 소개하면서, 공수부대를 앞세운 영국침공작전이 추진되고 있음을 시사하는 기사였다. 신문이 베를린 시내에 배포된 후, 괴벨스는 이 신문들을 서둘러 압수했다. 독일에 있는 외국 특파원들은 괴벨스가 실수로 천기天機를 누설했다고 생각했다. 세계의 관심이 독일의 영국 침공으로 쏠렸다. 하지만 침공을 당한 것은 영국이 아니라 소련이었다.

나치 스바스티카(Svastika)[7]가 그려진 기부금 모금함을 든 독일 자원 의료 봉사단
소녀를 그린 기부 포스터

자료 : m.blog.daum.net

7　만자문(卍字紋, Svastika)은 시계방향, 또는 반시계방향으로 꺾인 십자 모양의 무늬다. 불교, 힌두교, 자이나교, 시크
교 등의 인도 계통 종교의 대표적인 상징들 중 하나로, 卍(좌만자) 卐(우만자) 모양 둘 다 방향만 다를 뿐 모두 같은 만자가 맞
다. 보통 스바스티카라고 하면 오른쪽으로 돌아가는 형상이고, 왼쪽으로 돌아가면 사우와스티카라고 불리기도 한다. 또한
스바스티카를 상하좌우로 배열하면 돌림무늬이면서 번개무늬이기도 하다. 또한 별개로 서구권에서도 켈트 족 등을 비롯해
서 여러 곳에서 신성의 의미로나 전통적 상징으로써 쓰이고 발견된다. 인류 역사상 가장 오래된 상징 중 하나이며, 파일펏
(Fylfot), 감마디온(Gammadion), 테트라스켈리온(Tetraskelion), 하켄크로이츠(Hakenkreuz) 등 어원이 다른 제각각의
다양한 이름이 있다.

PROPAGANDA

CHAPTER **09**

괴벨스,
대중 선동의 심리학

CHAPTER **09**

괴벨스,
대중 선동의 심리학

독일 나치스가 지배하던 제3제국의 선전장관이자 '총력전' 전권위원이었던 요제프 괴벨스Joseph Goebbels, 1897~1945는 가장 열광적인 히틀러 숭배자였으며, 나치즘의 화신이었다. 괴벨스의 본격 평전인 《괴벨스, 대중 선동의 심리학》은 그가쓴 8만여 쪽에 달하는 방대한 일기와 소설, 연설문, 편지 등 방대한 자료를 꼼꼼히 분석해 괴벨스의 내면세계를 가장 깊숙한 지점까지 파헤쳐 들어간 탁월한 나치 심리의 해부서이다. 가장 많이 대중 앞에 섰으면서도 단 한 번도 자신을 보여준 적 없었던 비밀스러운 인물이 스스로 입을 열어 모든 것을 털어놓도록 이끄는 독특한 성격의 전기적 연구이다.

저자 랄프 게오르크 로이드Ralf Georg Reuth는 1952년 독일의 오버프랑켄에서 태어났다. 대학에서 역사학과 독문학을 공부하고 1983년 역사학 박사학위를 받았다. 저널리스트로 활약해 온 그는 현재 시사주간신문 〈벨트 암 존탁Welt am Sonntg〉의 수석 특파원으로 일하고 있다. 《괴벨스 일기》2002년를 편집했으며, 저서에 《히

자료 : m.yes24.com

틀러, 정치적 전기》2003년, 《로멜》2004년 등이 있다.

이 책은 전체 15개 장으로 이루어져 있으며, 국내 번역서는 1,000쪽이 넘는 방대한 볼륨을 자랑하고 있다. 이하 각 장을 간단히 요약함으로써 전체 내용을 소개하기로 한다.

01
프로파간다의 **달인**

신은 왜 그를 경멸받고
조롱당하도록 만들었는가? 1897~1917

괴벨스에게 삶은 힘겹게 시작되었다. 그는 갓난아기 때 폐렴을 앓아 "소름 끼치는 신열이 가져온 환영 속에서" 거의 죽을 뻔했다. 살아남았지만 그는 '허약한 꼬마'가 되었다. 20세기가 시작되고 얼마 지나지 않아 그는 골수염에 걸렸다. 그는 이에 대해 유년기에 겪은 "삶의 방향을 결정지은 사건 중 하나"라고 회고한 바 있다. …… 가족의 주치의와 안마사는 이미 치료가 끝났다고 여겼던 오른쪽 다리의 마비를 다시 치료하기 위해 그 후 2년 동안 애썼다. 그러나 끝내 그들은 절망에 빠진 부모에게 요제프의 다리는 평생 동안 마비될 것이고 성장이 지체될 것이며 점차 만곡족彎曲足이 될 것이라고 말할 수밖에 없었다. …… 어른들의 모욕적이고 동정 어린 시선과 친구들의 놀림 때문에 괴벨스는 신체적 장애가 모든 것에 그늘을 드리운다고 여기게 되었다. 그리하여 자신을 열등하다고 생각하고

한 쪽 다리를 저는 단신의 괴벨스

자료 : gall.dcinside.com

집 밖으로 나가기를 꺼리게 되었다.[1]

괴벨스도 한스 형이나 급우 프리츠 프랑이나 얼마 전 사귄 리하르트 플리스게스처럼, 조국을 위해 곧바로 출정하려 했다. 그는 어느 작문에 쓴 것처럼, "처와 자식을 위하여, 가정을 위하여, 고향과 조국을 위하여, 싱싱한 젊은 목숨을 내놓으려 출정하는 병사는 조국에 가장 고귀하고 명예로운 봉사를 하는 것"이라고 보았기 때문이다. 그러나 그는 저주스러운 장애 때문에 또 한 번 이방인에 머물러야 했다. …… 젊은이들을 사로잡은 민족적 열광은 요제프 괴벨스의 출신 성분도 가릴 수 있었다. 거의 성인에 가까운 중등학교 고학년이 된 괴벨스가 '스탠드 칼라 프롤레타리아'의 아들로서 부유한 상인, 관리, 의사의 자녀들과 함께 지내는 일은 아무래도 전시보다는 평화시에 더 힘들었을 것이다. 젊은 괴벨스가 '진정한 민족공동체Volksgemeinschaft'라는 비전을 진지하게 품게 된 데는 이러한 이유도 있었을 것이다.[2]

---

1 랄프 게오르크 로이드 저, 김태희 옮김, 괴벨스, 대중 선동의 심리학, 교양인, 2006, pp.22~23.

2 같은 책, pp.33~35.

프로파간다의 달인

02
프로파간다의 **달인**

내 안의 혼돈 1917~1921

　괴벨스는 특이하게도 사회적인 갈등도 모두 이_{바이마르} 공화국의 책임이라고 여겼다. 그는 항상 빈털터리 '가련한 악마'인 자신과 연인인 안카 슈탈헬름 사이에 존재하는 사회적 장벽을 느낄 때마다 사회적인 갈등을 더욱 중요하게 여기게 되었다. …… 특히 마음 아팠던 일은 안카 슈탈헬름의 가족이 그녀에게 빈털터리 장애인과 너무 가까이 하지 말라고 계속 충고를 했던 일이었다. …… 라이트에서 괴벨스는 조직화된 노동자들과 토론을 벌이기까지 했다. "이런 방식으로 노동자 계층의 운동을 어느 정도 이해할 수 있는 것이다."[3]

　안카 슈탈헬름과 헤어진 뒤 괴벨스는 절망을 이기려고 '술고래' 노릇을 하거나 책들에 파문혔다고 나중에 회고했다. 오스발트 슈펭글러의 《서구의 몰락》을 읽

3　같은 책, pp.60~62.

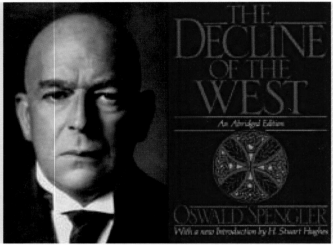

자료 : greenbee.co.kr

은 것도 전반적으로 그의 심리 상태를 보여주고 있었다. 그 니체 모방자가 쓴 역사 형태학에서 괴벨스는 모든 문화가 생성과 소멸이라는 존재의 영원한 법칙에 묶여 있다는 것을 읽었다. 그는 지금이 영혼이 없는 물질의 시대, 산업과 '문명'의 시대가 도래하고 모든 문화가 소멸하기 시작하는 때임을 그 책에서 읽었다. 그 시대의 대다수 사람들처럼 그도 이미 제1차 세계대전 전에 쓴 그 책이 독일의 현재를 통해 입증되고 있다고 보았다. 슈펭글러의 책은 여전히 괴벨스의 희망이었던 '정의로운 세계'의 비전에 가위표를 그었다. 영원한 생성과 소멸의 법칙에 따르면 오로지 강자가 지배해야 하기 때문이다.[4]

4 같은 책, p.80.

03

프로파간다의 **달인**

회의주의를 이겨내자.
나는 강하고자, 믿고자 한다 1921~1923

1923년 1월 2일 괴벨스는 드레스덴 은행에서 일을 시작했다. …… 그는 박사학위가 있었지만 직장 생활에서는 여전히 '딱한 녀석'에 불과했다. …… 다시 몸도 허약해지고 신경쇠약에 걸린 괴벨스는 매일 은행에서 겪는 일도 부당하다고 느꼈다. 인플레이션 때문에 소시민들은 저축한 돈을 잃어가는 반면 토지와 현물을 담보로 한 채무는 사실상 무효화되어 갔기 때문에 그렇지 않아도 부유한 토지와 현물 소유자는 더욱 부유해졌다. 은행 앞에서는 죄 없는 사람들이 굶주리고 있는데, 뻔뻔스러운 투기자들은 외환거래를 이용해, 그리고 곤경에 빠진 사람들로부터 토지를 헐값에 사들여서 엄청난 재산을 긁어모으고 있었다. 괴벨스는 그들이 돈을 두고 벌이는 행태를 가리켜 "너희들은 자본 투자라고 말하지. 그러나 그런 그럴듯한 말 뒤에는 더 많은 돈을 모으려는 짐승 같은 허기만이 있을 뿐이

자료 : hygall.com

다. '짐승 같은'이라고 말했지만, 이 표현은 짐승에 대한 모욕이다. 왜냐하면 짐승
은 배가 부르면 먹기를 그치기 때문이다."라고 말했다.[5]

괴벨스는 더 나은 세계로 나아가는 길은 우선 '국제 유대주의'의 헤게모니에
대항하여 싸우는 데 있다고 믿었다. 슈펭글러는 '문화'의 속된 물질주의적 종말
의 시기인 '문명'으로 넘어가면서 서구의 몰락이 다가온다고 예언했지만, 괴벨스
의 생각으로는 유대인의 '제거'로 그러한 몰락을 막을 수 있었다. 괴벨스는 우리,
즉 '새로운 인간'에게는 슈펭글러가 퍼뜨린 몰락의 두려움을 극복하는 것이 중요
하다고 보았다.[6]

5   같은 책, pp.96~100.
6   같은 책, p.120.

이 남자는 누구인가?
반은 평민이고 반은 신이다! 1924~1926

뮌헨으로부터 불과 몇 킬로미터 떨어진 곳, 란츠베르크 요새에 갇혀 있는 한 남자아돌프 히틀러가 괴벨스의 의식 속에서 점점 더 커다란 자리를 차지했다. 그러나 그 남자는 정치 무대에 등장했던 때와 마찬가지로 그렇게 홀연히 사라져버렸기에 마치 유령 같은 느낌을 주었다. 바로 그가 낯설다는 이유 때문에, 갇혀 있는 그의 정체가 알려지지 않고 있다는 이유 때문에, 그가 어떤 사람인지에 대한 지식보다는 수수께끼가 더 많기 때문에, 그리고 수많은 요소들이 미화되었기 때문에, 괴벨스는 자신이 갈망하는 구원의 이념과 행동하는 인간의 모습을 히틀러에게 투영하기 시작했다.[7]

---

7 같은 책, p.127.

아돌프 히틀러

자료 : ko.wikipedia.org

베를린에서 괴벨스는 당원이 500명도 되지 않고 내분에 휩싸여 있는 당을 재조직하여 나치 운동을 발전시키는 과제를 안고 있었다. 히틀러는 당의 힘은 '당과 돌격대의 지역 활동가들'의 능력에 달려 있음을 알고 있었다. 히틀러가 괴벨스를 최적의 인물로 생각하고 그 자신의 관행과는 달리 외부인을 관구장으로 임명한 것은 괴벨스가 자신을 맹목적으로 신봉하며, 뛰어난 언변을 갖추고 지칠 줄 모르고 일하는 지식인 활동가라고 생각했기 때문이다. 게다가 괴벨스는 사회주의적 견해를 지니고 있어 '붉은 베를린'당시 베를린에서는 사회주의 세력이 강력했다에 적절했고, 동시에 슈트라서의 라이벌로서 베를린에서 슈트라서의 영향력을 제한하는 역할을 할 것이었다. 즉, 괴벨스는 히틀러가 제국 수도로 진출하고 이를 통해 집권으로 나아가는 길을 닦을 적임자였던 것이다.[8]

---

8 같은 책, p.167.

05

죄악의 구렁텅이, 베를린!
나는 그 안으로 떨어져야 하는가?1926~1928

어떤 대가를 치르더라도 눈에 띄는 일이 중요했다. 그리고 눈에 띄기를 원한다면 길거리에 보이는 모든 사람들의 눈에 띄어야 했다. 괴벨스의 견해에 따르면, 대중의 시대에 거리는 '현대 정치의 가장 큰 특징'이었다. 훗날 그는 "거리를 정복할 수 있다면 대중을 정복할 수 있다. 그리고 대중을 정복하는 자는 국가를 정복한다."라고 회고했다. '희생 공동체' 조직원들에게 이러한 과업을 준비시키려면 무엇보다도 웅변 훈련이 필요했다. "파시즘과 볼셰비즘을 형성한 것은 바로 다름 아닌 위대한 웅변가들, 위대한 언어의 예술가들이었기 때문이다. 연설가와 정치가 사이에는 구별이 없다."라고 썼던 베를린 관구장 괴벨스는 11월 16일에 웅변 학교를 만들었다.9

9 같은 책, p.180.

자료 : twitter.com

괴벨스가 발산하는 매력은 많은 사람들에게 '거역할 수 없는 것'이었다. 당시 막 돌격대에 입회한 베를린의 19살 난 목사 아들이 이 사실을 묘사하고 있다. 그는 바로 호르스트 베셀이다. …… 정의로운 세계를 그리는 나치의 이념은 이상과 가치를 잃어버린 시대에 목사의 아들을 매혹했다. 나치당을 통해 '정치적으로 깨어난' 그는 그 이념을 전파하는 베를린의 '설교자'를 우러러보았다. "이 남자의 웅변과 조직 능력은 유일무이하다. 그에게는 부족해 보이는 부분이 하나도 없다. 당의 동지들은 깊은 애정으로 그에게 의지하고 있다. 돌격대는 그를 위해서라면 기꺼이 목숨을 바칠 것이다. 괴벨스는 바로 히틀러 자신과 같다. 괴벨스는 바로 우리의 괴벨스이다."[10]

10 같은 책, p.182.

06
프로파간다의 **달인**

우리는 혁명가이고자 한다.
언제까지나 _{1928~1930}

지방 선거의 성과에 고무된 히틀러는 합법적 수단으로 정권을 획득하는 것이 가능하다고 믿게 되었다. 그러나 그 목적을 이루려면 히틀러는 동맹자들이 필요했다. 제1차 세계대전 참전군인 연맹인 철모단[11] 외에 독일 국가인민당이 동맹의 고려 대상이었다. …… 괴벨스에게는 그가 증오하는 '반동'과의 협력은 나치를 배반하는 것과 같았다. 그것은 영 안_{Young Plan}에 반대하는 당의 선동이 처음으로 폭

---

11 전선병사동맹 철모단(Stahlhelm, Bund der Frontsoldaten)은 약칭인 철모단(Der Stahlhelm)으로 잘 알려진 준군사조직이다. 제1차 세계대전에서 독일이 패배한 뒤 우후죽순 생겨난 군사조직들 중 하나로, 원래 불법단체인 흑색 국가방위군의 한 지부였다가 나중에 바이마르 공화국이 설립되자 보수 왕당파 독일 국가인민당의 무장행동대 구실을 했다. 1933년 나치가 권력을 잡자 그리로 흡수되었다. 1945년에 나치 독일이 패망하였으나 철모단은 1951년 퀼른에서 재결성되었고, 이듬해인 1952년에는 감옥에 갇혀 있던 알베르트 케셀링을 단장으로 추대했다. 현재까지도 철모단의 잔당들이 암약해 있으나, 정치적 영향력은 전무하다.

철모단 배지(Badge)

자료 : twitter.com

넓은 대중에 먹혀들어갈 것처럼 보였기 때문에 더욱 그러했다. …… 괴벨스에게
는 그러한 성과를 다른 세력에게 빼앗기지 않도록 하면서 한편으로는 보수적 민
족주의 세력과 맺은 동맹 때문에 그가 누구보다 끌어들이고 싶어 하는 사람들,
즉 노동자들을 놀라게 해서는 안 된다는 점이 중요했다.[12]

12 같은 책, pp.231~232.

프로파간다의 달인

이제 우리는 합법적이다.
아무래도 상관없지만, 어쨌든 합법적이다 1930~1931

히틀러는 1930년 4월 26일, 뮌헨의 지도자 회의에 참석하려고 전국에서 모여든 최고 간부들 앞에서, 슈트라서 형제와 그 추종자들에 반대하는 공식 입장을 발표했다. 슈트라서 진영은 그동안 히틀러가 독일 국가인민당에 접근하는 것과 유력 실업가들의 호의를 얻으려는 알랑거림을 비판해 왔고, 거침없는 반자본주의 노선을 과시하면서 포괄적인 국유화 조치와 소련과의 동맹을 주장했다. ……괴벨스가 이 일을 그토록 격정적으로 일기에 쓴 것은 히틀러가 거의 1년 전부터 그에게 약속했던 것을 마침내 실천에 옮겼기 때문이기도 할 것이다. 슈트라서 형제들에 대한 '앙갚음'사실 이는 온건한 비판에 더 가까웠지만 후에 히틀러는 다시 자리에서 일어나서 '쥐 죽은 듯이 고요한' 가운데 괴벨스를 제국선전책에 임명한다고 선언했던 것이다. 마침내 괴벨스는 그레고어 슈트라서가 1927년 히틀러에게 양도했던

그 자리를 얻었다.[13]

파울 요제프 괴벨스

괴벨스는 슈테네스, 돌격대와 결속감을 느끼면서 다른 한편으로 자신에게는 불가침의 위대한 인물인 히틀러를 따르고자 하는 자기 분열 때문에 자신을 마냥 속이게 되었다. 그의 자기기만은 그가 돌격대를 위하여 호르스트 베셀 1주기를 성대하게 기념한 후인 1931년 3월 돌격대의 충성을 확고히 하려고 연출한 사건에서 절정에 이르렀다. 돌격대원 한 사람이 괴벨스를 '폭탄 테러'에서 구해냈다는 것이었다. 괴벨스는 이러한 연출의 '영감'을 테러에 희생될 수 있다는 히틀러의 걱정에서 얻은 것으로 보인다. …… 괴벨스는 일기에 이렇게 썼다. "어제 아침 나를 해치려는 폭탄 테러가 있었다. 폭발물을 담은 소포가 우편으로 사무국에 도착했다. …… 그것이 폭발했다면 분명 눈과 얼굴이 날아가 버렸을 것이다." 관구장은 테러라는 동화를 써서 자신까지도 속였다.[14]

자료 : namu.wiki

13　같은 책, pp.258~260.

14　같은 책, pp.296~297.

08
프로파간다의 **달인**

일개 상병이 합스부르크 왕가를 계승하다니,
기적이 아닌가?_{1931~1933}

1932년 2월 22일 제국선전책 괴벨스는 체육궁전에서 열린 베를린 나치당 당원 총회에서 '총통 각하'가 대통령 선거에 출마한다고 발표했다. '열광의 물결'이 10분 가까이 계속되었다. …… 괴벨스는 선거전 도중 전례 없이 히틀러를 신화로까지 미화했다. 3월 5일 〈공격〉지에 괴벨스는 '우리는 아돌프 히틀러에게 투표한다'라는 제목의 기사에서 히틀러를 '대독일인', '총통', '예언자', '전사', '대독일의 히틀러' 등으로 명명했다. 그러한 표현들은 오스트리아인으로 태어난 히틀러가 '민족의 고난'을 온몸으로 체험하였고 그의 그때까지의 삶이 대독일 제국에 대한 향수로 가득 차 있음을 의미하는 것이었다. 또 그 표현들은 그가 과거 건설 노동자였기에 노동과 노동자 계급을 잘 알고 있고 그들의 힘겨운 운명을 함께 걸머지고 있다는 사실, 또 그가 과거 전방에서 싸운 군인으로 전우들의 정당한 요구를

정치적으로 현실화하려는 목표를 지니고 있다는 사실을 의미하는 것이었다.[15]

파펜이 1933년 1월 30일 아침 10시 직전, 내정된 정부 각료들을 이끌고 눈 내린 정부 부처 정원을 가로질러 대통령에게 가고 있을 때, 괴벨스는 수많은 당원들과 함께 카이저호프 호텔에서 기다리고 있었다. 내정된 정부 각료에는 미래의 제국총리 히틀러 외에도 신설 항공부장관처음에는 정무장관과 프로이센 내무장관을 맡을 괴링, 그리고 협상을 통해 제국 내무장관을 맡도록 내정된 빌헬름 프리크가 있었다. 괴벨스에게 장관직을 부여한다는 것은 보수주의자들과 벌이는 협상에서 장애가 될 뿐이었을 것이다. …… 그는 내심 이러한 냉대에 실망했다. '총통 각하가 과장된 엄숙함으로 카이저호프 호텔 앞에서 자동차에서 내려서, 그보다 앞서 걸으면서 그 소식을 떠들어대는 괴링의 뒤를 따라 군중 사이를 뚫고 호텔에 들어섰을 때, 그리고 히틀러가 말없이 지지자들 앞에 나서 눈물을 글썽였을 때, 그때서야 괴벨스의 실망은 기쁨으로 바뀌었다. 그가 몇 년 전부터 믿기 시작하여 결국 신격화했던 그 남자가 제국총리가 된 것이다.[16]

히틀러 총리 등장

자료 : qq9447.tistory.com

15 같은 책, p.335.

16 같은 책, p.388.

프로파간다의 달인

모두가 우리에게 빠져들 때까지, 우리는 인간들을 개조할 것이다1933

사회 전 계층에서 점점 더 많은 사람들이 갈색 마력에 빠져들었는데, 그들을 불러들이는 구호는 '실업 퇴치', '민족적 명예'의 재건, 모든 사회적 장벽을 가로지르는 '민족공동체' 같은 것들이었다. 물론 불안감을 자아내거나 의혹을 일으키는 일도 많았다. 유대인을 대상으로 한 폭력이나 수용소 건설, 정치적 반대자에게 가하는 테러 등이 그러했다. …… 그렇지만 일단 상황이 그렇게 전개되고 있었고 개인의 힘으로는 어차피 아무 것도 변화시킬 수 없었기에 많은 독일인들은 자신은 그런 일들과 무관하다는 말로 불안과 의혹을 떨쳐버리려 했다. 그리고 결국엔 이렇게 생각하게 되었다. 모든 혁명에는 과격한 행동이 나타나는 시기가 있고, 길건 짧건 어느 정도 시간이 지나면 결국 누그러지는 법이 아닌가?[17]

17 같은 책, pp.446~447.

자료 : rotlqkf.blogspot.com

히틀러가 보기에 국제적인 반감의 물결을 가라앉히는 일을 하기엔 괴벨스가 가장 적격이었다. …… 괴벨스는 9월 25일 국제연맹 회의에서 '음울한' 인상을 받았다. 그는 여기에서는 '사자死者들의 모임'이 열리고 있다면서, 경멸과 조롱을 가득 담아 "이것이 국제 사회의 의회주의다."라고 말했다. …… 그 자신도 '총회의 대사건'으로, "주시와 평가를 받았다." 그러나 외무부 통역부장 파울 슈미트는 괴벨스가 그 자신이 그렇게 경멸하던 제네바의 무대에서 '너무도 자연스럽게' 활동하여, "마치 그가 이미 여러 해 동안 국제연맹의 대표단이었던 것처럼 보일 지경이었다."라고 말했다. …… 괴벨스는 평소에 무의식적으로 사용하는 과격한 정치 선동의 어휘 대신 세련된 외교관의 어휘를 사용했다. 그의 가면은 완벽했다.[18]

18 같은 책, p.448.

프로파간다의 **달인**

10

프로파간다의 **달인**

위기와 위험을 헤치고
우리는 자유로 간다 1934~1936

나치 선전·선동은 외국을 염두에 두고 평화의 약속을 더욱 강조했다. 1935년 3월 19일 괴벨스는 〈공격〉지에서 독일은 평화를 "모든 다른 민족과 마찬가지로 필요로 한다. …… 조금이라도 책임감을 지닌 사람이라면 유럽의 그 누구도, 17년 간의 평화를 위한 활동으로도 사라지지 않은 지난 전쟁의 피해들이 또 다른 전쟁으로 사라질 수 있다고 믿지 않을 것이다."라고 밝혔다. 그러나 '생활권'을 동쪽으로 확장한다는 히틀러의 계획에 동조하는 괴벨스는 얼마 후 일기에 다음과 같이 썼다. "그러므로 군비를 확장하고, 사악한 게임을 위해 선한 표정을 짓도록 한다. 주여, 이 여름이 우리에게 좀 더 지속되도록 하소서. 자유를 향한 우리의 길은 위기와 위험을 통해 간다. 그러나 그 길을 용감하게 나아가야 한다."[19]

19 같은 책, pp.495~496.

나치의 뉘른베르크 집회, 1936년.

나치 권력자들은 1935년 9월 15일 나치당 제국전당대회와 같은 때 개최된 제국의회 임시회의 중, 반유대주의적인 뉘른베르크 법률들, 즉 '제국국민법'과 '독일의 혈통과 명예를 보존하기 위한 법률'을 긴급 입안하고 마지막 순간까지 '손질'하여 통과시켰다. 그러한 조직적인 유대인 박해의 시작을 괴벨스는 일기에서 이렇게 평가했다. "유대인들은 심각한 타격을 입었다. 우리는 수백 년 만에 처음으로 그들의 뿔을 움켜쥐는 용기를 갖게 된 것이다." 1935년 11월 발효된 그 법률들의 시행 규정을 둘러싼 논쟁에서 괴벨스는 가장 극단적인 편에 섰다.[20]

20 같은 책, p.502.

11
프로파간다의 달인

총통은 명령하고
우리는 복종한다!1936~1939

11월 7일 프랑스의 수도에서 전해진 소식이 괴벨스와 여배우의 스캔들로부터 사람들의 주의를 돌려놓았다. 가족이 독일에서 추방된 폴란드 유대인 헤르셸 그린츠판이라는, 절망에 빠진 한 젊은 남자가 1938년 11월 7일 파리에서 프랑스 주재 독일 대사를 권총으로 살해하려다가 대신 대사관 제3서기관 에른스트 폼 라트를 쏜 것이다. 중상을 입은 라트가 병원으로 옮겨지자마자, 괴벨스는 라디오와 신문에 대대적인 보도를 내보내 '유대인 이민자 도당'과 '국제적인 유대인 범죄 집단'이 그 테러를 사주한 것으로 비난하도록 지시했다. …… 히틀러와 괴벨스는 광범위한 대중이 참여하는 포그롬21이 이루어질 시기가 무르익었다고 생각했다. 그리하여 11월 10일 새벽 전국에서 지옥을 방불케 하는 광경이 펼쳐졌다. 사복

---

21 포그롬(Pogrom, 대박해)이란 "아수라장에 분노를 퍼붓다, 폭력적으로 파괴하다."라는 러시아 말이다.

'수정의 밤'에 파괴된 시나고그. 독일 도르트문트, 1938년 11월.

자료 : m.ppomppu.co.kr

차림의 돌격대원들은 유대교 회당인 시나고그synagogue로 몰려가 파괴하고 방화하였다. 어떤 경우에는 심지어 히틀러 유겐트도 참가했다. …… 2만 명 이상이 가축처럼 트럭에 실려, 다하우, 부헨발트, 오라니엔부르크의 수용소로 이송되었고, 대부분은 그곳에서 영영 돌아오지 못했다.[22]

1939년 1월 말 히틀러는 처음으로 공개적으로 자신의 진정한 외교적 목표를 천명했다. 1월 30일 그는 제국의회 연설에서 '우리 민족의 생활권 확장'을 이야기했다. 수데텐 독일인 문제의 해결이 자신이 유럽에서 내놓는 '마지막 영토 요구'라고 했던 1938년 9월의 약속과 달리, 체코슬로바키아 위기의 불씨는 계속 꺼지지 않고 있었다. 전쟁은 이제 시간 문제였다. 이런 상황에서 괴벨스가 선전하는 독실한 충성의 원칙을 위하여 자기 자신의 판단력을 포기하지 않은 소수의 사람들은 히틀러의 '세계 역사상 전무후무한 성공'에도 불구하고 감히 공공연하게 경고를 하고 있었다. 그런 사람들은 정권 입장에선 불편할 수밖에 없었다. 그들은 '품종 개량으로 저항력이 약화된 지식인들'로 히틀러와 괴벨스로부터 언제나 '마르크스주의자'나 '유대인'과 똑같은 취급을 받았다. …… '지식인들'에 대한 괴벨스의 분노는 그가 언제나 유일하게 쓸모 있는 선전의 도구로 평가하던 수단이 그들에게는 먹혀들지 않는다는 자각으로부터 나온 것이었다.[23]

22 같은 책, pp.600~602.

23 같은 책, pp.616~618.

그는 전능하신 분의
보호 안에 있다 1939~1941

1939년 여름 어떤 대가를 치르더라도 목표를 달성하겠다는 '총통 각하'의 결연함을 선전장관은 계속 걱정스런 눈으로 바라보고 있었다. 괴벨스가 더는 그를 숭배하지 않기 때문이 아니었다. 지금 그가 두려워하는 것은 비극을 가져올 교만이었다. 그들은 너무 자주 운명에 도전했고, 너무 자주 승리를 거두었다. 거기에는 궁핍과 고통, 한마디로 말해 희생, 예전에 괴벨스에게 흔들림 없는 믿음을 주었던 그 희생이 결여되어 있었다. 회의의 순간들에 괴벨스는 팽창욕에 사로잡힌 히틀러를 평화 노선으로 유도하리란 계획을 세웠다. 그러나 히틀러가 그에게 이야기하고 그를 자신의 마력으로 끌어들이면, 괴벨스는 불안감이 새로이 밀려들기 전에, '섭리'가 그의 손을 이끌고 있다고 더욱 광신적으로 자신을 속였다.[24]

24 같은 책, p.636.

괴벨스는 특히 괴링의 공군 부대 중 기사십자훈장 서훈자인 조종사들을 국민 영웅으로 미화했다. 베르너 묄더스, 아돌프 갈란트, '아프리카의 별' 한스 요아힘 마르세유 같은 이름들은 독일 군인의 새로운 유형을 보여주었다. …… 얼마 지나지 않아 선전장관이 누구보다도 선호하는 사람이 나타났는데, 그는 바로 에르빈 롬멜[25]이었다. 괴벨스가 육

에르빈 롬멜

군 최고사령부와 협력하여 롬멜을 다룬 〈서부의 승리〉라는 선전영화를 제작했던 프랑스 진격 당시, 롬멜은 제7기갑사단을 이끌고 제4군의 선두에서 연장된 마지노 선을 돌파했다. 그의 저돌적인 지휘 스타일은 전격전의 '혁명적 전략'에 잘 맞아떨어졌다. '현대전'은 '늙은 장군'들의 몫이 아니라는 의견을 가진 괴벨스는 롬멜이 나치 군 지휘관의 모든 특성과 성격을 한 몸에 지니고 있다고 보았다.[26]

25 에르빈 요하네스 오이겐 롬멜(Erwin Johannes Eugen Rommel, 1891년 11월 15일 ~ 1944년 10월 14일)은 제2차 세계대전에서 활약한 가장 유명한 독일군 원수 중 한 명이다. 그는 제1차 세계대전 종전 후 사관학교 교직으로 지내다 나치당에 관심을 가지게 되어 가입, 아돌프 히틀러의 경호대장으로 임명되었다. 제2차 세계대전 때 기갑사단 지휘관으로 임명되어 1940년 프랑스 전선에서 전격전으로 아르덴 숲을 돌파하는 등 혁혁한 전공을 남겨 활약하였고, 1941년에 북아프리카 전역에서 독일 아프리카 군단을 이끌어 능수능란하게 지휘하여 적과 아군 모두로부터 사막의 여우(The Desert Fox, Wüstenfuchs)라는 별명으로 불렸다. 1942년 투브루크 전투에서 승리로 이끌어 원수계급으로 승진한다. 12월, 2차 엘 알라메인 전투에서 본국으로부터 물자보급지원조차 받지 못해 패배한 뒤에는 북아프리카에서 그의 위용은 사라져간다. 1943년 독일로 귀환한 그는 이탈리아 전선에서 지휘하다가 후에 프랑스 서부전선으로 파견되어 영불해협의 방위를 맡았으나 1944년 6월 6일, 연합군의 막대한 물자와 병력을 바탕으로 전개한 노르망디 상륙작전을 저지하지 못했다. 1944년 히틀러 암살미수에 대한 책임을 물어, 그해 10월 14일 그의 집에서 500m 떨어진 곳에서 음독자살했다.

26 같은 책, p.711.

그대들은 총력전을 원하는가? 1941~1944

괴벨스는 볼가 강변의 대재앙스탈린그라드 전투의 패배와 파울루스[27] 원수의 항복을 '진정으로 고전적인 위대함을 지닌 광경'이라고 묘사하며 자신의 총력전 구상에 맞춰 도구화하려 했다. 그의 머릿속에는 충격을 받은 독일 사회에 대규모 집회를 열어 '승리 아니면 파멸'이라는 양자택일을 격렬하게 제시하려는 생각이 떠올랐다. 괴벨스는 승리를 원하는 자는 그의 총력전 구상과 그 모든 결과들도 원해야 한다고

---

27 프리드리히 빌헬름 에른스트 파울루스(Friedrich Wilhelm Ernst Paulus ,1890년 9월 23일 – 1957년 2월 1일)는 제2차 세계대전에 활약한 독일의 군인이다. 중류층의 가정에서 태어난 그는 제1차 세계대전에서 종군했고. 종전 후에도 군에 남아 주로 참모로 일했다. 제2차 세계대전이 개시되자 참모본부에서 참모차장으로 일하면서 독일군의 각종 작전을 입안했고, 바르바로사 작전 이후 발터 폰 라이헤나우 지휘의 제6군의 참모장으로 일했다. 라이헤나우가 남방집단군 최고사령관이 되자(그러나 그 직후 사망한다), 그의 뒤를 이어 제6군의 사령관이 되었고, 이는 그가 최초이자 최후로 맡은 야전부대의 지휘관이었다. 1942년 여름의 청색 작전에서 스텝 평원을 지나 소련군을 격파하고 볼가강 유역의 스탈린그라드까지 도달했다. 스탈린그라드 전투에서 패배하여 항복 후 소련에서 포로 생활을 했다. 1953년 포로 생활에서 석방된 이후 동독의 드레스덴에서 살다가 1957년 사망했다.

스탈린그라드 전투

자료 : bemil.chosun.com

자료 : blog.daum.net

주장하면서, 대중을 자신의 의도대로 동원하고 이를 통해 지금까지의 '내키지 않 아하는 태도'를 끝낼 수 있는 스펙터클한 연설을 하려 하였다.[28]

괴벨스는 공습의 밤들에 경보가 울려 퍼지는 가운데, 그리고 한낮에는 카이저 호프 호텔의 벙커에서 민간인 투입과 구호 조치를 지휘했다. …… 경보가 해제되 자 그는 고위 당 관료로는 유일하게 불타는 시내를 서둘러 가로질러 가면서, 여 론 선전에서 효과적인 화재 진압 업무를 넘겨받았고, 그곳에서 신속한 구호 조치 를 취했다. 사람들이 그가 있는 곳으로 밀려와 그와 악수를 하거나 이야기를 나 누었다. …… 수많은 어린 고사포대 보조원들 의 장례식 같은 자리에서 괴벨스는 희생과 구 원을 주제로 열정적인 연설을 하고 나서 관들 위에 상투적인 격정에 찬 몸짓으로 철십자 훈 장을 놓았다. 그럴 때 유가족들은 괴벨스의 참 여를 자신들을 존중하는 뜻으로 받아들였다. 괴벨스는 자신이 그들 중 한 사람임을 끊임없 이 과시함으로써 고난 중에 인기를 얻었다. 사 람들은 그 말이 선전장관 괴벨스의 입에서 나 오는 것임에도 불구하고 그러한 격려에 감사했 던 것이다.[29]

포로가 된 프리드리히 파울루스 원수

자료 : blog.daum.net

28 같은 책, p.778.

29 같은 책, p.804.

복수는 우리의 미덕,
증오는 우리의 의무! 1944~1945

괴벨스는 1944년 7월 25일 법령에 따라 총력전 제국전권위원에 공식 임명되었고, 이로써 민간 부문 전체와 제국 최고 기관의 책임자들에게 명령을 내리는 권한을 갖게 되었다. …… 괴벨스는 모든 제국 최고 기관, 관구장, 제국지사, 행정 기관 등을 수신인으로 하는 회람에서 그들의 행동은 그 행동이 전방의 병사들과 군수 산업 근로자들의 눈앞에서 이루어지고 있다는 생각을 척도로 삼아야 한다고 강조했다. 그러므로 지도급 인사들의 생활 방식도 전체적인 전시 상황의 요구에 맞춰져야 한다는 것이었다.[30]

30 같은 책, p.841.

1945년 2월 초 소련군의 공세
는 잦아들었다. 국민들은 붉은
군대가 무너지고 있다는 희망을
품었으나, 괴벨스는 이것이 단지
마지막 폭풍 전야의 고요일 뿐이
라는 걸 알고 있었다. …… 괴벨
스는 시간적 여유를 이용하여 증
오심에 가득 찬 무시무시한 선전
을 펼쳐 독일인의 저항 의지를 강
화하려 했는데, 이는 동부 지역
국민들의 공황 상태를 더욱 심화
시킬 위험을 감수하는 것이었다.
그는 '세계의 귀'가 "북유럽, 동유
럽, 남동부 유럽, 그리고 이제 우

총력전 제국전권위원에 공식 임명된 괴벨스

자료 : m.blog.naver.net

리 조국의 동부에서 볼셰비즘의 무자비한 마수에 끌려 들어가 몸과 마음을 유
린당하고 고초를 겪고 있는 수백만 명의 단말마의 비명을 못 들은 척하고 있다."
라고 썼다. 이러한 '피에 굶주리고 복수에 목마른' 적에 맞서려면 "우리가 뜻대로
할 수 있는 모든 수단, 무엇보다 한없는 증오를 활용해야 한다."라는 것이다. 괴벨
스는 심지어 페인트공들을 시켜 제국 수도의 거리에 '복수는 우리의 미덕, 증오는
우리의 의무' 같은 구호를 휘갈겨 쓰게 했다.[31]

31 같은 책, pp.875~876.

총통과 나치가 사라지면
이 세계는 살아갈 가치가 없다 1945

괴벨스의 삶은 처음에는 독일에, 그 다음에는 유럽에, 그리고 그 다음에는 전 세계에 대재앙을 안겨주는 데 결정적으로 기여한 삶이었다. 그리고 만약 그렇지 않았다면 비극적이었을 것이라고 스스로 생각하는 엄청난 자기기만의 삶이었다. 그의 역할은 처음 히틀러를 '총통'으로 만들었다는 데에 있다. 괴벨스는 그를 일찌감치 '구원자', '새로운 메시아'로 '선포'했다. …… 제1차 세계대전 참전 상병이던 히틀러가 실제로 독일의 분열을 극복하고 베르사유 조약을 수정하고 독일 민족에게 이를 통해 민족적 자존심을 회복시켜 주었을 때 괴벨스의 예언은 이루어지는 것처럼 보였다. '총통', '섭리의 도구'라는 신화가 창조된 것이다.[32]

📶
32 같은 책, p.921.

마지막 작전회의가 끝난 후 자녀들을 베를린 바깥으로 피신시키라는 악스만의 제안에 따라 마그다에게 갔을 때 괴벨스는 다시 한 번 한순간 주저했던 것으로 보인다. 그러나 그 못지않게 광신적이었던 마그다는 괴벨스가 모든 여성들과 아이들을 피신시키라고 이야기했던 4월 26일에 그랬던 것처럼, 이번에도 철저하게 강경한 입장을 보였다. 자신의 아이들을 살해하는 일을 실천에 옮긴 것도 바로 그녀였다. …… 괴벨스의 죽음을 둘러싼 최후의 상세한 내용은 아직도 어둠에 싸여 있다. 분명한 사실은 요제프 괴벨스와 마그다 괴벨스는 마그다가 아이들을 죽였던 것과 동일한, 모렐 교수의 그 청산가리 캡슐로 자살했다는 사실이다. 그러나 괴벨스가 그 외에도 머리에 총을 발사했는지는 밝혀지지 않고 있다.[33]

히틀러 '새로운 메시아'

자료 : www.kunews.ac.kr

33 같은 책, pp.923~924.

무엇보다 괴벨스의 선전이 파괴적인 효력을 발휘할 수 있었던 것은 그의 말이 단순히 입에서 흘러나오는 것이 아니라 그의 굳은 믿음에서 비롯한 것이었기 때문이다. 괴벨스는 히틀러를 '섭리의 선택을 받은 자'라고 굳게 믿었으며 히틀러의 성공이 곧 자신과 독일 민족이 강해지는 길이라고 믿었다. 그리하여 독일의 패전이 현실로 다가오는 순간에도 괴벨스는 자신의 믿음을 계속 유지하고 거침없이 다가오는 사태 앞에 용기를 잃지 않기 위해, 히틀러에게도 파멸의 최후 순간까지 그의 위대성과 사명에 대한 최면을 걸었다.

독살당한 여섯 아이들

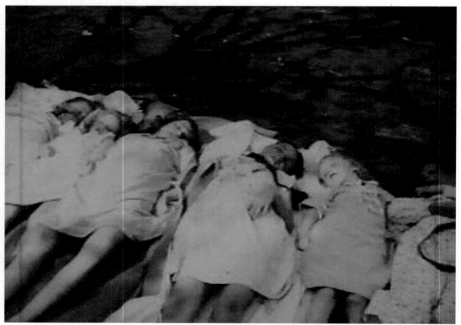

자료 : blog.naver.com

프로파간다의 **달인**

언론인 탄압, 문화예술계에서 유대인을 축출하기 위한 법령 제정, 좌파 신문사 폐지와 언론사 통폐합을 통한 언론 획일화, 정권을 선전하기 위한 선전용 뉴스 영화와 국민들의 눈과 귀를 가리기 위한 오락 영화의 생산 등 괴벨스는 여론의 생산과 유통에 관련된 모든 분야를 통제했다. 라디오, 영화, 정치 포스터와 전단 같은 대중매체 활용, 보도지침을 통한 언론 통제 등 괴벨스가 펼친 정치 프로파 간다는 이후 교과서적인 전범이 되었다.

오늘날 히틀러와 나치에 대한 영상들이 아주 많이 남아 있는 것도 괴벨스가 선전·선동을 위해 수많은 영상들을 찍어놓았기 때문이기도 하다. 라디오와 TV 를 이용해 그 친숙함을 무기로 했던 것 같다. 히틀러와 나치를 계속 방송해주니

히틀러와 나치당에 대해 너무나도 자신이 잘 알고 있다고 착각하게 한 것은 아닌지.[34]

그리고 유대인에 대한 탄압, 그것은 히틀러에게는 단지 하나의 수단이었던 것이 아닐까 생각하는데 바로 괴벨스가 유대인을 엄청 싫어했다는 것을 보면 짐작이 간다. 유대인을 같은 인간으로 보는 것도 싫어했다는 묘사들을 보면 유대인에 대한 학살은 괴벨스가 신임을 얻고 점점 일을 추구하다가 기회를 잡아서 유대인을 말살하려고 한 것은 아닐까.

지금까지도 많이 연구되고 있는 인물이기도 한 괴벨스는 히틀러에 대한 충성심이 결코 거짓된 겉만 보기 좋게 꾸민 게 아닌 진정한 마음으로부터 나온 정말 충신이었다.

빛을 보지 못한 그를 구렁텅이에서 꺼내준 것이 히틀러이기 때문인지 어떤지는 모르겠지만, 히틀러와의 만남에서 그는 왕이라는 것을 직감했다고 기록하고 있다. 푸른 눈을 가진 왕이라고, 태어나면서부터 왕의 자질을 가지고 있다고 정말로 그렇게 기록하고 있다.

그리고 제2차 세계대전 말기 패전이 가까워졌을 때, 히틀러는 도망가라고 하지만 극구 거부하고 다른 사람들이 다 도망갈 때 그의 곁을 지키다가 가족과 자살을 한다.

---

34 우병우, '충신 우병우' 페이스북, 2017년 7월 11일.

히틀러와 괴벨스, 그들의 만남은 운명이다(1944년 7월 25일 폴란드에서).

PROPAGANDA

CHAPTER **10**

마오쩌둥의
프로파간다

CHAPTER **10**

마오쩌둥의
프로파간다

개 요

마오쩌둥毛澤東, 1893년 12월 26일 ~ 1976년 9월 9일은 중화인민공화국의 군인이다. 초대 중앙위원회 주석을 지냈다. 후난성 샹탄 출신. '마오쩌둥주의'를 창시한 사상가로도 족적을 남겼으며 시인, 서예가로도 이름이 있다.

초기 중국 공산당의 최고 지도자였으며 1945년 제2차 세계대전이 끝난 뒤인 중앙 제7차 전국대표대회 이후로 장제스와 당시 중화민국 정부에 대항한 국공 내전에서 승리를 거두고 1949년 중국 대륙에 중화인민공화국을 수립하였다. 1949년 중국 공산당 군사혁명위원회 위원장 겸직과 1949년에서 1950년까지 중국 공산당 국가수반 권한대행과 1950년에서 1959년까지 초대 중국 공산당 국가원수를 거쳐 1945년에서 1976년까지 초대 중국 공산당 제1대 중앙위원회 위원장으로 권력을 행사했다. 초대 중국 공산당 국가원수 재직 중 제2차 5개년계획의 개시와 더불어 3면홍기三面紅旗 운동을 폈고, 문화대혁명을 일으켜 많은 사람들을

마오쩌둥

자료 : ko.wikipedia.org

학살했으며 자신의 권력을 강화하였다. 1959년 중국 공산당 국가원수에서 물러난 뒤에는 후임 중국 공산당 제2대 국가원수 직위에 오른 류사오치와 갈등하다가 중국 공산당 부총리 린뱌오 등을 사주하여 1969년 류사오치를 실각시켰다. 그 후 1975년에서 1976년 사망 직전까지 중국 공산당 국가주석 권한대행을 지내는 등 막후에서 영향력을 행사했다.

마오쩌둥이 중국 현대사에 큰 영향을 미친 데에는 이견이 없으나, 오늘날까지도 그에 대한 평가는 아직도 논쟁이 분분하다. 일각에서는 장제스를 격파하고 중국 대륙에 공산주의 국가를 건설한 혁명가이자 전략가로 평가하고 있지만, 대약진운동 실패와 문화대혁명으로 약 4천5백만 명의 인명 피해를 초래하였다. 대약진운동과 문화대혁명에 이르기까지 계속된 급진적인 정책이 중국의 문화, 사회, 경제, 외교 관계에 입힌 물적, 인적, 문화적 피해는 수치로 계산이 힘들 정도다. 1931년 이후 중국 공산당의 지도적 역할을 맡아 왔으며, 1949년부터 1959년까지 중화인민공화국의 국가주석을 지냈다. 국가주석직에서 물러난 후에도 중국 공산당 주석에 전임하며 사망할 때까지 실권을 행사했다.

02

생 애

생애 초기

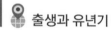 **출생과 유년기**

1893년 12월 26일 청나라 후난성 샹탄의 부유한 농가에서 농부 모순생毛順生의 셋째 아들로 태어났다. 셋째 아들이었으나, 위의 형제 두 명이 요절했기 때문에, 사실상 맏이가 되었다. 원래는 명문 호족의 후손이었다가 빈농으로 전락하였으나 마오의 부친이 농업과 곡물상 등을 하면서 재산을 모으고 가세를 일으켜 부농이 되었다. 유모와 하인을 두었던 마오는 풍족한 환경에서 자라났으며, 1900년 8세 때 마을 서당에 입학하여 유교경전의 기초지식을 익혔다.

유년기부터 민족주의적인 사상을 접하게 된 그는 청나라를 이민족의 침략자라 생각하고 은연 중 반청 사상을 갖게 되었다. 이후 학교에 들어가 정식 초등교

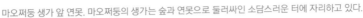
마오쩌둥 생가 앞 연못. 마오쩌둥의 생가는 숲과 연못으로 둘러싸인 소담스러운 터에 자리하고 있다.

육을 받았는데, 집안이 상대적으로 넉넉했기 때문에 학교에 다닐 수 없었던 동년배들과는 달리 학교에 갈 수 있었다. 그러나 그는 교육의 용도는 문서기록이나 계산을 위한 것이라고 생각하는 집안 분위기 속에서 성장했다.

가출과 학창 시절

1905년 13세 때 학업을 중단하고 아버지의 강요로 집안의 농장에서 일하게 되었다. 상급 학교에 진학하고 공부를 하고자 했던 그는 부친의 강요에 의해 학업을 중단하였으나 공부의 꿈을 포기하지 않았다. 당시의 풍습대로 마오쩌둥도 조혼을 하게 되었으나 부모가 정해준 여자와 결혼시키려고 하자 집을 나와 현립縣立 둥산고등소학교에 입학했다. 이후 하숙과 아르바이트로 생활했고, 후에 창사에 있는 상향중학교로 전학하고 계속 학업에 정진하여 주성중학에 입학했다.

독서를 좋아한 그는 학교에 재학하며 역사책과 소설을 탐독하였고, 반청활동가들의 소식을 접하게 된다. 1911년 신해혁명이 터지자 혁명군에 가담했다. 1911년 10월 10일 후난성 혁명군 소속의 한 부대에 배속되어 사병으로 6개월을 보냈다.

혁명가 활동

소년기와 항일활동

1912년 봄이 되어 중화민국이 개국했고 이후 학교로 복학하여 다시 학업에 매달렸으며, 1912년 수석의 성적으로 후난성 공립고등중학교에 들어갔다. 그러나 1년 동안 경찰·법률·상업 학교 등을 전전, 이것저것에 손을 대며 방황하였다. 중학교에서 역사를 공부하기도 했고 여러 고전들을 읽으면서 여러 달을 보내기도 했다. 1913년에는 후난 성립 제1사범학교에 입학하였다.

상급학교 진학의 꿈이 좌절, 대학 공부나 외국 유학을 하지 못하였으나 그는 제1사범학교에 재학 중, 영국에서 유학하고 돌아온 유학파 출신으로 당시 중국의 봉건사상을 비판하던 교사 양창지[1]를 만났고, 그로부터 많은 영향을 받았다. 제1사범학교 재학 중인 1917년 그는 개혁성향의 꿈을 꾸던 동료학생들과 신민학회新民學會를 조직하였는데, 회원은 대부분이 제1사범학교 학생들이었고, 신민학회 출신은 훗날 후난성 혁명 지식인의 모태가 된다.

---

1 양창지(楊昌濟, 1871년 4월 21일 ~ 1920년 1월 17일)는 중국 청나라와 중화민국의 교육가, 교육학자, 저술가이다.

1918년 후난 성립 제일사범학교창사 소재를 졸업한 그는 베이징 대학에 취직, 베이징 대학 도서관 사서보司書補로 근무하였다. 1918년 '신민학회'를 창립하고, 그해 사범학교를 졸업 후, 스승이자 훗날 장인이 되는 양창지와 함께 베이징으로 왔다. 1919년 양창지는 베이징 대학의 교수가 되었고, 그의 추천과 리다자오와의 교분으로 마오는 도서관 사서로 일할 수 있었다. 마오는 한편으로 일하면서 한편으로는 천두슈, 리다자오, 첸쉬안퉁과 같은 당시 지식인들의 강의를 접하고 수많은 사상, 혁명과 전쟁에 관한 책들도 읽을 수 있었다. 이때의 학습으로 훗날 마오사상의 기초를 다졌다. 1919년 여름에 그는 창사에서 농민을 제외한 학생·상인·노동자들만의 연대단체를 결성, 조직해 당시 국민 정부에 항일운동을 촉구하는 시위를 주도했다. 동시에 각 언론에 글을 발표하여 계몽을 촉구하였는데, 글의 주제는 주로 전 세계에 '홍위병紅衛兵'의 창설을 촉구하고 러시아 혁명을 찬양하는 내용이었다.

언론, 교육, 계몽 활동

1920년 고향으로 돌아와 잡지 《상강평론》을 창간했지만 성정부의 탄압으로 폐간되었다. 이후 천두슈, 리다자오와 만나고 교육의 중요성을 깨달으며, 학교 창립에 참여, 창사사범학교 부속초등학교 교사가 되었다. 교육 사업은 성공적이었고, 아버지의 유산까지 물려받아 생활이 안정되자, 그는 양창지의 딸이자 동급생이었던 양카이휘와 결혼했다. 마오쩌둥은 양카이휘와 부부생활을 하면서 아들

1920년도 마오쩌둥 모습

자료 : blog.daum.net

프로파간다의 달인

을 두 명 두었다.

상향중학교 시절부터 마르크스-레닌주의를 연구하던 그는 1920년 상하이로 건너가 공산주의 사상가 천두슈를 만났으며 다시 창사로 돌아왔다. 1920년 말 그는 창사제1사범학교의 부속소학교 교장 겸 사범학부 어문語文學 교사가 되었고, 1924년까지 창사제1사범학교에 재직했다. 창사제1사범학교 교사 재직 중 1921년 1월부터 그는 마르크스주의를 본격적으로 수용하고 혁명가의 길에 투신을 결심하였다.

📍 중국 공산당 창립

본격적으로 마오쩌둥은 공산주의에 심취하기 시작하였고, 1921년 8월 상하이에서 열린 중국 공산당 제1차 전당대회의 창립대회에 참석하였다. 이때 참석한 멤버 중 중화인민공화국 건국 때까지 중국 공산당에 남아 있었던 사람은 마오와 둥비우 두 사람뿐이었다. 나머지는 혁명운동 중에 죽거나 혹은 변절하여 중국 국민당이나 일본 제국으로 전향하였다. 이 대회에서 마오는 회의 서기를 맡아 보았다. 이후 고향으로 돌아와 10월에는 후난성에 중국 공산당 지부를 창립하고 서기로 취임하였다.

정치 활동

📍 국공합작 시절

1923년에는 제3차 전당대회에 출석하여 5명의 책임비서 중 한 명으로 선출되었다. 공산당은 국민당과 함께 항일연대를 위해 국공합작을 추진했고 곧 성사되었다. 국공합작이 성립되자 1924년에는 중국 국민당의 제1기 중앙후보집행위원으로 선출되었다.

이어 중국 국민당 중앙집행위원으로 선출되었고, 동시에 1924년 중국 공산당 중앙위원, 공산당 선전부장 대리, 중화민국 중앙농민운동 강습소장, 정치주보 사장 등을 겸임하였다. 1925년 제4차 국민당 당대회에 참석하였으나 중앙위원회 위원이 되는 데 실패하였다. 1925년 10월에는 국민당 선전부장 대리로 임명되었다. 그동안 후난성 농민운동의 동향을 관찰하고 그 혁명성을 주목한 〈후난농민운동고찰보고〉를 발표했다. 공산혁명의 동력으로 농민을 주목한 마오사상의 특징은 여기에서부터 비롯된 것이다.

1926년 11월 마오는 고향인 후난성으로 다시 돌아갔다. 1927년 1월과 2월 그는 고향의 농민운동을 연구하고 살펴봤다. 농민운동을 살펴본 그는 가까운 장래에 수억 명의 중국 농민들이 '폭풍우처럼' 봉기할 것이라고 결론지었다. 그는 농민의 힘이 너무나 엄청나고 폭발적이기 때문에 아무리 커다란 세력이라도 그것을 억누르지 못할 것이라고 예측하였으나, 장제스는 그 가능성을 낮게 보았다.

장제스는 노동자·농민을 자기편으로 만드는 데 노력하지 않았고, 1927년 4월에는 국민당의 상하이 입성을 도왔다가 소비에트 요원이 된 상하이 노동자들을 학살했다. 국민당과 제휴해 혁명을 완수하려는 스탈린의 전략이 수포로 돌아갔고 중국 공산당은 도시에서 거의 전멸, 지방에서는 1/10 이상이 파괴되었다. 국공합작은 실패했고, 1927년 10월 마오는 후난의 추수봉기에서 살아남은 수백 명의 농민운동가들을 이끌고 피신, 장시성과 후난성 접경지역에 있는 징강산井岡山으로 퇴각, 한동안 은신하며 농민부대를 재정비했다.

📍 장시 소비에트 시절

1927년 마오는 창사에서 추수 봉기를 이끌었다. 여기서 그는 '중국공농혁명군'

이라고 이름 붙은 무장병력을 이끌었지만, 토벌
군에게 진압당하여 패잔병을 이끌고 장시성의
싼완으로 도주했다. 여기서 병력을 재편성하고
다시 장시성의 징강산으로 옮겼다. 마오의 군대
에 지역 토비와, 또 다른 공산당 지도자인 주더
의 군대가 합류하여 '중국공농홍군'_{약칭 홍군} 제4
방면군을 구성하였다.

1927년 무렵의 마오

자료 : ko.wikipedia.org

1931년에서 1934년까지 홍군은 영향력을 넓
혀 중화소비에트공화국_{中華蘇維埃共和國}이라는 과도
정부를 건설하고 마오는 주석 겸 중국 공산당 중앙집회위원회 주석을 맡았다.
1930년 추수 봉기 이후 떨어져 지냈던 양카이휘[2]가 국민당에 잡혀 처형되었고,
마오는 이곳에서 허쯔전과 재혼하였다. 마오는 전문적인 군사교육을 받았던 주
더_{朱德}의 도움을 받아 매우 효율적인 부대를 조직하였으며, 특히 민폐를 끼치지
못하게 하는 엄정한 군율로 농민을 지지 세력으로 삼아 농촌을 근거지로 하는
게릴라 전략으로 계속되는 국민당군의 토벌전을 분쇄하였다.

난징에서 국민 정부를 이끌던 장제스는 이러한 소비에트를 분쇄하기 위해 4번
의 토벌전을 펼쳤으나, 번번이 홍군에 패했고, 국민당군이 버리고 도주한 군사물
자는 오히려 홍군의 성장을 촉진시켰다. 1932년 6월까지 홍군은 9만 명의 정규
병력과 보조병력으로 4만 명의 민병대를 보유하고 있었다. 국공합작이 결렬된
이후 불법화된 공산당원들은 국민당의 체포와 탄압을 피해 장시 소비에트 지역

2   양카이후이(楊開慧, 양개혜, 1901년 11월 6일 ~ 1930년 11월 14일)는 중화민국의 공산주의자로 초대 중화인
민공화국 국가원수를 지낸 마오쩌둥(毛澤東)의 두 번째 부인이며 중화민국 베이징 대학교 교수를 지낸 양창지(楊昌濟)
의 딸이다.

으로 몰려들기 시작했다. 그러나 장시 소비에트로 피난해온 중국공산당 고위급
들이 많아지면서 마오의 지도력은 흔들리기 시작하였다. 특히 옛 소련에서 정통
마르크스-레닌주의를 공부하고 돌아온 '28인의 볼셰비키' 그룹은 코민테른의 지
지를 받아 당권을 장악하였고, 그들은 유격전을 중심으로 한 마오의 전략을 버
리고 정규전을 결정했다.

📍 장정과 옌안 시절

1931년 무렵의 마오

한편 국민당군은 100만의 병력을 동원해 제5차 토벌
전을 시작하였다. 국민당에 파견된 독일 군사고문단의
한스 폰 젝트의 조언으로 진지와 토치카를 구축하면서
천천히 진격했고, 이에 1931년부터 마오를 대신해 군사
지휘권을 장악한 '28인의 볼셰비키' 그룹의 보구博古[3]와
코민테른에서 파견된 독일인 군사고문 오토 브라운은
이에 정면으로 대응하다가 커다란 인명손실을 내었다
양측이 모두 독일인 군사고문의 조언에 의해 움직였다. 또한 게릴라전을
수행하는 데 절대적으로 필요한 배후 촌락이 모두 국민
당의 손에 넘어가 소비에트는 붕괴하기 시작했다. 그래
서 1934년 10월 가을, 공산당 지도부는 장시 소비에트

자료 : ko.wikipedia.org

를 포기하고 산시성에 있는 근거지로 옮기기로 결정했다. 마오를 비롯한 중국 공
산당 지도부는 1만 킬로미터를 걸어 결국 산시에 도착하였다. 장정 도중 1935년

📶
3 보구(博古, 1907년 5월 14일 ~ 1946년 4월 8일)는 중국공산당의 지도자이다. 1930년대 초반 '28인의 볼셰비
키' 그룹의 수장으로서 당을 이끌었다. 본명은 친방셴(秦邦宪)이다.

1월 열린 쭌이 회의_{遵義会議}[4]에서 '28
인의 볼셰비키' 그룹은 붕괴하고,
마오에게 공산당의 절대적인 지도
권이 넘어왔다. 1935년 10월, 마오
가 이끄는 부대는 티베트와 같은
소수민족 지역을 거쳐 목적지에
도달했고, 1936년 국민당군의 토
벌전을 피해 이동을 개시한 나머
지 부대들도 이곳에 합류하였다.

피난 중 집무 모습(1938년)

자료 : ko.wikipedia.org

　1936년 장제스는 만주사변 이후 일본군에게 근거지를 잃고 근처에 주둔한 장
쉐량_{張學良}[5]의 군대에게 도주해온 공산군의 토벌을 명령했다. 토벌전을 독전하기
위해 장제스는 장쉐량이 주둔해 있던 시안을 방문하였다. 공산당에 동정적이었
던 장쉐량은 일본제국의 침략에 무_無대응으로 일관하면서도 공산군 토벌만 주장
하는 장제스에 불만을 품고 도리어 장제스를 체포하는 시안 사태[6]를 일으켰다.

4　1935년 1월 중국 구이저우성 북부의 도시 쭌이에서 열린 중국 공산당 중앙정치국 회의를 말한다. 장제스의 제5
차 공산 토벌전에서 패배하여 괴멸직전 도주하던 중국 공산당은 장시성을 출발해 북서쪽으로 퇴각하는 장정을 단행했
는데 이 회의는 장정 도중에 열렸다.

5　장쉐량(張學良, 1898년 6월 3일 ~ 2001년 10월 15일)은 중화민국의 군벌 정치가이다. 랴오닝성 하이청 출신. 그
는 20세기 중엽의 군벌 시대 주역 가운데 한 사람이며 1936년 12월 12일을 기하여 시안(西安)에서 장쉐량이 장제스
(蔣介石)를 구금하고 제2차 국공합작 관련 요구를 한 이른바 시안 사건을 주도하였다.

6　시안 사건 또는 서안 사건, 시안 사태, 시안 사변은 1936년 12월 12일 동북군 총사령관 장쉐량이 국민당 정권의
총통 장제스를 산시성의 성도(省都) 시안(西安) 화청지에서 납치하여 구금하고 공산당과의 내전을 중지하고 일본 제국
주의의 침략에 맞서 함께 싸울 것을 요구한 사건이다. 이 사건으로 국민당군과 홍군은 국공 내전을 중지하고 제2차 국
공합작이 이루어져 함께 대 일본 전쟁을 수행하는 계기가 되었다.

장제스는 풀려나는 조건으로 항일을 위한 공산당과의 휴전과 제2차 국공합작에 합의했다. 이에 따라 홍군은 국민혁명군 제8로군과 신사군으로 개편되어 형식상 국민당군에 소속되었지만, 실제로는 독립적으로 존재했다. 이후 공산당은 일본군이 점령한 화북지역을 중심으로 세력을 확장하였다.

📍 정풍운동

1942년부터 마오는 공산당의 본부가 있던 옌안에서 정풍운동을 개시하였다. 이는 마오의 당에 대한 지도권을 재확인하고 당에 남아있던 마오의 반대파들을 약화시키기 위한 것이었다. 이에 따라 왕밍 등 한때 마오에 반기를 들었던 당내 주요 인사들은 대중 앞에서 스스로 과오를 인정하는 자아비판을 할 수밖에 없었으며, 보안조직을 이끌었던 캉성[7]에 의해 트로츠키주의자로 낙인찍힌 몇몇 인사들은 체포되거나 처형되었다.

한편 마오는 1937년 허쯔전賀子珍과 이혼하고 다시 배우 출신 장칭江青과 재혼하였다.

중국 공산당 중앙위원회 주석

📍 국공 내전과 중화인민공화국 건국

1945년 일본 제국이 패망하여 항복한 이후, 중국 국민당과 중국 공산당은 미

---

7 캉성(康生, 1898년 ~ 1975년 12월 14일)은 중화인민공화국의 정치가이다. 공안기관과 정보기관의 수장을 맡아 문화대혁명 기간 동안 사인방과 정치적 보조를 맞춰 왔다.

국의 중재로 공동정부를 구성하기 위한 협상을 시작하였으나 실패했고, 이어 본격적인 내전이 개시되었다. 초기 국면에서 국민당군은 병력 수에 있어서 공산군보다 월등히 우세했고, 미국의 지원으로 무장하고 있어서 초기에 유리한 국면을 선점하였다. 그리하여 1947년에는 후쭝난胡宗南[8] 지휘하의 20만 명의 병력이 중국공산당의 본부가 있던 옌안을 점령하기도 했다. 그러나 무리하게 점령지를 늘린 국민당군은 지나치게 병력이 분산되는 전략적 오류를 범하게 되었다. 게다가 중화민국 정부의 총체적 부패, 인플레이션으로 인한 경제 붕괴, 그리고 이미 떠난 민심이 어우러져 1948년부터는 공산당 측에 유리하도록 전세가 기울었다. 군인들이 민중들에게 폐를 끼치지 못하게 한 군율도 공산당 군대가 국민당 군대와의 전쟁에서 이긴 이유 중 하나였다.

1949년 10월 1일, 중화인민공화국 정부의 수립을 선포하는 마오쩌둥

자료 : ko.wikipedia.org

1948년 가을 린뱌오林彪[9]가 지휘하는 동북인민해방군이 만주에서 국민당군을 격파하는 것을 시작으로 전세는 역전되어 1949년 2월에는 베이징이 함락

---

8   중화민국의 군인이다. 장제스 직계 군인으로서 국민혁명군 장성을 지냈다. 천청과 탕언보와 함께 장제스의 3대 심복으로 불리며, 야전지휘관으로 국민당군의 북벌, 여러 군벌들과의 전쟁 및 초공작전에서 큰 활약을 했다. 하지만 국공내전 당시 국민당이 패퇴하면서, 결국 장제스와 함께 대만으로 가서 그곳에서 사망한다.

9   린뱌오(林彪, 1907년 12월 5일 ~ 1971년 9월 13일)는 중화인민공화국의 군인, 정치가이다. 중화인민공화국 부총리 겸 총리 권한대행(재임: 1968년 10월 21일 ~ 1971년 9월 10일)과 중화인민공화국 국방부 부장과 중화인민공화국 원수를 역임하였다.

되었고, 이어 파죽지세로 4월에는 창강長江, 또는 양자강을 건너 중화민국의 수도 난 징을 함락시켰다. 이어 5월에는 최대도시 상하이를 함락시켰고 12월에는 중화민 국의 영역에 남아있던 최후의 대도시인 청두成都마저 함락되어 결국 중화민국의 대륙 영토는 완전히 상실하였다.

1949년 10월 1일 마오쩌둥은 베이징에서 중화인민공화국 정부의 수립을 선포 하고 국가주석에 취임하였다.

📍 중화인민공화국 건국 이후

대약진운동과 백화제방·백가쟁명

마오는 건국 선포 직후 소련을 방문하여 원조를 청하고, 광범위한 토지개혁을 실시하였다. 토지개혁에는 지주계급의 숙청이 전제조건이었으므로 수많은 지주 들이 집회에서 처형되거나 강제노역지에 수용되었다. 이는 새로운 정권에 위협 이 될 만한 반혁명세력을 뿌리 뽑는다는 이유도 있었다.

1950년 5월 13일, 북조선의 김일성과 박헌영이 베이징에 도착하여 마오쩌둥과 면담하고 이오시프 스탈린이 모스크바 회담 때 "현 국제환경은 과거와는 다르 므로 조선민주주의인민공화국이 행동을 개시할 수 있으나 최종결정은 마오쩌둥 과의 협의를 통해 이뤄야한다."라고 했음을 설명했다. 5월 14일 스탈린은 마오쩌 둥에게 보낸 특별전문에서 "국제정세의 변화에 따라 통일에 착수하자는 조선 사 람들의 제청에 동의한다. 그러나 이는 중국과 조선이 공동으로 결정해야 할 문제 이고 중국동지들이 동의하지 않을 경우에는 다시 검토할 때까지 연기되어야 한 다."라고 했다. 5월 15일, 모스크바의 메시지를 받은 뒤 마오는 김일성·박헌영과 구체적으로 의견을 교환하였다. 김일성은 북조선이 '군사력 증강-평화통일 대남

제의-대한민국 쪽의 평화적 통일 제의 거부 뒤 전투행위 개시'의 3단계 계획을 세웠다고 언급했다. 마오가 이 계획에 찬성을 표명하고 일본군의 개입 가능성을 물은 데 대해 김일성은 일본군이 참전할 가능성은 별로 없는 것으로 보나 미국이 2~3만 명의 일본군을 파견할 가능성을 전혀 배제할 수는 없다

1972년 2월, 미국의 대통령으로서는 처음으로 중국을 방문한 닉슨 대통령이 마오쩌둥과 악수를 나누고 있는 모습

자료 : ko.wikipedia.org

고 답변했다. 그러나 일본군의 참전이 상황을 결정적으로 변화시키지는 못할 것이라고 말했다. 마오는 만일 미군이 참전한다면 중국은 병력을 파견해 조선민주주의인민공화국을 돕겠다고 했다. 소련은 미국 쪽과 38선 분할에 관한 합의가 있기 때문에 전투행위에 참가하기가 불편하지만 중국은 이런 의무가 없으므로 조선민주주의인민공화국을 도와줄 수 있다고 했다. 조선민주주의인민공화국이 현시점에서 작전 개시를 결정함으로써 이 작전이 양국 간 공동의 과제가 되었으므로 이에 동의하고 필요한 협력을 제공하겠다고 했다.

이후 한국 전쟁의 참전을 결정하여 막대한 전비 때문에 신국가 건설이 잠시 지체되지만, 1953년부터 소련의 차관과 기술의 원조를 받아 소련을 본뜬 제1차 5개년계획을 실시했다. 특히 농업 생산에서 커다란 진전을 보였고, 공업 발전을 위한 기초산업을 건설하였다. 결과에 고무된 마오는 제2차 5개년계획을 발표하였고, 농업을 집단화하기 시작했다. 일종의 집단 농장이라고 할 수 있는 인민공

사가 마을마다 구성되어 농민들은 여기에 수용되었다. 또한 공산 체제가 어느 정도 안정된 1956년에는 공산주의 사상과 언론의 자유를 보장하는 '백화제방·백가쟁명百花齊放百家爭鳴' 방침을 내놓았지만, 이후 사태가 자신의 권위를 위협하는 데에 이르자 돌연 방침을 180도 전환하여 1957년에는 당내 사상의 자유도 탄압하는 반우파운동[10]을 전개하여 반체제 인사의 숙청에 나섰다.

마오는 제2차 5개년계획을 시작하면서 수년 안에 중국을 농업 국가에서 공업 국가로 탈바꿈시키고, 공업 국가의 지표라고 할 수 있는 철 생산량을 늘려 영국을 따라잡겠다는 대약진운동을 개시하였다. 그러나 기술의 미비와 농업의 경시, 게다가 기후 이상으로 인한 나쁜 작황으로 말미암아 대기근이 일어나 수많은 사람이 아사하였다.

주석 퇴임과 막후실권 행사

《리더스 다이제스트》에 따르면 1958년에 마오는 참새가 벼를 먹는 모습을 보고 분노하였다. 참새를 가리키며 "사람이 먹는 곡식을 새가 먹고 있다니! 저 새는 해로운 새다."라고 말했는데, 이 말 때문에 중국에는 참새 잡이 광풍이 불어 1959년에는 제사해운동[11]으로 인해 중국 참새의 씨가 말랐다. 곤충을 먹이

---

10 반우파운동(反右派運動) 또는 반우파투쟁(反右派鬪爭)은 1957년부터 1959년까지 중화인민공화국에서 전개된 정치운동이다. 1949년 중화인민공화국이 건국된 이후 마오쩌둥주의로 사상을 개조한 공산주의 지식인들도 새 정권의 각계 구성원으로 참가하게 된다. 이들 중 일부는 과거 마오쩌둥이 건국 초기에, 정풍운동을 통하여 자신의 입지를 굳히고 자신의 마르크스-레닌주의 노선을 공산당의 주요 노선으로 정했을 때, 이에 소극적이었던 인사들이었다.

11 제사해운동(除四害運動)은 대약진운동의 첫 번째 단계로서 1958년부터 1962년까지 장려된 정책이다. 속칭 타마작운동(打麻雀運動) 또는 참새 죽이기 운동(消滅麻雀運動)이라고도 한다. '제사해'란 "네 가지 해충을 제거한다."라는 뜻으로, 그 네 가지 해충은 들쥐, 파리, 모기, 그리고 참새였다. 이 정책의 결과 중국 참새의 멸종으로 인해 생태학적 균형이 무너졌고, 농업 해충이 창궐하였다.

로 하는 참새가 없어지면서 각종 해충이 창궐하여 대흉년의 발생으로 4천만 명이 굶어죽었다. 1959년에 열린 루산 회의에서 국방부장을 맡고 있던 펑더화이彭德懷가 대약진운동을 전개한 마오를 비판하지만, 도리어 펑더화이 자신이 해임당하고 말았다. 대약진운동의 실패로 아사자와 처형당한 수는 약 2천500만 명을 헤아렸다. 1959년 대약진운동에 대한 비난 여론이 확대될 조짐을 보이자 마오쩌둥은 국가주석직을 사임하였다. 그러나 마오의 뒤를 이어 국가주석에 취임한 류사오치는 대약진운동을 강하게 비판하였고, 덩샤오핑과 함께 경제개혁을 주도하게 되었다.

마오는 배후에서 영향력을 행사하려 하였으나 류사오치는 친정 의사를 내비쳤고, 암암리에 영향력을 행사하려는 그와 수시로 갈등했다. 한편 스탈린의 뒤를 이어 집권한 니키타 흐루쇼프흐루시초프[12]가 서방과의 관계를 개선하자, 마오는 이를 규탄하여 중소 간의 관계에 균열이 일어나게 되었다. 그뿐만 아니라 1962년에는 티베트를 둘러싸고 인도공화국과 국경분쟁을 벌이기도 했다. 그리하여 미국뿐만 아니라 서방에서 안보적 위협이 증가하자 중국의 독자적 핵무기 개발을 실시하여 1964년 핵실험에 성공하였다. 마오쩌둥은 1965년 3월 베트남과 인도네시아 당대표 및 북조선의 최용건이 참석한 가운데 '아시아 지역 혁명에 대해 논의'에서 대한민국에서 무장 게릴라 봉기를 일으키라고 강요했다. 이에 대해서, 북조선의 김일성은 "남조선에는 해안이 많고, 산이 벌거벗었으며, 교통이 비교적 발달해 있는 데다 미군까지 주둔하고 있다."라는 이유를 들어 반대하는 대신 "시간

---

12 니키타 세르게예비치 흐루쇼프(Nikita Sergeevich Khrushchyov, 1894년 4월 15일 ~ 1971년 9월 11일)는 러시아의 혁명가, 노동운동가이자, 1953년부터 1964년까지 소비에트 연방의 국가원수 겸 공산당 서기장을, 1958년부터는 소련 총리 겸 소련 국가평의회 의장을 지낸 정치인이다. 그는 스탈린주의를 비판하였고 대외적으로는 미국을 비롯한 서방 국가와 공존을 모색하였다. 그의 탈스탈린화 정책과 반스탈린주의 정책은 공산주의 국가들에 폭넓은 충격과 반향을 불러일으켰다.

을 들여서 대중 속에 '비공연非公然 조직'을 만들어 대중운동을 전개해야 한다. 이러한 투쟁이 아니고서는 소모일 뿐, 승리는 어렵다."라는 의견이었다.

문화대혁명

류사오치와 덩샤오핑은 각각 국가주석과 당서기를 맡아 파멸적 결과를 초래한 대약진운동의 뒷수습을 하면서 점점 마오를 제치고 실권자로 떠오르게 되었다. 이런 상황하에서 마오는 점점 이름뿐이고 상징적인 위치로 몰려갔다. 그러자 마오는 류사오치의 실각을 위한 공작을 계속 하는 한편, 1966년 문화대혁명을 일으켜 다시 한 번 실권을 장악하려 시도하였다.

전국에서 마오를 맹목적으로 따르는 홍위병들이 일어났고, 이들은 '공산주의의 적'을 제거한다는 구실로 사회 원로와 종교인 등에게 무자비한 폭행과 조리돌

마오쩌둥의 문화대혁명

자료 : blog.daum.net

프로파간다의 달인

림을 행했다. 이러한 혼란하에서 마오의 의도대로 류사오치와 덩샤오핑은 실각하여 다시 한 번 마오는 권력의 전면에 나섰다. 대량의 학살과 인민재판, 숙청으로 지적 물적 자원을 손실했고, 만력제를 비롯한 명나라, 청나라의 황제 및 고관들의 능과 묘소는 파헤쳐졌다. 저우언라이나 류사오치 등은 혁명에 부정적이었으나 입장 표명이나 언급을 회피했다. 문화대혁명 기간 중 약 2~3천만 명 이상의 학살로 인한 인명피해를 초래했다. 문화대혁명으로 반체제 인사와 야당 인사, 반마오쩌둥 인사를 제거한 그는 자신의 권력을 한층 강화하였고, 특히 류사오치에 맞서 마오를 지지한 국방부장 린뱌오는 일약 마오의 후계자로 떠올랐다.

린뱌오의 쿠데타 음모

린뱌오 등의 도움을 얻어 마오는 류사오치의 실각음모를 꾸몄고, 1969년 류사오치를 실각시키는 데 성공한다. 이후 국가주석직은 일시적으로 공석이 되었고, 부주석 둥비우董必武와 쑹칭링宋慶齡을 주석대행에 앉힌 뒤 사실상의 주석직 복귀와 다를 바 없는 실권을 행사한다. 그리고 류사오치 제거에 공을 세운 린뱌오를 후계자로 승인한다.

린뱌오가 후계자 자리를 굳히는 듯했으나, 승계 시기를 둘러싸고 린뱌오와 마오의 사이에 균열이 생겼고, 린뱌오는 빨리 정권을 넘겨주지 않는 마오에 불만을 품게 되었다. 린뱌오는 마오를 제거하고 정권을 잡기 위해 쿠데타 음모를 꾸몄고, 1971년 마오는 남중국을 시찰하면서 돌연 린뱌오를 비난했다. 그러나 린의 음모는 실패로 끝났고, 린뱌오는 아들과 함께 소련으로 망명하던 중 비행기가 추락하여 사망하였다. 린뱌오의 쿠데타에 관한 상세한 정보는 현재에도 정치적으로 민감한 주제이기 때문에 상세히 밝혀지지 않고 있다. 린뱌오의 쿠데타가 실패로 돌아간 이후 그의 의심 증세는 강화되었다.

생애 후반

4인방의 득세

린뱌오가 사망한 이후, 노쇠한 마오를 대신하여 정치 실권은 혁명원로들을 제치고 장칭 등 사인방과 캉성이 장악하였고, 린뱌오와 공자를 비난하자는 '비림비공批林批孔' 운동을 전개하여 자신들의 권력을 공고히 하려고 하였다. 1970년 헌법 수정 초안을 채택하여 1인 체제를 확립하고 사실상의 중국의 최고지도자로 군림하였다. 그

1972년 베이징에서 헨리 키신저(왼쪽)와 환담을 나누고 있는 마오쩌둥, 가운데는 저우언라이

자료 : ko.wikipedia.org

러나 마오는 이러한 와중에서 파킨슨병 또는 운동 뉴런 장애로 짐작되는 중병을 앓고 있었기 때문에 거의 활동을 못했고, 공식 업무는 후처 장칭이 사실상 업무를 대행하다시피 했다.

1971년부터 1972년에는 저우언라이 정무원 총리를 중심으로 하여 문화대혁명의 가치관과 1966년 이전의 정치·경제 질서 사이에 일종의 절충이 시도되어 사회갈등의 조정을 위해 노력했다. 미국의 헨리 키신저가 1971년 8월 비밀리에 베이징을 방문해서 저우언라이 총리와 회담을 가졌고, 그 결과 1972년 2월 21일 베이징을 방문한 리처드 닉슨 대통령과 마오쩌둥 간의 미·중 정상회담이 이뤄졌다. 냉전 기류의 해소에는 일부 기여하였으나 그 이상의 성과는 없었다. 1976년 1월 저우언라이의 사망 이전에 벌써 문화대혁명 가치관과 이전의 질서 간 절충, 조정 노력은 균열이 보였고, 저우언라이가 사망하면서 사회갈등 조정 노력은 실

프로파간다의 달인

패하였다. 마오는 전문기술의 중요성을 인정하였다. 그럼에도 불구하고 그것은 광란적인 당원과 야심가들의 정치적 수사修辭에 묻혀버리고 말았고, 외국에서 온 것은 모두 반혁명적인 것으로 간주되었다.

📍 1차 천안문 시위와 사망

1972년부터 병으로 고생하였다. 암살과 테러를 의심했던 그는 고층 건물에 오르는 것과 비행기 탑승을 주저하거나 꺼렸다고 한다. 와병 중이던 1976년 4월 4일 제1차 천안문 사태가 발생했다. 이는 대규모의 민중봉기였다. 4월 5일 분노한 시위대는 반란을 일으켜 건물과 관공서, 자동차 등에 방화를 하는 등 일대 소요가 야기되었다. 교통은 마비되었고, 플래카드에는 마오쩌둥의 부인 장칭을 비롯한 4인방과 측근인 야오원위안姚文元[13] 등을 비판하는 구호와 시가 많이 게재되어 있었고, 뒤에는 마오쩌둥의 퇴진을 요구하는 내용까지 올라왔다. 이 사건은 공안당국과 군에 의해 반혁명사건으로 철저히 탄압되었으며, 마오쩌둥은 이를 덩샤오핑 당시 중국공산당 부주석 겸 국무원 부총리를 제거할 기회로 삼고 덩샤오핑에게 책임을 물어, 4월 7일 그의 모든 직무를 박탈함으로써 실각시켰다.

그러나 소요사태는 쉽게 수그러들지 않았고 마오쩌둥의 퇴진을 외치며 시위가 격화되며 사태가 확산되어 가던 중 그는 진압을 시도했으나 군은 움직여 주지 않았고 그는 완전히 고립된 채 생을 마감하게 된다. 1976년 9월 9일 그는 베이징에서 죽었다. 사망 당시 그의 나이는 84세였다. 그의 유해는 자신의 시체를 매장하는 유교 전통을 타파하고, 화장하라는 자신의 희망에도 불구하고, 블라

📶
13 야오원위안(姚文元, 1931년 6월 12일~2005년 12월 23일)은 문화대혁명 때 활약한 중화인민공화국의 문학평론가, 정치가이다. 문혁을 이끈 사인방 중 한 명이다.

디미르 레닌과 마찬가지로 시신이 보존되어 베이징의 '마오주석기념관'에 안치되었다.

사후

1981년 덩샤오핑이 정권을 잡은 후, 마오쩌둥의 문화대혁명은 내란이었다고 공식 입장을 밝히고, 문화대혁명 당시 학살과 소요사태의 책임을 마오쩌둥에게 있다고 규정했다. 그러나 마오쩌둥에게 숙청당할 위기에까지 몰렸던 덩샤오핑은 그에 대한 직접적인 비판은 자제하거나, '공은 공 과는 과'라고 선을 그었다. 중화인민공화국 건국 50주년인 1999년 10월 1일에 발행되기 시작한 중국 런민비人民幣 제5판 100위안, 50위안, 20위안, 10위안, 5위안, 1위안의 지폐 앞면의 인물에 모두 마오쩌둥이 나온다.

중국 런민비(人民幣) 지폐 앞면의 마오쩌둥 초상화

자료 : m.post.naver.com

프로파간다의 달인

사 상

마오쩌둥은 당시 사회 성격에 근거하여 혁명의 임무를 밝혔다. "중국 사회는 이미 하나의 식민지이자 반식민지, 반봉건사회이며, 중국 혁명의 주요한 적은 제국주의와 봉건세력이다." 마오쩌둥은 이 시기의 혁명의 대상은 자본주의와 사유재산이 아니라 제국주의와 봉건주의이며, 중국 혁명의 성격은 무산계급 사회주의가 아니라 자본계급 민주주의라고 보았다. 다만, 일반적인 자산계급 민주주의 혁명이 아니라 신식의 특수한 혁명이다. "이런 혁명은 바로 중국과 모든 식민지, 반식민지 국가에서 발전하고 있는데, 우리는 이런 혁명을 신민주주의 혁명이라고 일컫는다."라고 말한다.

마오쩌둥은 중국이 자본주의 구민주주의와 소련의 사회주의와 다른, 식민지, 반식민지 국가의 특정한 역사 시기에서 채택된 국가 형식으로 신민주주의 공화국의 과도기를 거쳐야 한다고 보았다. 중국의 사회 현실이 반⹀식민지, 반⹀봉건

사회였기 때문에 혁명의 임무는 마땅히 반反제국, 반反봉건이어야 한다. 혁명의 임무는 곧 혁명의 성격을 결정하기 때문에 중국 혁명은 신민주주의 혁명이어야 하는 것이다.

신민주주의 경제는 '자본을 제한하고 토지권을 고루 분배하는' 것을 기본 원칙으로 삼으며, 신민주주의 문화는 '무산계급이 영도하는 인민대중의 반제국, 반봉건 문화'를 가리킨다. 이 문화는 중화민족의 신문화이며 민족적, 과학적, 대중적 특징을 갖는다.

마오쩌둥은 "반드시 마르크스주의의 보편 진리를 중국 혁명의 구체적 실천과 완전히 꼭 알맞게 통일시켜야 한다."라고 주장하고 또한, "마르크스주의는 민족의 특징과 서로 결합하고 일정한 민족적 형식을 거쳐야 비로소 쓰임새 있어지며, 결코 주관적, 공식적으로 응용할 수 없다."라고 했다.

중국 사회 현실, 즉 객관적 실재에 근거한 혁명을 주장한 마오쩌둥은 중국 공산당의 혁명 노선을 도시에서 농촌으로 넓혀가는 것이 아니라 농촌에서 농민 혁명으로 시작해 도시로 확장하는 방식을 주장했다. 이는 당시 중국이 서구나 소련과 같은 도시 노동자들의 투쟁으로 혁명이 불가능하다고 판단했기 때문이다. 이러한 마오쩌둥의 혁명 노선은 성공적이었고, 마르크스주의가 중국 혁명의 실천과 서로 결합하면서 자연스럽게 중국적 마르크스주의가 형성되었고, 그것이 곧 '마오주의'로 정립되었다.

1938년 6월, 신화일보(新華日報) 발행의 마오쩌둥은 반일 전쟁의 전략적 쟁점에 대해 논의했다.

자료 : ko.wikipedia.org

프로파간다의 **달인**

영 향

마오쩌둥의 공산주의 혁명이론

마오쩌둥은 공산주의 혁명의 주체 세력을 농민으로 삼아 공산주의 전파 활동에 중점을 두었다. 산업노동자를 혁명의 원동력으로 본 레닌의 입장을 중국의 현실에 맞게 수정한 것이다. 실례로 그는 엉덩이가 없으면 사람이 서거나 앉을 수 없다고 할 정도로, 중국 공산당과 농민의 관계는 뗄 수 없다고 보았다.

그의 공산주의이론과 군사이론은 각국의

마오쩌둥 선집(選集)

자료 : ko.wikipedia.org

혁명가들에게 커다란 영향을 주었다. 그리하여 20세기 후반에 호치민, 폴포트, 그리고 체 게바라와 같은 동남아나 중남미의 혁명가들은 그의 전략에 따라 농민을 혁명의 원동력으로 하는 농촌 혁명과 게릴라전을 통해 궁극적으로 공산주의 혁명을 달성하려고 하였다.

마오쩌둥의 공산 혁명 수출

마오쩌둥 이념의 주도하에, 개발도상국들에 공산주의 혁명을 지속적으로 수출하고자 계속 시도하였다. 마오는 해외에도 미얀마, 말레이시아, 태국, 필리핀 등지에 공산주의 노선을 지지하도록 하고 무기, 경제, 기술, 식량 지원 등을 실시하기도 하였으며 문화대혁명 때만 해도 《모주석어록》을 대량으로 해외로 영어나 스페인어 등으로까지 번역, 수출시켜 마오식 투쟁 노선에 기반한 공산주의를 퍼트렸다.

모주석어록

자료 : www.mediatoday.co.kr

05

프로파간다의 **달인**

평가와 비판

평가

중국에 공산주의 국가를 세우고 오랫동안 실질적 영도자의 권력을 행사한 데비해 지식인, 상공인, 고급 기술자들을 믿지 않았으며 노동자와 농민에게 권한을주었다. 문화대혁명으로 중국의 고귀한 전통문화뿐 아니라, 소수 민족들의 제도와 문화도 대거 파괴됨으로써 문화 간 이질성을 약화시켰다는 평은 마오주의 추종자들이 그를 높이 평가하는 이유이다. 미국의 언론인 에드거 스노는 마오쩌둥을 포함한 홍군의 소년병 같은 활동가들을 만난 이야기인《중국의 붉은 별》에서토론에서의 박식함, 겸손함, 건강함 등이 그의 좋은 점이라 말했다. 마오쩌둥은현실을 냉정하게 읽기도 하였으며 언론인 박형기가 쓴《덩샤오핑 전기》에 따르면 1933년 중국 공산당에서는 소련파와 마오파의 당권경쟁이 치열했는데, 소련파의 이론은 마오에게 맞지 않았다. 소련파는 도시 노동자 계급이 혁명의 중심이라면서 도시 무장투쟁만을 시도했으나, 마오쩌둥은 중국 인민의 대부분이 농민이라며 농민소비에트를 만들어야 한다고 보았다. 그의 주장이 맞다는 것이 입증되자, 1935년 대장정 도중에 열린 회의에서 마오쩌둥의 이론마오주의이 공식적 공산주의로 인정되었다.

비판

자신의 일방적 이념으로 중국 사회를 개조하려고 한 광인狂人으로, 대량의 인류의 사망 및 인류에 대한 학살을 저지른 독재자로 비판을 받을 때가 많으며 중국의 전통 문화유교, 도교, 불교 등와 중국의 사회구조의 유대 및 협력 고리를 완전히 끊어놓은 폭력정치인으로 불리기도 한다.

그는 개인적으로 의심이 많았고 그 자신을 30년 이상 성실히 보좌하던 친구이자 정치적 동지인 저우언라이[14]조차도 의심했다고 한다. 자신이 사망하면 저우언라이가 집권할 것을 염려하여 그가 와병 중임에도 불구하고 약을 복용하지 못하게 하거나, 휴가를 주지 않고 오히려 과다한 임무를 부과했다고 한다.

한국전쟁에 대규모 군사를 보내 한국 및 국제사회와 오랜 갈등을 빚게 했고, 대약진운동의 실패로 약 2천5백만 명, 문화대혁명으로 약 2~3천만 명의 인명 피해를 초래하여, 그가 펼친 정책의 과단성, 무모함과 커다란 피해에 대한 지적과 함께 중국의 문화, 사회, 경제, 외교 관계에 막대한 물적, 인적 피해를 입혔다는

---

14 저우언라이(周恩來, 1898년 3월 5일 ~ 1976년 1월 8일)는 중화인민공화국의 공산주의 혁명가, 정치인이다.

비판을 받는다.

현대 중국사에서 마오쩌둥은 여러 '공'과 '과'가 뚜렷이 있는 인물이나 오늘날에도 중국에서는 국부나 위인으로 대우받는 사람이다. 덩샤오핑은 마오쩌둥에 대해 소위 '공칠과삼功七過三'이라고 언급했다. 노선은 완전히 다르지만 공산당이라는 한 뿌리에서 나온 지도자여서인지 후한 평가를 내린 것이다. 사실 마오쩌둥은 공산당 관점에서는 건국의 아버지이지만 대약진운동과 문

마오쩌둥과 저우언라이

자료 : www.mediatoday.co.kr

화대혁명 등으로 중국인 수천만 명을 죽음과 공포로 내몬 '최악의 지도자' 중 한 명이다. 덩샤오핑은 민주주의 국가 시각에서 보면 천안문 사태라는 '과'를 저질렀지만 개혁·개방 정책으로 중국의 부흥을 일궈 '공'이 많은 지도자였다.

마오쩌둥은 한국전쟁과도 관련이 있는 인물이고 중국 공산당의 대표적인 인물·지도자였다. 중국의 건국이야기인 마오쩌둥의 대장정, 대약진운동, 문화대혁명 등은 워낙 극적인 사건들이라 오늘날에도 중국 공산당의 프로파간다로 자주 사용되고 있다.

조선민주주의인민공화국과의 관계

1950년 한국전쟁 기간부터, 친소련파였던 김일성으로는 조선민주주의인민공화국에 영향력을 미치기 어렵다고 본 마오쩌둥은 김두봉, 김무정, 김원봉을 통해 조선민주주의인민공화국에 영향력을 행사하려 한다. 그러나 이들과의 교류는 김일성에 의해 차단된다.

그는 1948년에 이미 박헌영을 통해서도 조선민주주의인민공화국에 영향력 행사

김일성이 마오쩌둥을 찾아갔다

자료 : brunch.co.

를 기도하였으나, 소련의 이오시프 스탈린 서기장은 김일성을 조선민주주의인민공화국의 수반으로 낙점한다. 한국전쟁 기간 중 그는 김일성의 견제세력으로 박

헌영과도 연결을 시도했
는데, 박헌영을 김일성
의 대안으로도 고려했
다. 1953년부터 1955년
8월 종파 사건으로 조선
민주주의인민공화국의
남조선로동당원들이 대
규모 감금, 체포, 처형당
했을 때 그는 조선민주
주의인민공화국 외무성
을 통해 압력을 넣어 박

마오쩌둥이 한국전쟁 참전을 후회한 이유

자료 : dongbeiren.tistory.com

헌영의 구명운동을 펴기도 했다. 그러나 이는 김일성의 박헌영 처형 의지를 촉진
시키는 결과를 초래했다.

　한국전쟁 중 대한민국군과 유엔군의 총공세가 시작되자 김일성은 조선민주주
의인민공화국군의 손실을 최소화하려고 중공군과의 상의도 없이 멋대로 조선민
주주의인민공화국군을 후퇴시켜 결국 중공군은 유엔군의 기습으로 막대한 인명
피해와 보급 손실을 받았다. 마오쩌둥은 그 소식을 듣고 분노하였다. 그 후 북·
중 관계는 악화되었다. 1975년 김일성은 마오쩌둥에게 찾아가 다시 한국전쟁을
일으키려 했지만 마오쩌둥은 거절하였다. 이유는 1972년 마오쩌둥은 중국을 방
문한 리처드 닉슨 대통령에게 김일성은 매우 무례하고 은혜도 모르는 배은망덕
한 망나니 놈이라고 했고 조선민주주의인민공화국에 군대를 파병 보내 김일성과
조선민주주의인민공화국을 도운 것을 후회한다고 고백했고, 한국이 통일되게 나
뒀어야 했다고 말했다.

PROPAGANDA

CHAPTER 11

문화대혁명

CHAPTER **11**

문화대혁명

01

개 요

문화대혁명文化大革命은 1966년 5월부터 1976년 12월까지 중화인민공화국에서 벌어졌던 사회상·문화상·정치상 소란으로, 공식 명칭은 무산계급문화대혁명無產階級文化大革命이고 약칭은 문혁文革이다. 문화대혁명의 형식상 표면에 내세운 구실은 "회생하려는 전근대성 문화와 시장 정책 문화를 비판하고 더욱 새로운 공산주의 문화를 창출하자!"라는 정치·사회·사상·문화 개혁운동이었다. 그러나 실제로는 대약진운동[1]이 크게 실패한 탓에 정권 중추에서 잠시 물러난 마오쩌둥이 자신의 재부상을 획책하기 위해 프롤레타리아 민중과 학생 폭력 운동을 동원

---

1   대약진운동(**大躍進運動**, 약어는 대약진(**大躍進**))은 공산 혁명 후 중화인민공화국에서 근대적인 사회주의 사회를 만드는 것을 목적으로 1958년부터 1961년 말~1962년 초까지 마오쩌둥의 주도로 시작된 농공업의 대증산정책이다. 마오는 〈생산성 이론〉에 근거해 이 정책을 실시했지만, 농촌의 현실을 무시한 무리한 집단 농장화나 농촌에서의 철강 생산 등을 진행시킨 결과 4,000만 명에 이르는 사상 최악의 아사자를 내고 큰 실패로 끝이 난다. 이 때문에 마오의 권위는 추락하고 이 권력 회복을 목적으로 문화대혁명을 일으키게 된다.

해 시장 회생파를 공격하고 죽이려고 몰아간 마오쩌둥파와 덩샤오핑파 간의 권력 투쟁을 겸하였다.

이 운동은 1966년 5월 16일 중국 공산당의 중앙위원회 주석이었던 마오쩌둥의 제창으로 시작되었다. 그는 부르주아 계급의 자본주의와 봉건주의, 관료주의 요소가 공산당과 중국 사회 곳곳을 지배하고 있으니 이를 제거해야 한다고 주장하였다. 또한 중국의 청년 학생들과 민중들이 사상과 행동을 규합해 인민민주독재를 더욱 확고히 실현하기 위해 '혁명 후의 영구적 계급 투쟁'을 통해 이런 것들을 분쇄시켜야 한다고 하였다. 이는 중국 전역에서 벌어진 홍위병의 움직임으로 구체화되었다.

마오가 문혁을 제창하게 된 동기는 노선을 변경한 소련의 잘못된 수정주의가 중공에서도 재연되는 것을 방지하고 중국에서 더욱 이상적인 공산주의 국가를 건설하기 위한 것이라고 공식적으로 천명하였다. 한편, 마오쩌둥 자신이 시도한 대약진운동에서 파멸적인 결과를 빚어 당에 대한 권력과 영향력이 덩샤오핑鄧小平[2]과 류사오치劉少奇[3]에게 넘어가려하자, 극좌적 계급투쟁 형식을 빌어 이를 선회

---

[2] 덩샤오핑(鄧小平, 1904년 8월 22일 ~ 1997년 2월 19일)은 중화인민공화국의 정치가이다. 1978년부터 1983년까지는 중국인민정치협상회의 주석, 1981년부터 1989년까지는 중화인민공화국 중앙군사위원회 주석을 역임했다. 중국 공산당의 소위 2세대의 가장 중요한 인물이다. 중국 공산당에 입당한 이래 1929년 제7군 정치위원이 되었고, 1934년 대장정에 참여하였다. 1945년 공산당 중앙위원이 된 후, 정무원 부총리, 재정 부장, 당 정치국 상무위원 겸 중앙서기처 총서기, 중소 회담 중공 측 대표단장 등을 역임했다. 1968년 문화대혁명 때 박해를 받기 시작한 이래, 여러 번 마오쩌둥의 박해를 받기도 했지만 기적적으로 복귀, 중화인민지원군 총참모장, 중화인민공화국 국무원 부총리 등을 지냈고 1981년부터 1983년까지는 국가원수직에 있었다.

[3] 류사오치(劉少奇, 1898년 11월 24일 ~ 1969년 11월 12일)는 중화인민공화국의 정치가, 중국 공산당 지도자이다. 허난성 출신이다. 1949년부터 1954년까지 중국 본토의 임시부수반을, 1954년부터 1959년까지 중화인민공화국의 국가부주석을 역임했다. 1959년 4월부터 1968년까지는 중화인민공화국의 제2대 국가주석을 역임했다. 1959년 마오쩌둥이 대약진운동의 실패의 책임을 지고 물러나자 제2대 국가주석 겸 당 군사위원회 주석이 되었으나, 막후에서 실력을 행사하려던 마오쩌둥과 수시로 갈등한 끝에, 문화대혁명으로 1968년 실각했다.

하기 위해 시도한 것이라는 것도 통설이다.

1969년 마오는 공식적으로 문혁이 끝났다고 선언하였고 학생과 노동 운동가들 일부를 체포하였으나, 사실상 1976년 마오쩌둥의 죽음과 사인방의 체포까지 벌어졌던 일련의 여러 혼돈과 변혁을 통틀어 길게 문혁기간이라고 지칭하는 것이 일반적이다. 중국에서는 이 기간을 십년 동란十年動亂이라고 부르기도 한다.

1976년 베이징. "(윗줄) 신선한 피와 생명으로 당중앙을 보위하자! (아랫줄) 신선한 피와 생명으로 마오(마오쩌둥) 주석을 보위하자!

자료 : ko.wikipedia.org

문혁은 대개의 중국인들이나 외부인 심지어는 중국 공산당 내에서도 국가적 재난이라고 간주되고 있다. 문혁의 공과에 대해서는 다양한 견해가 존재하지만, 중국 공산당은 1981년에 이를 마오의 과오가 크다고 공식적으로 발표하였으나 문혁기간에서의 마오의 과오로 제한하였다. 그리고 린뱌오와 사인방[4]도 주요 책임자로 지목되었다.

4인방

자료 : mediatoday.co.kr

4   사인방(四人幇)은 문화대혁명 기간 동안에 무소불위의 권력을 휘둘렀던 4명(장칭(江青), 왕훙원(王洪文), 장춘차오(張春橋), 야오원위안(姚文元))의 중국 공산당 지도자를 뜻한다.

02

프로파간다의 **달인**

정치적 배경

중화인민공화국의 사상정화운동

1949년 신민주주의 혁명으로 중화인민공화국이 수립된 이후 중국 공산당이
실시한 여러 개혁정책은 중국 사회에 커다란 변화를 초래하였다. 그리고 이전의
지배층들은 '반동분자'의 낙인이 찍혀 재산 및 모든 기득권을 잃는 것은 물론, 처
형되거나 수용소에 감금되었다. 본인뿐만 아니라 가족들도 이런 와중에서 무사
할 수 없었다. 그러나 중국에는 무산계급 독재 혁명투쟁에 나서지 않았음에도
공산당 집권 후 사상개조를 받고 관리층이나 학자층, 지배층에 계속 머무르고
있던 이들이 꽤 많았다.

중국 공산당은 이렇게 사회 변화로 인해 새롭게 지배계급이 된 무산계급의 불
만과 권력욕을 해결하고 당 내의 불순요소를 제거하는 방법으로 대규모의 사상

자료 : m.blog.daum.net

정화운동을 주기적으로 실시하였다. 그리하여 문화대혁명 이전에도 공산당이
지도한 사상정화운동이 있었으며, 그 방법론은 집권하기도 전인 1930년대 말에
벌인 연안延安에서의 정풍운동에서 이미 정립되어 있었다. 즉, 이런 군중운동들
에서 초기에는 무산계급 독재를 위한 '올바른 사상의 함양'을 외치던 것이, 후기
로 접어들면 전투적이고 공격적인 당 내 투쟁으로 번졌고, '반혁명세력' 및 '우파'
를 숙청하는 것으로 확대되는 식이었다.

흐루쇼프의 평화 공존 정책과 중소 분열

1953년 스탈린 사후 집권한 소련의 흐루쇼프는 전임 지도자였던 스탈린을 경제를 망친 독재자로 규정하고 국가적으로 스탈린 격하운동을 벌였다. 또한 '평화 공존 정책'을 부르짖으며 서방과 화해를 모색했다. 전 세계 공산주의의 최고지도자로 여겨졌던 스탈린이 격하되는 모습은 마오쩌둥을 비롯한 중국지도자들에게 충격이었다. 뿐만 아니라 마오쩌둥은 서방 제국주의 세력을 제3세계에서 몰아내기 위해서는 강한 혁명이 필요하며 '핵전쟁'도 불사해야 한다는 입장이었기 때문에 평화 공존에 대해서도 반대했다.

1956년에 일어난 헝가리 반소 봉기와 폴란드 반소 봉기로 인해 소련의 공산주의권의 지도력에 대해 중국은 의구심을 가졌고, 중화인민공화국이 건국된 이래 소련을 추종해왔던 중국의 외교방침을 회의적으로 보게 되었다. 또한 소련은 1962년에 벌어진 중인국경분쟁에서 인도를 지지하였으며, 이는 중국 측을 크게 실망시켰다.

중국은 1950년 이후 한국전쟁에 참전하기 위해 MiG-15 제트전투기와 같은 최신 무기를 소련에서 구매했는데, 소련이 공산주의 우방국의 혜택을 주지 않고 중국에 거액을 청구하여 중국 측을 격분시켰다. 또한 소련은 중국에 약속한 군사원조와 경제원조를 취소했으며, 이 때문에 인민해방군의 현대화와 중국의 산업화는 차질을 빚게 되었다. 이러한 일련의 과정들을 두고 중국의 지도자들은 흐루쇼프가 스탈린을 격하하면서 벌어진 일이 아닌가 하고 의심하기 시작하였다.

이오시프 스탈린에 대한 격하운동은 중국 공산당 수뇌부들에게도 경각심과 긴장감을 주었다. 당 간부들은 언제든 자신도 격하되거나 비판받을 수 있다며 술렁거렸고, 마오쩌둥은 소련이 공산주의 노선에서 어긋나고 있다고 지적했다.

결국 마오는 흐루쇼프를 '수정주의자'라고 규정하였고, 소련은 '공산전체주의 국가'공산주의의 탈을 쓴 전체주의 또는 좌파를 빙자한 파시즘 국가라고 비난하게 되었다. 또한 소련과 같은 인민이 소외된 관료제에 대해서도 매우 부정적이었다. 그리하여 마오는 중국이 관료의 영향력 하에서 소련의 '잘못된 길'을 따라가고 있기 때문에, 이를 바로잡기 위해서는 대중적 사상운동이 필요하다고 생각하게 된 것이다.

마오쩌둥과 류사오치의 갈등

1959년 마오쩌둥은 대약진운동 실패의 책임을 지고 국가주석에서 사임했다. 이어서 류사오치가 국가주석, 등소평이 당총서기를 맡게 되었고, 다만 총리 저우언라이[5]는 계속 유임되었다. 류사오치와 덩샤오핑의 개혁은 마오쩌둥이 실시한 집단화 정책에서 부분적인 후퇴였지만, 실용적이고 효과적으로 보였다. 류사오치는 "생산보다 구매가 더 좋고, 구매보다는 대여가 더 좋다."라는 유명한 격언을 남기며 새로운 경제 정책을 실시하려고 했고, 마오쩌둥의 자급자족 경제관과 모순되는 것이었다. 류사오치는 마오가 실시했던 여러 '도약' 정책을 종식시키는 정책을 실시하였다. 그리하여 인민공사와 같은 집단화를 해체하고, 대약진 이전

---

5   저우언라이(周恩來, 1898년 3월 5일 ~ 1976년 1월 8일)는 중화인민공화국의 공산주의 혁명가, 정치인이다. 1922년 중국 공산당 파리지부를 창설하고 귀국하여 1924년 황푸 군관학교 정치부 부주임이 되었다. 1927년 장제스가 일으킨 상하이 쿠데타에 대항해 당시 민중 봉기를 조직하고 난창 봉기와 광저우 코뮌을 주동하였다. 1934년 대장정에 참여하고 시안 사건 때는 공산당 대표로 국공합작을 이루어냈다. 이후 국민당과의 관계를 담당하였고, 공산정권이 수립된 1949년부터 1976년 1월 8일까지 중화인민공화국의 초대 국무원총리를 지냈는데 지난날 한때 각각 부총리였던 린뱌오와 덩샤오핑이 총리 권한대행을 잠시 맡은 일도 있다.

마오쩌둥과 류사오치

자료 : blog.naver.com

으로 돌아가려고 하였다.

그러나 이런 새로운 정책 때문에 마오쩌둥과 류사오치 간에 점점 갈등이 심화되었다. 류의 개혁은 성공을 거두어서 대기근은 사라졌고, 류는 인민들뿐만 아니라 고급 당원들 사이에서도 신망을 얻게 되었다. 이렇게 되자 덩샤오핑과 함께 류는 마오를 점진적으로 정계로부터 끌어내리고 자신이 확고하게 최고실권자로 올라서려고 생각하기 시작했다.

마오는 자신의 권력을 회복하고 정적을 제거하기 위해 1963년부터 '공산주의 교육운동'을 개시했다. 공산주의 교육운동은 아래로부터의 풀뿌리 운동을 목표로 한 것으로서 마오의 강력한 지도를 받고 있었다. 이 운동은 학교에 다니는 아이들을 목표로 한 것이어서 현행 정치와는 별 상관이 없다고 여겨졌다. 그러나 이 아이들은 몇 년 후 마오의 주된 지지 세력, 즉 홍위병으로 자라나게 되었다.

1963년 마오는 계급투쟁의 이상은 항상 이해되고 언제나 적용되어야 한다고 주장하면서 류를 공개적으로 비판하기 시작했다. 1964년까지 공산주의 교육운동은 '사청운동四淸運動'으로 발전하였다. 이것은 정치, 경제, 조직, 이념에서 불순한 것들을 청산해야 한다는 것이었고, 마르크스 수정주의파 류사오치를 직접적으로 겨눈 운동이었다.

03
프로파간다의 **달인**

사회적 배경

대약진운동

1957년 중국의 제1차 5개년계획이 끝난 후, 중국 공산주의의 첫 번째 단계는 자급자족의 공산사회를 건설하는 것이니만큼, 마오는 공산주의 이행 속도를 증진해야 한다고 역설하였다. 이 목표를 달성하기 위해 마오는 '대약진운동'을 시작하였다. 이것의 목표는 식량과 철강 생산을 증산하여 단번에 선진국으로 발돋움하려는 계획이었다.

산업발달의 척도가 되는 철강 생산을 위해 전국적으로 각 마을마다 재래식 고로를 세우도록 하였다. 또 다른 목표인 식량 증산을 위해서 농촌에 존재하던 소규모 협업조직인 호조조互助組를 해체하고 이를 대규모로 만들어 집단농업과 집단동원을 위한 인민공사를 설립하였다.

그러나 이것들은 재앙으로 밝혀졌다. 농민들이 농사보다는 질 낮은 철을 생산하는 데 몰두했기 때문에, 전 산업계는 혼란에 휩싸였다. 이런 철들은 목표량 달성에 급급한 관리들이 농민들을 몰아붙여 농가의 마당에 설치된 구식 화로에서 생산되었기 때문에 산업에는 아무 짝에도 쓸모가 없었다. 동시에 한국전쟁 참전을 위해 중국 각지에서 철을 조달하여 농기구 조달난에 시달렸고 이는 농업 생산성 감소로 이어졌다.

1959년 루산廬山, 려산에서 열린 중국 공산당 중앙위원회루산 회의에서 국방부장 펑더화이彭德懷 원수는 개인적 서한을 보내 대약진운동을 개시한 마오쩌둥을 강하게 비판하였다. 펑더화이는 대약진운동의 파국은 미숙한 행정도 한몫했지만, 대약진운동 자체가 '소부르주아 환상주의'라고 규정했다.

대약진운동

자료 : m.blog.naver.com

마오쩌둥은 대약진운동에 관해 자신의 과오를 거듭 인정했지만, 대약진운동은 전체로 봐서는 70%는 옳았다고 주장하면서 자신을 방어하였다. 대약진운동 실패의 책임으로 마오쩌둥은 국가주석을 사임하였고 국가 행정은 새 국가주석인 류사오치, 총리 저우언라이, 그리고 당총서기 덩샤오핑 등이 운영하였다.

마오쩌둥은 류사오치, 덩샤오핑과 연합하여, 일시적으로 그들에게 일시적인 국가운영권을 내주고 그 반대급부로 펑더화이를 고립시켜 '우익 기회주의자'로 규탄하는 데 성공했다. 그리하여 펑더화이는 국방부장에서 해임되어 실각하였다.

프로파간다의 달인

생산량의 감소와 대기근

1950년부터 1953년 무렵 한국전쟁에 가담하기 위해 대량의 철이 조달되었다. 대량의 농기구들이 화로에서 철 생산을 위해 녹여졌기 때문에 한국전쟁 종료 이후 농업 생산은 급격히 감소하였다. 설상가상으로, 지역담당자는 처벌을 면하기 위해 허위생산량을 보고하여 문제가 커졌다. 수십 년간 계속된 내전 및 중일전쟁, 한국전쟁으로 타격을 입었던 중국경제는 회복되는 듯하다가 다시 한 번 침체의 나락으로 떨어졌다.

철강 생산량은 연간 520만 톤에서 1,400만 톤으로 눈에 띄게 늘어났다. 처음의 목표는 비현실적으로 연간 3,000만 톤의 철을 생산하는 것이었는데, 이것은 후에 더 현실적인 2,000만 톤으로 조정되었다. 그러나 이렇게 생산된 철은 대부분 질이 떨어졌고, 처음에 목표한 산업발전을 위한 기자재로 쓰기에는 거의 쓸모가 없었다.

그동안 식량 생산에서도 문제가 불거져서, 농민들이 철 생산에 매달린 데다가, 이런 철 생산을 위한 연료로 쓰기 위해 목재를 남벌한 결과 1958년부터 여름마다 홍수가 나서 농경지는 침수되었다. 또한 대약진운동과 함께 벌어진 제사해운동[6]에서는 참새를 유해조로 지정해서 대대적 퇴치운동을 벌였다.

---

6 제사해운동(除四害運動)은 대약진운동의 첫 번째 단계로서 1958년부터 1962년까지 장려된 정책이다. 속칭 타마작운동(打麻雀運動) 또는 참새 죽이기 운동(消滅麻雀運動)이라고도 한다. '제사해'란 "네 가지 해충을 제거한다."라는 뜻으로, 그 네 가지 해충은 들쥐, 파리, 모기, 그리고 참새였다. 이 정책의 결과 중국 참새의 멸종으로 인해 생태학적 균형이 무너졌고, 농업 해충이 창궐하였다.

제사해운동 중국의 해조박멸운동

자료 : blog.daum.net

그런데 이 때문에 생태계의 균형이 깨져 여름에 병충해가 창궐하게 되었다. 여기에다가 집단화된 농업은 다른 사회주의 국가와 마찬가지로 비효율의 극치를 달렸고, 더욱이 검증이 안 된 새로운 작황법을 도입해 종자를 밀집되게 심었다가 도리어 생육에 지장만 주었다. 그리하여 중화인민공화국 건국 이래 처음으로 대규모의 기근이 발생했다. 더욱이 광범위한 기근이 발생하였는데도 중국 정부는 소련의 기술 도입료와 차관상환을 곡물로 하여 해외 수출을 계속하였다. 기근은 매우 심각했고, 이때 기근으로 사망한 이들은 2,000만~3,000만으로 추산된다. 이 기근은 1961년까지 계속되었다.

노동자 불만 확산

1957년의 반우파투쟁 때부터 도시에서부터 서서히 혁명 사조가 전국적으로 범람하기 시작했다. 1950년대 중반부터 식량 생산이 감소함에 따라 생계난을 겪던 도시 노동자들 사이에서 불만이 터져 나왔다. 노동계층 중 대다수는 청나라가 몰락하기 이전부터 하층민이었거나 노비에서 석방된 이들이 도시로 흘러들어와 형성한 계층이었다. 이들은 자신의 아버지와 할아버지에게서 들은 자본가들에 대한 분노와 증오를 더욱 증폭시켰다. 시골에서 재산을 쌓아두고 풀어놓

프로파간다의 달인

지 않는 지역 유지들과 당 내의 부르주아들에 대한 불만이 도시 노동자들 사이에서 확산되었다.

특히 상하이의 극좌 문화는 1958년에 이미 달아오르기 시작하여 문혁 시기에 최고조에 달했다. 상하이에서는 1958년부터 노동자들 사이에서 먼저 마오쩌둥 사상 학습 운동이 퍼져나갔다. 1만 5,000개에 이르는 학습 소조_{모임}가 등장했고, 연인원 20만 명이 여기에 참여했다. 그와 동시에 전 시민의 혁명 시가_{詩歌} 운동도 진행되었다. 시와 예술작품은 모두 혁명의 구호여야 마땅하다고 주장되었다. 노동계층의 불만은 퇴폐, 타락한 사회문화 전체를 바꿔야 한다는 것으로 결론내려졌다.

야오원위안_{姚文元}은 신문 지상에서 예술 시를 비판하고, 시의 한 구절 한 구절은 모두 혁명의 구호여야 마땅하다고 주장했다. 또 스스로 지은 '혁명 시'를 발표했다. 자구책이 없이 불만을 품던 노동계층은 이러한 작가들의 작품에 열렬히 호응하였다.

"우리 노동자의 뼈는 단단하다. 총검 아래에 강산을 굴복시켰다. 백기를 뽑아내고 적기를 꽂으니, 혁명의 기백이 천지를 뒤엎을 듯하다! 쇳물은 붉은 빛을 번뜩이며 콸콸 흐르니, 영국과 미국은 놀라 자빠지리라!"

1950년대 후반 상하이의 프롤레타리아 문예 창작자들은 어떤 도시보다도 많은 극좌 문화의 작품을 만들었다. 예를 들면, 후일 문화대혁명 10년간 장칭의 지도 아래 창작된 '혁명 모범극'은 당시 중국인이 관람할 수 있었던 유일한 극이었다. 문혁 때에 유일하게 상영이 권장되었던 그 여덟 편의 모범극 가운데 여섯 편은 상하이 작가의 원작을 수정한 것이었다. 현실에서의 불만을 해소할 방법이 없던 노동자 계층은 이들의 작품을 탐독하며 울분을 해소하였다.

문혁 속에서 상하이는 극좌 문화의 중심지가 됐다. 당시 중국 유일의 문학 월간지 《조하朝霞》가 상하이에서 창간되어, 수많은 혁명 문인이 앞서거니 뒤서거니 하며 등장했다. 야오원위안은 그들의 선배이자 전범이었다.

좌절한 공산주의 지식인과 청년들

1950년대 후반 이후 중국의 공산주의 사회가 조금씩 안정되면서 청년층의 성공, 출세의 수단은 줄어들기 시작하였다. 일부 공산당 고위층의 아들들에게 그대로 상속되었고 기회의 평등을 외치며 여성에게도 문호를 개방했지만 그 대상은 주로 공산당 간부들의 딸들이었다. 한편 홍군이나 국공내전 등에 참여하지 않던 시골 지역의 유지들은 청나라 또는 그 이전부터 세습되던 토지와 건물로 어느 정도 자산을 축적하고 있었다. 공산당에 충성하거나 열심히 공부하면 성공할 수 있었다고 믿어오던 좌익 지식인들과 청년들은 좌절하기 시작하였다. 이들은 일부 공산당 고위층의 반혁명성, 반당 행

문화대혁명, 광기와 혼란의 시대

위, 그리고 혁명에 참여하지도 않고, 기존의 자산을 보유하면서도 당 간부직을 유지하는 지역 유지들에 대한 불만을 공공연히 털어놓기 시작하고 그들보다 훨씬 극좌적인 방법을 택해 보복하고자 하였다.

1966년 5월 중국 공산당 정치국 확대회의에서 "학술적으로 권위 있는 부르주아 반동 입장들을 철저하게 폭로하고, 학술계·교육계·언론계·문예계와 출판계의 부르주아 반동사상을 철저하게 비판하여, 이러한 문화영역에서 영도권을 탈취하자."는 '5·16 통지通知'가 제출되면서부터 1976년 마오쩌둥이 사망할 때까지 중국을 무정부적 상태로 몰아넣게 되었다. 좌절한 지식인들과 청년들은 좋은 학력과 당 고위직을 세습하는 간부 자녀들과 시골의 지역 유지들에 대한 노골적인 증오와 처단을 실시하였다.

한편 대학을 졸업하거나 기술을 익히고도 주임, 서기급에서 올라가기 힘들었던 실무자층의 좌절 역시 분노로 변해 갔다. 문혁의 발동에서 가장 중요한 주체 집단은 좌절을 경험했던 젊은 지식인들이었다. 이러한 분노는 예학과 상장제례 등을 강조하던 유교 사상에 대한 더욱 근본적인 분노로도 이어졌다. 명청대의 고위 관료들의 무덤과 사당은 퇴폐한 반동으로 몰려 파괴되고 부관참시되었다. 유교 사상은 비록 철저히 부서졌지만 신분제도와 계급체계를 여전히 정당

자료 : opinionnews.co.kr

화하고, 여성과 피지배층을 학대하는 등 인간의 평등을 억압하는 악질 제도라고 비판받아 유교와 관련된 사상가들, 학자들의 묘소와 석물, 저서 등은 모두 파괴·소각되었다. 이러한 청년들의 분노와 파괴는 문화대혁명 이후의 권위 해체 분위기로 이어졌다.

문혁이 공식 종식되면서 찾아든 덩샤오핑에 의한 사상해방운동은 한동안 개성의 해방, 인성과 인권의 존중, 인간의 심리성과 잠재 능력의 발휘를 강조했을 뿐만 아니라 예술의 순수성을 강조하여 예술의 비예술적 요소의 침입을 막고 예술로 하여금 예술로 환원하도록 만들었다.

이는 문혁 기간 탄압받던 우파 지식인들이 복권되고 극좌 사상에 대한 사회적 반성 사조가 유행하기 시작한 것과 때를 같이 한 것이다.

마오쩌둥의 문화대혁명

자료 : blog.daum.net

프로파간다의 **달인**

새로운 미디어의 보급

문화대혁명에는 1950년대 후반부터 중국의 도시에서 오지에 이르기까지 보급되기 시작한 미디어인 라디오가 큰 역할을 하였다. 전화기의 보급 증가 역시 연락망의 확충에 기여하였다. 문화대혁명의 초기 준비단계에서, 중국 정부는 모든 학교, 군부대, 그리고 공공조직에 라디오를 청취한 후 이를 다시 대중에게 전달할 선전자를 임명하도록 하였다.

'중앙인민방송국'의 라디오 방송은 이런 선전활동을 위한 기구였으며, 선전자들은 방송을 듣고 이것을 다시 대중들에게 확산시키는 역할을 했다. 이런 선전자의 수는 1960년대에 4억의 농촌 인구 중에 7천만에 달했다.

직접적인 계기 : 해서파관과 조반유리

1959년 말, 역사가이자 베이징 부시장인 우한이 역사 희곡 《해서파관海瑞罷官》해서가 파면되다을 발표하였다. 이 극은 명나라 때의 실존 청백리인 해서1515~1587가 암군 가정제嘉靖帝에게 파면된다는 내용이었다.

마오는 처음에 이 극을 매우 높이 평가했다. 그러나 1965년 마오의 부인인 장칭과 그녀의 피후견인인 야오원위안당시 상하이의 신문인 《문회보文匯報》의 편집장이었으며, 그때까지 무명인사였다은 이 희곡을 비판한 논평을 썼다. 그들은 이 희곡이 독초이며, 마오를 폄하하기 위한 것이고, 황제는 마오, 해서는 펑더화이를 은유한 것이라고 주장했다.

이 논평은 전국적으로 주목을 받았고, 많은 논란을 야기하였다. 많은 신문들은 이것이 언론탄압의 계기가 될 것을 우려하여 표현의 자유를 요구하였다. 한편 베이징 시장이었던 펑전彭眞은 우한을 지지하여 이 비판이 지나친 것이라고 주장하였다. 그리고 이 문제를 연구하기 위한 '문화혁명오인소조文化革命五人小組'를 구성하였고, 이 소조는 〈현재 학술적 문제에 관한 제강關於當前學術討論等彙報提綱〉 또는 〈2월제강二月提綱〉을 발표하여 '해서파관'에 관한 논란을 정치문제가 아닌 순수한 학술문제로 한정하려고 하였다. 그러나 장칭은 상하이에서 활동하면서, 문예계가 '일부 반당, 반공산주의의 불순세력의 음모'에 의해 지배되고 있다고 주장하였다. 여기에 국방부장이었던 린뱌오가 합세하고 세를 불리기 시작하였다.

1966년 5월, 장칭과 야오원위안은 다시 한 번 우한과 펑전을 비판하는 논평을 발표하였다. 5월 16일, 마오의 주재하에서 당 정치국은 문화대혁명의 시작을 상징하는 〈중국 공산당 중앙위원회 통지中國共產黨中央委員會通知〉 혹은 〈5·16통지五—六通知〉를 발표하였다. 이 통지에서 펑전은 날카롭게 비판되었고, 오인소조五人小組는

해서파관

자료 : mediatoday.co.kr

해체되었다.

이 통지는 펑전과 오인소조가 "표리부동한 자세로 마오쩌둥 동지의 우한에 관한 교시와 마오 주석이 이룩한 위대한 문화혁명을 공격하였다."라고 주장하였다. 1년 후, 1967년 5월 18일 '인민일보'는 이 고시가 '우리의 위대한 지도자 마오쩌둥 동지의 지도하에 작성된 위대한 역사적 문서'라고 칭송하였다.

1966년의 이후 정치국 회의에서 새로운 '문혁소조文革小組'가 구성되었다. 5월 18일 문혁소조의 린뱌오는 한 연설에서 "마오 주석은 천재이고, 마오 주석이 말하는 것은 무엇이든 맞다. 마오 주석의 한마디는 다른 정치인의 만 마디 말의 의미를 담고 있다."라고 말하며 마오에 대한 숭배를 학생들이 나서도록 지시했다. 이때 장칭과 린뱌오는 이미 실질적인 권력을 잡기 시작하였다.

5월 25일 베이징대학의 경제학과, 철학과 교수이자 철학과 여성 당서기를 맡던 녜위안쯔聶元梓, 섭원재는 대학 당국과 다른 교수들이 우파, 또는 반당反黨 분자라고 고발하는 대자보를 써서 붙이고 대학생들이 기존의 체제 내 탄압을 받으며 어렵게 연구해 온 온건파 학자들을 대대적으로 공격하는 데 참여하도록 촉구하였다. 며칠 후 마오는 이 대자보를 전국적으로 회람해 반영하라고 명령을 내렸고 이것을 "이번 문화대혁명의 첫 번째 마르크스-레닌주의 대자보다."라고 추어올렸다. 5월 29일, 칭화대학 부속 중학교에서 마오는 첫 번째 중학생 홍위병을 결성시켰으며 이들은 칭화대학을 무더기로 찾아가 교문을 무너뜨렸다. 이러한 것들은 모두 마오가 그 적과 지식분자를 응징하고 무력화시키려는 수단으로 치밀하게 결성된 것이었다.

1966년 6월 1일, 공식적인 중국 공산당 기관지인 인민일보는 '자본주의자들과 그의 앞잡이, 그리고 자본주의적 지식인들'을 반드시 숙청해야 한다고 주장하였다. 곧 대학 총장과 다른 온건파 지식인을 겨냥한 대대적인 마오쩌둥의 운동이

자료 : www.kongaru.net

시작되었다.

　1966년 7월 27일, 홍위병의 대표단이 마오에게 공식적인 서한을 보내 조반유리造反有理, 즉 사회와 정치와 문화를 뒤집어엎고 대량숙청을 하는 것이 정당화될 수 있다는 주장을 하였다. 마오는 이에 대해 전적인 지지와 동의를 표하였다.

　8월 8일 인민일보에 마오의 짧은 논평 〈사령부를 폭격하라-나의 대자보炮打司令部-我的一張大字報〉가 실렸다. 여기에서 마오는 반혁명, 우파실질적으로 류사오치와 덩샤오핑에 대한 투쟁을 전 인민에게 부르짖었다. 이로써 문화대혁명이 본격적으로 시작되었다.

04

프로파간다의 **달인**

전개 과정

개시

1966년 8월 8일 중국 공산당 중앙위원회는 〈중국 공산당의 중앙위원회의 프롤레타리아 문화대혁명에 관한 결정〉, 약칭 〈16개 항〉을 발표하였다. 이 문건은 문화대혁명을 인민들의 혼까지 와 닿는 혁명이고, 중국의 공산주의 혁명사에 새로운 장을 연 것이라고 정의했다.

부르주아 계급은 타도되었지만, 이들은 아직도 다른 계급을 착취하던 낡은 이념, 문화, 풍속, 관습을 이용하여 대중을 타락시키고, 그들의 마음을 사로잡아서 역사를 되돌리려 하고 있다. 프롤레타리아 계급은 이것의 반대로 해야만 한다. 프롤레타리아 계급은 이념 면에서 당면의 모든 부르주아 계급의 도전에 응전해야 하며, 프롤레타리아의 새로운 이념,

문화, 관습, 습관을 이용하여 모든 사회의 정신적 시야를 바꾸어야 한다. 현재로서는 우리의 목표는 자본주의의 길을 걷는 모든 당국자들과 투쟁하여 이들을 분쇄하는 것이고, 반동적인 부르주아 학문의 권위자들과 부르주아 계급이나 다른 모든 착취 계급의 이념을 비판 및 규탄하고, 공산주의적 경제 토대와 맞지 않는 교육, 문학, 예술, 그리고 모든 상부구조를 변환하여 공산주의 체제의 공고와 발달을 촉진하는 것이다.

이 결정은 이미 존재하고 있던 학생운동을 노동자, 농민, 그리고 병사들 집단이 참여하는 전국 규모의 대중운동으로 끌어올렸다. 이들은 '상부구조를 전환시키기' 위해 대자보와 논쟁을 사용했다. 문화대혁명의 주 목표 중의 하나는 '4개의 낡은 것四舊'을 척결하는 것이었다. 이것은 낡은 사상舊思想, 낡은 문화舊文化, 낡은 풍속舊風俗, 낡은 관습舊習慣을 말한다.

이 결정문은 중화인민공화국 건국 이래 인민에게 최대의 표현의 자유를 보장하였으나, 이 '표현의 자유'는 마오쩌둥 사상에 의해 범위와 성질이 규정된 것이었다. 또한 언론과 표현, 결사의 자유를 보장하는 제15항, 제16항의 자유는 궁극

홍위병 시대

자료 : monthly.chosun.com

적으로 마오의 의중에 따라 진정한 의미가 결정되었다. 제16항이 규정한 자유는 후에 중화인민공화국 헌법의 대민주大民主의 4대 자유四大自由로 규정되었다. '자유롭게 말할 권리', '자신의 견해를 발표할 수 있는 권리' 또는 '다른 사람과 단결할 수 있는 권리', '대자보를 쓸 수 있는 권리', 그리고 '논쟁을 할 수 있는 권리'였다.

이렇게 규정된 자유들에 의거해 홍위병은 '자유롭게' 활동하면서 마오쩌둥주의자가 아닌 모든 사람은 비판을 하였고, 때로는 부패혐의로 고발하여 감옥에 보내거나 실각시켰다. 후에 이 자유들에 쟁의권이 추가되어 다시 보완되었다. 그러나 이 쟁의권은 1967년 2월, 민간 대중 정치에 대한 군대의 개입으로 심하게 약화되었다. 이 권리들은 1978년 서단민주장西單民主墻[7] 사건 이후, 덩샤오핑 집권 시인 1979년 헌법에서 모두 삭제되었다.

1966년 8월 이후

1966년 8월 16일, 전국으로부터 수백만 명의 홍위병이 마오 주석을 회견하기 위해 베이징에 모였다. 마오쩌둥과 린뱌오는 천안문 광장의 단상에서 전국에서 상경한 약 1,100만의 홍위병들에게 자주 모습을 드러내어, 매번 열렬한 환영을 받았다. 마오는 사회주의와 공산주의를 위한 최근의 운동즉, 문화대혁명에서 보여준 홍위병의 행동을 칭찬했다.

'4구' 파괴 운동에서, 홍위병은 모든 종교 활동에 핍박을 가했다. 절, 서원, 교

---

7 1978년 북경 서단(西單) 거리의 붉은 벽돌 벽에는 수많은 대자보가 나붙기 시작했다. 자유와 민주주주의 확대를 요구하는 자발적인 시민들의 그 유명한 '민주장(民主牆)' 운동이었다.

회, 수도원 등은 문을 닫았고, 더 나아가 약탈되거나 파괴되었다. 홍위병은 4구라고 간주된 모든 것을 파괴의 대상으로 삼았다. 그리하여 핍박 끝에 심문과 고문도 일어났고, 구타와 폭행을 견디지 못한 많은 이들이 자살을 마지막으로 선택하였다.

8월과 9월에 베이징에서만 홍위병에 의해 1,772명이 살해되었다. 상하이에서는 문화대혁명에 관련되어 704명이 자살하고 534명이 살해되었다. 우한에서도 62명이 자살하고 32명이 살해당했다. 관계 당국은 이런 홍위병의 폭력을 막는 것을 제지당하거나 방관적인 자세로 일관했다.

"누가 맞아서 죽어도 … 우리 소관이 아니다. 만약에 이렇게 때려죽인 사람을 구속한다면, 이것이야말로 과오를 범하는 것이다."

— 당시 공안부의 수장, 셰푸즈

1968년까지 약 2년 동안 어떤 곳에선 더 오래 지속되기도 하였다, 홍위병과 같은 학생운동 세력은 사회적 발언권과 권한을 늘렸고, 사회의 공산주의적 개편을 위한 자신들의 노력을 가속화했다. 그들은 공산주의의 발전과 강화를 위한 자신들의 행동을 설명하기 위한 전단을 뿌렸고, '반혁명' 혐의자라고 지목된 이들의 명단을 대자보에 공개했다. 그들은 집단을 이뤄 집회를 열고 교훈적인 연극을 상연했다. 또한 그들은 집회에서 자아비판을 행하고 '반혁명' 혐의자들을 비판했다.

마오를 비롯한 문화대혁명의 수뇌부들과 '16개 항'은 물리적 수단武鬪보다는 언어적 수단文鬪의 투쟁을 권고했으나, 이런 활동은 결국 폭력으로 치닫기 일쑤였다. 그리고 활동가들 사이의 논쟁이 더욱 폭력적이 되어 급기야는 1967년 군부대에서 무기를 탈취하는 사건까지 일어났다. 문화대혁명의 수뇌부들은 활동가들

프로파간다의 달인

의 언어 투쟁이 폭력사태로 비화하는 것에 거의 간섭하지 않았고, 가끔은 '무투'를 장려하기도 하였다. 그러나 무기고 탈취 사태가 일어나자, 이러한 대중운동을 억누르기 시작했다.

한편 류사오치는 카이펑開封으로 유배되었다가, 지병이 악화되었지만 의사가 치료를 거부하여 1969년 그곳에서 사망하였다. 덩샤오핑은 소위 '재교육' 과정을 세 번 거쳐 결국 엔진공장에서 일했다. 그는 이후 저우언라이에 의해 구제될 때까지 몇 년을 그곳에서 보냈다. 그러나 대부분의 '반혁명분자' 및 '우파'는 영영 돌아오지 못했다.

마오쩌둥은 홍위병의 행동을 칭송하였다. 1966년 8월 22일 마오는 공안이 홍위병의 행동을 제지하지 못하도록 하는 내용의 공지문을 발표하였다. 홍위병의 행동을 제지하는 공안은 '반혁명세력'의 딱지가 붙어서 자신이 숙청의 대상이 되었다.

1966년 9월 5일, 마오는 모든 홍위병이 베이징을 순례하도록 권장하는 통지문을 발표하였다. 여기에 숙박비와 교통비는 정부가 부담한다는 것을 곁들였다. 10월 10일, 문혁의 수뇌부 중의 한 명인 린뱌오는 류와 덩을 공개적으로 '주자파走資派자본주의 노선을 걷는 자'로 비난하였다. 또한 펑더화이도 베이징에서 홍위병에 의해 자택에서 끌려나와 조리돌림[8]되었다.

1967년 7월 19일 펑더화이(가운데)가 베이징 항공학원에서 열린 비판대회에 끌려 나오고 있다.

자료 : news.joins.com

---

8 형벌의 일종으로서 육체적 체벌은 없지만 해당 죄인의 죄상을 아주 노골적으로 드러내서 죄인으로 하여금 수치심을 극대화시키기 위해 고의로 망신을 주는 행위이다.

일월의 폭풍과 정리 작업

1967년 1월 3일, 린뱌오와 장칭은 미디어를 동원하여 지방의 문혁지도원들에게 소위 '일월의 폭풍—月風暴'을 일으키도록 선동하였다. 이 운동에서 상하이의 수많은 고위 행정직들이 심하게 비판받았고 숙청되었다. 이것은 문혁파였던 왕홍원王洪文이 지역혁명위원회 지도자로서 상하이의 행정과 시당市黨을 장악하는 데 길을 열어주었다. 이곳의 지역정부는 기능을 잃어버렸다. 이것을 '조반'이라고 했으며, 이들을 본 따 각 관공서에서 하위직들이 상급자들을 몰아내는 조반이 유행하기 시작했다.

베이징에서는 류와 덩이 다시 한 번 비판의 대상이 되었다. 공산당의 비판활동에 그다지 참여하지 않았던 캉성康生이나 천보다陳伯達, 진백달 등은 이를 기회로 삼아 부총리였던 타오주陶鑄가 과오를 범했다고 비판하였다. 이것은 중앙정부 내부와 지방당의 책임자들 사이에서 문혁을 자신의 반대자나 정적을 '반혁명분자'로 고발하여 실각시키거나 숙청시키는 기회로 삼는 권력투쟁의 시작이었다.

1월 8일, 마오는 '인민일보'를 통해 이러한 활동을 크게 칭찬하였고, 모든 지방 정부 지도자들이 자아비판과 함께 다른 사람을 비판하고 숙청하도록 권장했다. 이것은 지방정부 내에서 숙청에 숙청이 꼬리를 문 대규모의 권력투쟁을 야기하였다. 이것이 심화되자 지방정부의 기능은 마비되었다. 숙청을 피하기 위해서는 자신이 '혁명활동'즉, 문화대혁명에 참여해야 했지만, 이것도 꼭 확실한 보장은 아니었다.

사회 전 부문으로의 자기비판 확산

1967년 2월, 장칭과 린뱌오는 마오의 승인하에서 '계급투쟁'을 군사부문까지 확대했다. 동시에 자기비판 및 퇴폐, 향락문화에 대한 정리 작업이 공공부문으로도 확산되었다. 중공정권을 세우는 데 일조한 인민해방군의 많은 유력 지휘관들이 '군사부문의 문화혁명'을 우려하거나 반대하는 목소리를 내었다. 전前 외교부장이자 군에서 원수인 천이陳毅는 정치국 회의에서 문혁파가 군사부문을 황폐화시키고 다음에는 당을 무너뜨릴 것이라고 경고했다. 또 다른 원수였던 네룽전聶榮臻, 쉬샹첸徐向前[9]도 이런 운동에 큰 불만을 표시하였다.

그러나 이들은 미디어를 장악하고 있던 문혁파 장춘차오張春橋, 야오원위안의 반격을 받아 차례로 '2월 역류二月逆流'의 낙인이 찍혀 비판의 대상이 되었다. 이들은 결국 홍위병의 비판을 받아 강제 예편과 동시에 당정군의 요직에서 실각하였다.

천이, '2월 역류'를 '2월 항쟁'으로 재평가

자료 : mediatoday.co.kr

동시에 많은 홍위병 조직들도 분화하여 자신과 다른 혁명적 메시지를 전하는 다른 조직들을 서로 비판하기 시작하였다. 이런 것들은 상황을 악화시켰고, 혼동을 가중시켰다. 이에 대해 장칭은 홍위병 내의 모든 불건전한 활동을 중단하라는 명령을 내렸다.

4월 6일, 류사오치는 장칭과 캉성 일파로부터 공개적이고 광범위하게 비판받았고 여기에 궁극적으로 마오가 가세하여 비판하였다. 이후, 전국 각지에서 공개

9 원명은 서상겸(徐象谦)이고 자는 자경(子敬)이다. 산시성 우타이 현 사람으로 중국 10대 원수 중 한 사람이다.

비판 집회들이 열렸고, 장칭은 이에 참석하여 모든 '반혁명활동'을 규탄하였다.

장칭은 이런 분위기를 이용해 군사부분까지 손을 뻗었다. 그녀는 이러한 집회 중에서 가장 큰 규모가 열렸던 우한으로 달려가서 우한의 방위를 맡고 있던 천자이다오陳再道 장군을 비판하였다. 7월 22일에 장칭은 홍위병이 필요하다면 인민해방군을 대체하고 현존하는 군을 무력화할 것이라는 뜻을 밝혔다. 장칭의 선동으로 홍위병은 군대에 난입하여 약탈하기도 하였다. 이런 일은 반혁명분자로 몰릴 것을 두려워 한 군의 지휘관들이 통제할 수 없어서 1968년 가을까지 지속되었다.

청년 하방下放운동

동시에 도시의 지식인 청년들 사이에서 실천주의 운동이 필요하다는 의견이 제시되었다. 마오쩌둥의 혁명사상을 농촌에도 보급하자는 것이었다. 청년들은 자신의 청춘과 피와 생명을 이 '성전'에 내걸었다. 1967년 10월, 베이징의 일단의 홍위병 그룹이 네이멍구內蒙古로 갔다. 이것이 하방운동의 시작이었다. 이때 문혁을 믿어 의심치 않은 순진한 그들은 '사회주의 농촌의 건설'과 '자신을 참된 공산주의자로 개조한다.'는 꿈을 그렸다. 하방은 한 세대의 삶의 방식을 근본적으로 변화시켰다. 이것은 홍위병운동보다도 더욱 심각한 사회운동이었다. 홍위병운동은 청년들에게 '철저한 해방'이라는 큰 무대를 제공하고, 거기서 자유분방하게 청춘을 발산하게 한 것이었다. 그 과정에서 유혈투쟁도 등장했다. 그러나 오래지 않아 청년들은 하방운동에서 급속히 하나의 운명공동체에 몸을 던지게 되었다. 운명공동체 속에서 한때 서로 다투던 그들은 서로를 이해하기 시작했다. 어제의 투쟁 상대인 다른 청년그룹을 인정하고 받아들이게 되었다. 이렇게 홍위병운동에서 철저하게 해방을 맛본 청년들은 하방을 통해 집단 인격과 공동 문화를 구축해갔고, 자신들만의 '성인 의식'을 완성시켰다.

지식 청년들은 혁명의 실천에 참가한다는 정치적 사명을 갖고 농촌으로 나아갔다. 그들은 하방에 적극적이어서 변방의 가장 궁핍한 촌락을 고르곤 했다. 지식 청년들은 낮에는 밭에 나가 일했고, 저녁이면 농촌 문제를 토론하고 농민 발전에 대해 연구했다. 이들은 농촌 계몽에도 앞장서서, 야학당을 개설하고 문맹자들에게 무료로 한자와 숫자를 가르치기도 했다. 그러나 외지인 지식 청년에 대한 농촌지역의 배척과 경계는 식자 청년들에게 적개심을 불러 일으켰고, 반동 부르주아 자본가들이 획책하는 음모로 이해되었다.

제3세대라 불리는 지식 청년들은 자신들의 하방 경험을 혁명 제1세대의 전쟁 체험과 같은 것으로 보곤 한다. '혁명 빈농이 주인공인 농촌 사회'는 학교에서 배우던 사회주의의 '장밋빛 사회'가 아니었고, 학교에서 말하던 '좋은 아이'의 기준은 어려운 생존 환경 속에서는 전혀 통하지 않았다. 학교에서 옳다고 배워왔던 것이 현실에서 무용지물이 되는 것과, 인맥과 연줄로 만사가 정해지는 농촌의 풍경과 적당히 은폐하려는 농촌 문화에 지식 청년들은 좌절했다. 동시에 지식 청년들은 학교 교육의 실효성에 대해 의문을 제기하게 되었다. 철저한 적자생존의 법칙은 청년들의 가치관을 철저히 깨뜨렸다. 현실의 농촌 생활은 장밋빛과는 전혀 다른 혹독한 것이었다. 그들은 지금까지 받아 온 교육이 현실 사회와는 완전히 무관한 것이었음을, 척박한 들에서 힘들게 노동하며 온 몸으로 실감하게 된 것이다. 후일 문혁이 실패로 인정되었으나 당시 홍위병, 하방 등에 참여한 청년들은 대부분 당시 교육자들에 대한 단죄, 숙정작업에 한해서는 후회나 반성을 거부하였다.

1968년

1968년 봄, 이미 숭배의 대상이 된 마오쩌둥을 신격화시키려는 대규모 캠페인이 시작되었다. 마오는 이런 시도를 자신의 '최고지침'으로 지지하였다. 1년 후 홍위병은 완전히 몇 개 파로 분열되었고, 갈등은 더 커졌다.

안휘성에 남은 문혁시기의 구호의 잔재

자료 : ko.wikipedia.org

마오는 홍위병이 야기하고 있는 이러한 혼란이 공산당의 지지기반에 해가 될 것을 우려했다. 마오의 입장에서는 홍위병이라는 존재로서 권력회복이라는 목표를 대체로 달성하였기 때문에 더 이상의 혼란은 원치 않았다. 이제 광범위한 파괴와 혼란을 부른 홍위병을 억제할 필요가 있었다.

그리하여 7월 27일에는 인민해방군에 대한 홍위병의 우위는 공식적으로 종식되었고, 군대가 나서 홍위병을 진압하기 시작하였다. 또한 중앙정부는 병력을 파견하여 홍위병의 목표가 될 만한 곳들을 경비하였다.

10월 초반, 마오는 자신에게 충성하지 않는 고위 공직자를 겨냥한 캠페인을 시작하였다. 이런 사람들은 재교육의 명목으로 농촌으로 보내져서 육체노동을 하게 되었다. 같은 달 제8차 중앙위원회의 제12차 전체회의에서는 류사오치를 당에서 영구제명하기로 결정하였고, 린뱌오가 당의 부주석으로 임명되었다. 그리고 린을 '마오 주석의 친밀한 전우'로 호칭하기 시작하였다. 이는 마오의 후계자를 의미하는 것이었다. 그리하여 린은 마오에 이어 권력 서열 2위로 뛰어올랐다.

프로파간다의 달인

마오는 하방운동의 자발적이고 전국적 전개 과정을 주목하였다. 1968년 12월 마오는 "지식 청년들이 농촌으로 가서 다시 배우자."고 주장하면서 '상산하향上山下鄕' 운동을 개시하였다. 약 10년간 계속된 이 운동에서 도시에 살고 있던 지식 청년들이 농촌으로 가서 그곳에서 육체노동을 하도록 명령받았다. 여기서 말하는 '지식 청년'은 최근에 중학교_{대한민국 학제로는 고등학교에 해당}를 졸업한 사람들을 지칭하는 것이었다. 외지의 이질적인 문화로 고통받으면서도 지식 청년층들은 마오의 혁명사상 전파와 사회주의 신농촌 건설에 적극적으로 참여했다. 1970년 후반에, 이런 '지식 청년'은 도시로 돌아오는 것을 허락받았다. 이 운동은 홍위병들을 도시에서 농촌으로 보내 사회적 분란을 감소시키려는 의미도 부분적으로 있었다.

상산하향(上山下鄕) 운동

자료 : soundofhope.kr

정계의 변화

린뱌오의 득세와 몰락

마오의 후계자로 내정되었던 린뱌오
는 1968년 이래 중국 지도부의 가장
유력한 인사가 되었다. 그러나 몇 차
례 마오의 암살기도가 벌어진 후 1971
년 9월 린뱌오가 탄 비행기가 몽골
상공에서 추락하였다는 소식이 전해
지자 중국과 전 세계는 깜짝 놀랐다.
1968년과 1971년 사이에 린뱌오와 관
련된 사건들을 정확하고 타당성 있게

린뱌오(맨 오른쪽)가 마오쩌둥(가운데), 저우언라이와 함께 서 있는 모습

자료 : sisajournal.com

검증하는 것은 현재에도 사안의 민감성 때문에 불가능하다. 린의 득세와 몰락 그리고 죽음은 아직까지 역사가들의 주된 이슈이고, 아직도 확실히 정확한 진상을 파악하는 것은 쉽지 않다.

📍 당내 권력 이동

1969년 4월 1일, 중국 공산당의 9차 중앙위원회에서 린은 가장 큰 승리자였고, 공식적으로 중국의 제2인자가 되었다. 또한 국방부장을 오래 지낸 그는 군부에 대한 영향력도 다른 누구에게 뒤지지 않았다. 린의 가장 큰 잠재적 경쟁자이었던 류사오치는 이미 숙청되었고, 저우언라이는 이미 고령으로 시들어가고 있었다.

제9차 중앙위원회는 린뱌오가 제출한 정치보고로부터 시작되었다. 이 보고는 류사오치 및 다른 '반혁명세력'에 대한 규탄과, 지속적으로 마오 어록을 인용하는 것으로 채워졌다.

그리고 두 번째 어젠다는 마오의 후계자로 지명된 린뱌오에 맞춰 당을 새롭게 건립하는 것이었다. 그래서 모든 사안에서 마오의 이름은 린뱌오와 연결되어 언급되었다. 즉, '마오 주석과 린 부주석' 식의 호칭이다.

세 번째로 새롭게 선출된 정치국 상무위원은 마오쩌둥, 린뱌오, 천보다, 저우언라이, 캉성으로 이루어졌다. 새로운 정치국은 문화대혁명에서 두각을 나타낸 인사들로 대부분 채워졌다. 저우언라이는 정치국에 남았지만, 서열은 5명 중 4위로서 위상이 축소되어 있었다.

📍 린뱌오의 권력 기반 확장 시도

당시는 린의 최전성기였으며, 법적으로나 실제적으로나 마오에 이어 2인자 자리를 차지하고 있었다. 그러나 린은 좀 더 확실한 안전판을 두고 싶어 했다. 즉,

마오의 후계자로 확정된 이후, 린은 류사오치의 실각으로 폐지된 국가주석직을 복원하려고 노력하였다. 린은 마오를 주석에 두고 자신은 부주석 자리를 가지려고 한 것이다.

1970년 8월 23일, 중국 공산당의 제9차 중앙위원회의 제2차 전체회의는 1959년에 뒤이어 다시 루산에서 열렸다. 천보다가 첫 번째 연설자로 나서 간접적으로 스스로를 높이려는 의도로 마오를 찬양하고 우상화하는 발언을 하였다. 동시에 천은 국가주석제를 복원하자는 제안을 했다. 그러나 마오는 천의 제안을 크게 비판했고, 그를 정치국 상무위원에서 해임하였다.

천의 상무위원직 해임은 린뱌오에 대한 경고로 받아들여졌다. 제9차 중앙위원회가 끝난 후에도, 린은 계속적으로 당직과 정무직에서 승진을 요구하였다. 마오는 린의 의도가 최고 권력을 차지하고 자신을 축출하려는 것이 아닌지 의심하기 시작하였다. 그리하여 마오는 천보다가 제의한 국가주석직 신설도 의심의 눈으로 해석하기 시작했다. 즉, 주석인 마오의 사후에 부주석인 린이 자동적으로 승계를 하겠다는 의도로 판단한 것이다. 이것은 마오의 안전에 큰 위협이 되는 것이었다.

📍 린뱌오의 쿠데타 기도

린뱌오의 당과 정부 안에서의 권력 확장 시도에 대한 마오의 의심과 거부는 린을 심리적으로 좌절시켰다. 더욱이 린의 권력기반은 당기관에서 이 날로부터 축소되기 시작하였고, 그 자신의 건강도 나빠졌다. 린은 비밀리에 쿠데타를 기획한다.

"새로운 권력투쟁이 우리에게 다가온다. 우리가 혁명활동을 장악하지 못한다면, 다른 무리가 이를 낚아챌 것이다."

— 린뱌오

린의 지지자들은 마오를 축출하기 위해 아직 린뱌오의 손에 남아있는 군권을 사용하기로 결심했다. 린의 아들이자 공군의 고위 지휘관이었던 린리궈林立國와 다른 고위 음모자들은 상하이에서 마오를 축출하기 위한 음모를 꾸몄고 이를 '571 공정'이라고 이름 붙였는데 571의 중국어 발음 '우치이'는 무장 봉기를 뜻하는 중국어 단어인 '우치이武起義와 발음이 같다. 이 음모에 린뱌오가 얼마나 간여 했는지는 논란의 여지가 있다. 수정주의 해석자들은 이 계획은 린뱌오보다는 린의 아들이 대부분 꾸민 것이라고 추정하고 있다. 이 음모는 대체로 공군을 동원한 폭격과 병력동원으로 이루어졌다. 이 계획이 성공했을 때, 린뱌오는 모든 정적을 체포하고, 최고 지도자로 등극할 예정이었다.

마오를 암살하기 위한 기도가 1971년 9월 8일부터 9월 10일 사이에 있었다. 이러한 음모는 실행되기 이전에 지역 공안당국이 눈치채고 있었다. 공안당국은 린뱌오 측이 거사를 위한 요원들을 군부대에서 훈련시키는 것을 알고 있었다. 마오는 이때 남부중국을 방문 중이었는데, 마오가 습격당했다는 여러 설과 보도

린뱌오 탈출 보고받은 마오 "어디든 가도록 나둬라."

자료 : news.joins.com

가 있었다. 그중 하나는 마오가 전용 열차를 타고 베이징으로 돌아오던 중 위해를 입었다는 것이다.

또 하나는 마오가 탄 열차가 다리를 지날 때 폭파하려고 했으나, 정보기관이 미리 감지하여 마오가 일정을 바꾸어 무사했다는 것이다. 이 당시, 수많은 병력이 마오를 경호하기 위해 10~20m 간격으로 배치되어 철로를 지켰다. 또한 이 병력 중에도 암살자가 섞여있을지도 모른다는 의심 아래, 모든 병력의 시선은 바깥쪽을 향하도록 하였다.

이런 설들은 서로 모순되기는 하지만, 확실한 것은 1971년 9월 11일 이후 린뱌오와 린의 부하들은 공개석상에 나타나지 않았다는 것이다. 그 당시 많은 수가 홍콩으로 도피하려고 했으나 대부분 실패하였고, 약 20명의 육군 장군들이 체포되었다.

또한 1971년 9월 13일에는 린뱌오와 그의 부인 예췬, 그리고 그의 아들 린리궈와 몇 명의 보좌관들이 비행기로 소련으로 도피하려고 했다는 것이 알려져 있다. 그러나 이 비행기는 몽골에서 추락했고 탑승자 전원이 사망했다.

같은 날 정치국은 비상회의를 소집하여 린뱌오의 혐의에 관한 여러 건을 토의했다. 9월 30일에 린뱌오의 사망이 베이징에서 확인되면서 당초 10월 1일에 열릴 예정이었던 국경절중화인민공화국 건국기념일 행사도 취소되었다.

린뱌오가 탄 비행기의 추락원인은 수수께끼로 남아 있다. 가량 유력한 설은 연료가 부족했거나 혹은 갑작스러운 엔진고장이라는 것이다. 또한 비행기가 격추되었다는 설도 있다. 또한 소련 측이 이 비행기에 탄 탑승자의 유해를 수거했다는 설도 있다.

어쨌든 린의 쿠데타 기도는 실패했고, 그것으로 그는 정치적으로 몰락했을 뿐만 아니라 자신의 목숨도 잃는 파멸적인 운명을 맞았다.

프로파간다의 달인

사인방의 대두와 몰락

저우와 덩에 대한 사인방의 적의

자신의 가장 친밀한 수하였다고 생각했던 린뱌오의 배신과 몰락 때문에 마오는 후계 문제와 당의 앞날에 관해 깊이 근심하게 되었다. 적당한 후보가 없는 상태에서 1972년 9월 상하이의 젊은 당간부였던 왕홍원이 베이징의 중앙정부에 진출하여 두각을 나타내기 시작했다.

그는 빠르게 승진하여 다음해에 공산당의 부주석에 올랐고, 마오의 잠재적 후계자로서 준비하기 시작했다. 그러나 같은 해에 저우언라이의 건의로, 이전에 실각했던 덩샤오핑이 다시 중앙에 진출하여 부총리에 올라, 정부의 일일 업무를 관장하기 시작했다.

린뱌오의 죽음과 마오의 건강 악화 때문에 장칭과 그녀의 추종자들의 권력은 더욱 커졌다. 장칭은 문화대혁명의 초반에 방향을 이끌었던 주역이었지만, 린뱌오의 사후 장칭이 정치적 야심을 가지고 있다는 것은 명백해졌다. 그녀는 정치선동 전문가인 장춘차오와 야오원위안, 그리고 정치적으로 친밀했던 왕홍원과 연합하였다. 이 4명은 후에 '사인방四人幫4사람의 불량배'이라고 불리게 되었다. 그들은 미디어와 선전망을 장악하였고, 저우언라이와 덩샤오핑이 집행하는 경제정책에 적대감을 드러내었다.

1973년 말, 사인방은 '비림비공批林批孔, 린뱌오와 공자를 비판함' 운동을 개시하였다. 이것은 겉으로 내건 목표로는 중국 문화에서 유교적 영향을 제거하고, 린뱌오의 반역행위를 비판하자는 것이었다. 그러나 사실상 이는 저우언라이를 겨눈 운동이었다.

사인방은 저우를 '포스트-마오' 이후 후계구도에서 가장 큰 잠재적 위협으로 보았다. 이 운동에서 저우언라이의 이름은 직접적으로 거론되지 않았지만, 사인방은 역사적 인물인 주나라의 주공周公을 자주 비판하였는데, 이것은 저우周씨였던 저우언라이를 은유한 것이라고 생각되었다. 그러나 대중은 대체로 쓸데없고 파괴적인 정치적 운동에 식상하게 되었고, 이에 거의 관심을 기울이지 않았다. 그리하여 이 운동은 저우언라이를 실각시키려는 목표를 달성하는 데 실패하였다.

사인방은 미디어를 장악했지만, 덩샤오핑이 경제정책의 집행을 통해 실세로 떠오르는 것을 저지할 수는 없었다. 덩은 당의 분파운동에 대해 명백히 반대했으며, 그는 당의 단합이 효과적인 생산 활동의 전제 조건임을 주장하였다. 그러나 마오는 덩의 정책이 '우파의 복권운동'이라고 칭했다.

문화대혁명 전체의 명성이 덩의 정책 때문에 금이 갈 위기에 처하자, 마오는 1975년 12월 덩에게 자아 비판서를 쓰도록 하였다. 이것은 사인방으로부터 칭송을 받았다.

📍 마오의 사망, 사인방의 체포 및 문화대혁명의 종말

1월 8일, 저우언라이는 방광암으로 사망하였다. 다음날 베이징의 인민 영웅비 앞에서는 이를 추모하는 인파가 몰려들기 시작했다. 이런 사건은 전대미문의 사건이었다. 1월 15일, 저우의 장례식이 열렸고, 저우에 대한 폭넓은 인민들의 존경심 때문에 추모 열기는 전국을 휩쓸었다.

사인방은 이것이 정치적인 파고로 변모하지 않을까 우려하기 시작하였다. 그들은 자신들이 장악한 미디어를 통해 추모 열기에 제한을 가하기 시작했다. 그리하여 검은 옷이나 하얀 조화 및 다른 조문행위에 대해 제한을 가했다. 그 자신도 심하게 와병 중이었던 마오를 제외한 모든 중국의 고위인사가 참석한 가운데, 덩샤오핑은 공식적으로 저우의 추모사를 낭독했다.

2월, 사인방은 최후로 남은 정적인 부총리 덩샤오핑을 공격하기 시작하였다. 저우의 죽음 이후 마오는 사인방 중에서 총리를 선발하지 않고, 그때까지 잘 알려지지 않았던 화궈펑을 총리로 임명하였다.

4월 5일은 중국의 전통 명절인 청명절이었고 돌아가신 조상에 대한 추모를 행하는 날이었다. 군중들은 3월 말부터 천안문 광장에 모여 저우언라이를 추모하기 시작했다. 동시에 그들은 전횡을 일삼는 사인방에 대해 분노를 표출하기 시작했다. 점차 많은 군중이 여기에 가담하였고, 사인방을 규탄하는 포스터나 격문이 발표되었다. 4월 5일, 수십만의 인파가 천안문 광장에 집결하였고, 이 군중은 비폭력 항의 시위로 변하였다. 사인방은 중앙위원회의 이름으로 공안이 이를 해산시키도록 명령했다.

그들은 천안문의 시위대는 덩샤오핑의 지도하에서 '소수의 우파 반혁명분자'의 책동에 의한 것이라고 주장하며, 전국적인 미디어를 통해 이를 규탄하였다.

문혁 4인방 체포과정

자료 : ajunews.com

4월 6일 중앙위원회 회의에서 장춘차오는 개인적으로 덩을 공격했고, 덩은 모든 직위를 박탈당하고 가택 연금되었다.

1976년 9월 9일, 마오쩌둥은 사망하였다. 문화대혁명 동안 형성된 마오의 이미지는 대중과 항상 함께한 이상적 인물이었다. 많은 이들에게 있어 마오의 죽음은 중국 사회주의의 상실을 상징화하는 것이었다. 중앙위원회의 통지문으로 9월 9일 오후 그의 죽음이 발표되었을 때, 모든 사람이 슬픔에 잠겼고 추모 열기에 휩싸였다. 거리에서는 통곡하는 사람들로 넘쳐났고, 공공기관은 1주일 넘게 문을 닫았다.

사망 직전에, 마오는 화궈펑에게 "당신이 맡는다면, 나는 안심이다."라는 쪽지를 넘겼다고 전해진다. 이것은 화궈펑을 당의 새로운 주석으로 등극하는 것을 정당화하였다. 이 사건 이전에는, 화는 정치적 기술이나 야망이 부족한 인물로

77일 만에 끝난 4인방 재판

자료 : news.joins.com

널리 알려져서, 사인방이 마오를 계승하는 데 별로 위협이 될 것이라고는 생각되지 않았다.

그러나 예젠잉과 같은 유력한 군지도자와 비록 몰락했지만 당에 대한 영향력을 가지고 있던 덩샤오핑, 그리고 인민해방군의 지지 아래 화궈펑은 사인방의 체포를 명령하였다. 10월 10일, 8341 특수연대는 사인방 전원을 체포하였다. 역사적으로는 이것을 문화대혁명 시대의 종말로 간주한다.

이후 상황 전개와 덩샤오핑의 집권

화궈펑은 공식적으로 사인방을 비판하고 그들을 체포하였지만, 그도 마오의 이름을 빌어 마오 시대의 정책을 옹호하였다. 그는 '양개범시兩個凡是마오쩌둥이 '결정한 것'과 '지시한 것' 두 가지는 무엇이든 옳다라는 구호를 외치며, 마오 주석이 행한 정책은 모두 옳고, 이는 계속되어야 한다고 주장하였다. 덩샤오핑과 마찬가지로 화궈펑의 목표도 문혁으로 야기된 상처를 치유하는 것이었다. 그러나 좀 더 실용적이었던 덩과는 달리 화는 1950년대 소련의 통제경제를 모델로 한 정치경제 구조를 선호하였다.

화궈펑의 정무에는 재야에 있던 덩샤오핑의 도움이 필수적임은 명백해졌다. 비록 사인방에 의해 당에서 축출되었지만, 덩샤오핑은 당 내에서 두터운 신망을 얻고 있었다. 10월 10일, 덩샤오핑은 개인적으로 화궈펑에게 서한을 보내 자신을 복권, 복직시켜줄 것을 요구하였다. 당시 정치국 상무위원이었던 예젠잉葉劍英은 덩이 정무원에 복직되지 않으면 자신이 사임하겠다고 화궈펑을 닦달했다는 설이 있다. 증가하는 압력하에서 1977년 7월 화궈펑은 덩을 다시 정무원으로 복직시켜 부총리에 임명하였고, 당직도 복원시켜주었다.

덩샤오핑과 환담하는 화궈펑

자료 : m.blog.nav

이것으로 덩은 화궈펑에 뒤이은 제2의 실력자가 되었다. 8월 제11차 중앙위원회가 베이징에서 열려, 정치국 상무위원으로 화궈펑, 예젠잉, 덩샤오핑, 리셴녠, 왕둥싱이 서열 순으로 선출되었다.

1978년 5월, 덩은 자신의 피후견인인 후야오방을 더 승진시킬 기회를 잡았다. 후는 광명일보光明日報에 기고하면서 마오쩌둥의 어록을 인용하여 덩의 이론을 치켜세웠다. 이 기고문이 발표된 후, 후와 덩의 지지는 확산되었다. 7월 1일, 덩은 대약진운동에 관한 마오의 자아비판서를 공개하였다. 덩은 지지기반을 넓혀가다가 1978년 9월부터 공개적으로 화궈펑의 '양개범시' 정책을 비판하였다.

자오쯔양

자료 : news.joins.com

1978년 12월 18일, 중국 공산당 제11차 중앙위원회의 제3차 전체회의가 열렸다. 이 회의에서 덩은 '사상의 해방'이 바람직하며, 당과 국가는 '실사구시'로 운영되어야 한다고 말했다. 화궈펑은 자아비판을 하고, '양개범시'는 자신의 과오였다고 말했다. 예전에 마오의 추종자였던 왕둥싱汪東興도 비판받았다. 이 총회에서 청명절에 열렸던 천안문 사건도 공식적으로 복권되었다. 또한 유배 중 사망한 류사오치의 뒤늦은 국장도 치러졌다.

1980년에 열린 제11차 중앙위원회의 제5차 전체회의에서는 문혁기간에 숙청된 펑전, 허룽 및 다른 고위 인사들에 대한 정치적 복권이 행해졌다. 후야오방은 당총서기가 되었고, 또 다른 덩의 피후견자인 자오쯔양도 중앙위원회에 들어왔다. 그해 9월 화궈펑은 사임하고, 총리직은 자오쯔양이 계승하였다. 덩은 중앙군사위원회의 의장을 맡았다. 이로써 실용적인 개혁파 지도자로의 권력이동은 완성되었다.

영 향

문화대혁명은 직접적으로나 간접적으로 중국인민들 대부분에게 중대한 영향을 끼쳤다. 문화대혁명 기간 동안, 많은 경제 활동이 '계속 혁명' 활동이 우선이라는 논리 앞에 정지되었다.

문화대혁명 기간 동안 많은 홍위병들이 베이징으로 몰려왔다. 그런데 이 비용은 모두 정부가 부담했고, 홍위병의 우선적 수송은 철도망을 마비시켰다. 홍위병은 여러 역사적 건물, 공예품, 미술품, 서적을 파괴하거나 불태웠다. 한

문혁시기에 홍위병들이 구호 "마오 주석을 무한히 우러르자(无限信仰毛主席)."라고 새겨놓았다가 지워진 흔적을 보이는 우한대학 건물

자료 : ko.wikipedia.org

자료 : www.rfa.org

편 마오쩌둥 어록은 전 인민의 성서로 우상화되어 누구나 휴대하여야만 했으며 1967년 12월까지 3억 5천만 부가 인쇄되었다.

권위 해체와 민주화 요구

홍위병에 참여했거나 간접 체험했던 청년들과 하방 청년들은 부모 세대와 교사들의 타락과 부패, 비리행위를 캐냈다는 자부심이 있어 기존 권위주의에 대한 타협을 거부하는 움직임을 보였다. 이들은 반성을 거부하는 기성세대와 심리적으로 대립하였다.

1970년대 후반에 문혁이 종결되고 4·5 천안문 사건은 명예가 회복되었다. 그 직후에 베이징의 하방 청년들은 차례차례 베이징으로 돌아왔고, 조금도 주저함도 없이 당당하게 중국 정치와 문화의 무대에 올랐다. 청년 정치 활동가들은 덩샤오핑의 경제 근대화에 대해 '정치의 근대화'를 제기했고, 정치의 민주화를 요구했다. 덩샤오핑은 일단 마오쩌둥의 공과 과를 인정하면서 수용하려 하였지만, 탈권위주의적인 행보에는 반대 의사를 밝혔다.

문학청년들에 의해 '지하 문학'은 지상에 모습을 드러내게 됐다. 그리고 새로운 창작 활동의 열기가 넘쳐났다. 이러한 작품들은 권위주의에 대한 비판과 조롱의 성격도 강하게 나타났다.

문화 유적과 전통 유산의 파괴

문혁기간 동안 건물, 공예, 서적 등 중국의 많은 역사적 유산들이 '구시대적 산물'로 간주되어 파괴되었다. 공예품들은 각 가정에서 탈취되거나 혹은 즉석에서 파괴되었다. 얼마나 많이 파괴되었는지 정확한 기록을 산출하기 어렵다. 서양의 목격자들은 중국 역사의 수천 년의 문화유산들이 단 10년간의 문혁기간 동안 파괴되었다고 추산한다. 또한 이런 파괴는 인류 역사상 전대미문의 행위였다고 말하고 있다. 중국 역사가들은 문화대혁명을 진시황의 분서갱유에 비유하기도 한다.

종교에 대한 탄압도 이 기간 동안 심화되었다. 종교는 '마르크스-레닌주의'[10]

---

10 이오시프 스탈린(1879~1953) 주도하에 정립된 레닌주의 경제·사회·정치·철학 이론을 종합적으로 가리키는 용어이며, 근대 산업화 시대와 냉전 시대의 보편적인 공산주의 사상이다.

와 배치되는 것으로 생각되었기 때문으로, 티베트 숨첼링 사원에서는 홍위병들이 몰려와 사찰에 불을 지르고 라마불교 승려들을 쫓아내는 폭력이 일어났다.

문혁기간 동안 중국의 전통 문화의 지위도 크게 손상되었다. 많은 전통 문화, 예를 들어 점술, 종이 공예, 풍수지리, 중국 전통의례, 음력, 중국고전학한문, 그리고 음력 원단1월 1일 등의 위상이 중국에서 약화되었다. 이 중 어떤 것들은 홍콩이나 타이완, 심지어는 한국 같은 곳에서 살아남아 후에 대륙에서 복원되기도 하였다.

교육의 해체와 변화

10년 동안 계속된 문화대혁명 기간 동안 교육이 마비되었다. 이 당시에 대입 시험은 취소되었으며, 대학은 문을 닫았고, 교수들은 농촌이나 공장 같이 생산 현장에서 노동을 하는 하방下放에 처해졌다. 탐욕스러운 자본주의 퇴폐 교육을 가르친다는 이유로 교사들, 대학 교수들이 재판과 정죄의 대상이 되거나 파면, 혹은 사퇴 압력을 받고 물러나기도 했다. 대학 교육은 사인방이 몰락하고도 한참 지난 1979년이 되어서야 다시 재개되었다. 많은 지식인들이 농촌의 노동교화소로 가

학생이 교수를 비판한다. 이름과 죄목이 적힌 큰 고깔모자를 씌우고, 목에는 팻말을 걸고 비판대에 올려 자백을 강요한다.

자료 : m.blog.daum.net

야만 했으며, 여기서 살아남은 사람들은 바로 중국을 떠나 망명하였다. 문혁기간 동안 도시의 젊은이들은 농촌으로 이주하도록 강요되었고, 그곳에서 모든 정규 교육을 포기한 채 공산당의 선전교육만을 받는 일도 있었다. 불필요하고 이론적인 지식을 가르쳐서 청년층의 취직을 방해하고, 인민의 고혈을 쥐어짠다는 이유로 많은 교사들과 대학 교수들이 단죄되기도 했다. 많은 젊은이들이 진학이나 더 이상의 교육을 포기했기 때문에 그들의 학력은 대부분 중학교나 고등학교 교육 수준에 머물렀다.

초창기에는 학부모에게 각종 선물이나 뇌물, 촌지를 받는 교사, 대학 교수들을 색출하여 조리돌림하고 처벌하는 것에서 시작되었다. 그러나 일부 학생 홍위병들과 청년들이 반감을 품은 교사, 대학 교수에 대한 사사로운 원한 보복 등의 악순환도 더러 등장하였다. 많은 생존자들이나 목격자들의 증언에 의하면 보

머리털을 잡고, 사지를 결박당한 채 조리돌림을 당한다.

자료 : m.blog.daum.net

통사람보다 조금이라도 특별한 능력이나 기술이 있는 사람은 '계급투쟁의 대상'이 되었다고 술회했다. 덩샤오핑 지지자나 서방 측 목격자들은 이러한 현상이 부적절한 교육을 받은 사람들로 가득 찬 세대를 산출했다고 결론을 내렸다.

그러나 이런 현상은 지역별로 다양하게 나타났다. 그리고 1980년대에 이르기까지 문맹률은 측정되지 않았다. 전장 구의 몇 개의 현에서는 문혁 이후 20년이 지난 이후에도 문맹률이 41%나 되었다. 중국 지도자들은 처음부터 어떠한 문맹 문제도 부인해왔다. 이 결과

프로파간다의 달인

는 자격 있는 교사들이 문혁기간 동안 제거되어 빚어진 결과이다. 많은 지구에서는 교사가 없어서 선발된 몇몇 학생들이 다음 세대를 교육하는 것을 책임졌다.

전통 도덕 및 인습의 해체

문혁의 가장 중요한 주체 집단은 좌절을 경험한 젊은 지식인들이었다. 마오쩌둥의 사상은 전통 도덕과 관습을 제치고 중국에서 모든 것들을 이끄는 중심논리가 되었다. 홍위병의 권한은 군, 공안부, 그리고 사법기관을 넘어섰다. 좌절한 지식인들과 청년들은 이러한 전통을 인습으로 규정하고 자신들의 성공과 지위를 가로막는 장애물로 생각하여, 마오의 사상에 적극 동의하지 않더라도 적극 호응하게 되었다. 중국의 전통 예술과 사상은 무시되었고, 그 자리에 마오쩌둥 사상이 차지하게 되었다.

"부모는 아마도 나를 사랑할지도 모른다. 그러나 마오 주석만큼은 아니다."

— '비림비공' 운동 당시, 슬로건 중의 하나

홍위병에 가담한 청소년이 자신의 부모나 스승을 반혁명세력이라고 고발하거나 또는 구타하는 일은 흔한 일이었다. 또한 부모와 교사의 부정부패 및 비리행위를 자녀, 청소년이 고발하는 일도 흔했다. 동시에 쉬쉬해오고 은폐되던 의문의 살인사건, 각종 뇌물수수 사건, 구타 폭력, 도박, 음란 행위 등이 당의 지원을 받던 홍위병들의 추적과 뒷조사에 의해 드러나면서 이들의 행동은 정당화되었다. 부모와 교사, 기성세대의 타락한 행동은 이들에게 더욱 명분을 주었다. 문혁 지

도부는 사람들이 문화적 전통들을 비판하고, 부모와 스승의 가르침을 의심하는 것을 장려하였다. 이것은 전통적인 유교사상에서는 상상도 못할 일이었다. 이것은 '비림비공' 운동 때 더욱 강조되었다.

당파적 전쟁

문혁은 또한 공산당 내에서 여러 당파의 내부 권력투쟁을 야기하였다. 이 중 많은 것들은 당지도자의 권력투쟁과는 상관없이 지역 당파주의와 사소한 경쟁심이 '혁명'에 관계없이 빚어낸 것이다. 정치적 혼란 때문에, 지방정부는 존재하더라도 집행력과 안정성이 결여되어 있었다. 서로 다른 당파에 속한 이들은 백주의 거리에서 패싸움을 벌이기도 했으며, 농촌지역에서는 정치적 암살이 흔히 일어났다.

대중은 자발적으로 이러한 당파에 가담했고, 다른 당파에 대한 전투에 참여하였다. 이런 당파 투쟁을 야기한 사상적 차이는 사실 모호하거나 존재하지 않았고, 단지 지역적 권한을 장악하는 것이 대중이 참여한 당파투쟁의 유일한 동기였다.

소수민족 탄압 핍박

문혁은 특히 소수민족의 전통 문화에 파괴적이었다. 티베트에서는 티베트인 홍위병도 참여하여 6,000개의 사찰이 파괴되었다. 내몽골에서는 수십 년 전 해체된 '내몽골 인민당'의 분리주의자로 지목된 79만 명의 인물이 박해받았다. 그중 22,900명은 학살로 사망하고, 12,000명은 장애인이 되었다.

파괴된 티베트 불상

자료 : ko.wikipedia.org

이슬람이 전통 종교인 신장 위구르 자치구에서는 위구르인들이 소중히 여기는 쿠란[11]이 불살라지고, 무슬림 이맘[12]이 물감을 뒤집어 쓴 채 조리돌림되었

11 예언자 무함마드가 610년 이후 23년간 알라('하나님'이라는 의미)에게 받은 계시를 구전으로 전하다가, 그의 가르침을 받은 제자들이 여러 장소에서 여러 시대를 걸쳐 기록한 기록물들을 모아서 집대성한 책으로, 이 계시는 무함마드가 40세 무렵 현재 사우디아라비아에 있는 히라산 동굴에서 천사 지브릴을 통해 처음 받았다.

12 아랍어로 '지도자', '모범이 되어야 할 것'을 의미하는 말이다. 통례적으로는, 이슬람교의 크고 작은 종교 공동체를 지도하는 통솔자를 이맘이라고 부른다.

다. 연변 조선족 자치주에서는 조선어로 수업하는 민족학교들이 파괴되었고 족보는 홍위병의 강요도 있었지만, 반혁명세력으로 몰릴 것을 두려워하여 자발적으로 불살라졌으며, 민족 문화를 보호한다고 지목된 인사들은 핍박 및 학대를 당했다. 윈난성에서는 다이족의 왕의 궁전이 불살라졌다. 또한 1975년 샤뎬 사건에서는 인민해방군이 회족 무슬림들을 학살하였는데 희생자 수는 1,600명에 이른다고 한다.

핍박과 가혹 행위

문혁기간 동안 수백만 명의 중국인들이 인권을 유린당하는 참사가 일어났다. 자본주의의 '첩자', '주구走狗', '수정주의자'로 몰린 인사는 감금, 강간, 심문, 고문 등을 당하는 것이 예사였다. 재산을 몰수당하고 사회적으로 매장당한 수십만 명 또는 그 이상의 인사들이 처형되거나, 굶어 죽거나, 중노동으로 죽음에 이르렀다. 또한 수백만 명이 강제 이주를 당했다. 어떤 사람은 구타와 폭행을 견디다 못해 스스로 목숨을 끊었다. 덩샤오핑의 아들인 덩푸팡은 홍위병의 구타 때문에 4층 건물에서 뛰어내렸다. 그는 목숨을 건졌으나, 신체장애인이 되어 휠체어에 몸을 의지하였다.

문혁기간 동안의 인권유린

자료 : twitter.com

광시성의 어떤 지역에서는 이런 폭력이 극단적으로 변하여 '계급투쟁'과 '정치혁명'의 이름으로 식인행위까지 일어났다고 한다. 당의 고위 역사가들조차도 문혁기간 동안 어떤 곳에서는 '반혁명세력'을 학살 후 소화기관과 살점을 익혀먹었다고 인정하고 있다.

피해자 수의 추정치

사인방의 재판에서 중국의 법원은 문혁기간 중 729,511명이 박해를 받았고, 이 중 34,800명이 죽었다고 발표했다.

주요 희생자

- **라오서** : 유명 작가, 핍박을 받고 자살
- **슝스리** : 유학자, 전 베이징대학 강사, 핍박을 받고 절식하여 자살
- **리리싼** : 정치가, 1920년대 중국 공산당의 지도자, 비판의 대상이 되자 음독 자살
- **톈한** : 중화인민공화국 국가인 의용군 행진곡의 작사자, 사인방이 가사를 문혁 이상에 맞게 고쳐 새로운 국가를 발표하면서 핍박을 받고 병사
- **허룽** : 군인, 원수. 홍위병에 의한 구타 및 폭행 중 병사
- **주덕해** : 조선족, 연변 조선족 자치주 초대 주장州長. 문혁기간 중 박해당해 병사

• **바진**[13] : 중국의 아나키스트이자 작가, 문화대혁명의 기간 동안 국가 반역자
이자 반혁명세력으로 매도되어 홍위병들에게 둘러싸여 공개적으로 굴욕을
당하고 깨진 유리조각 위에 무릎을 꿇는 가혹행위를 당하기도 했다. 문혁의
10년 동안 지속적인 감시하에 자아비판을 강요당했으며, 그의 아내는 정권에
의해 의도적으로 의료 서비스를 거부당하게 됨으로써 사망한다. 그는 마오
의 사망과 사인방의 몰락 이후에야 복권하게 된다.

이 외에도 각계에서 많은 명사
가 홍위병의 학대와 핍박에 의
해 사망하거나, 그로 인한 병사,
혹은 이를 견디다 못한 자살을
하였다. 또한 자신의 가족에 의
해 고소, 고발되어 처형당하는
일도 발생하였다. 자신의 치부가
가족과 지인에 의해 드러나는
일이 계속되면서 가족, 지인 간
의 신뢰도는 추락하고 문화, 사
회 면에서 다소 타인을 불신하
는 가치관이 확산되기도 하였다.

중국 현대문학의 거장 바진, 101세로 타계

자료 : hani.co.kr

13 바진(巴金, 1904년 11월 25일 ~ 2005년 10월 17일)은 중화인민공화국의 소설가, 저술가, 아나키스트이다. 본
명은 리야오탕(李尧棠, 이요당)이고, 자는 페이간(芾甘, 비감)이다. 루쉰, 라오서 등과 함께 중국 현대문학을 대표하는
작가이다. 필명 '바진'은 러시아 아나키스트 바쿠닌(巴枯寧, 바쿠닝)과 크로포트킨(克鲁泡特金, 커루파오터진)에서 유
래하였다.

07

프로파간다의 **달인**

평 가

대부분의 서방과 중국의 학자들은 문화대혁명을 미증유의 재난이며, 중국사의 비극이라고 평가하고 있고, 이것이 정설이다. 그러나 그 입장에 따라 비판의 측면은 약간 다르며, 중국에서는 빈부의 격차가 극심해지자 문혁시기의 극좌투쟁을 긍정적으로 회고하는 이들도 있다. 또한 마오주의자들 중에는 문혁

1966년 5월 16일 마오쩌둥의 제창으로 시작된 문화대혁명은 '마오이즘'이라는 중국 공산주의 광기가 만들어낸 비극이었다. 이는 중국 공산당도 1981년 공식 인정했다. 사진은 '문화대혁명' 당시 선전 포스터.

中国人民解放军是毛泽东思想大学校

자료 : www.newdaily.co.kr

이 있었기에 개혁개방이 역시 가능했다는 주장을 펴며 문혁을 옹호하는 이들도 있다. 중국의 기성세대들이 이렇든

저렇든 문혁을 대부분 겪었으므로 너무 과도하게 매장하고 싶지 않은 바람도 있기 때문일 것이다.

문혁에 관한 중국 공산당의 공식 평가

중국에서는 모든 역사 사건에 대해 중국 공산당의 입장이 역사 해석의 기준이 된다. 그리하여 문화대혁명에 대한 중국 공산당의 평가는 현재 중국의 공식 입장이라고 볼 수 있다. 사인방의 몰락 이후 집권한 새 정부가 당면한 과제 중의 하나는 어떻게 문혁을 보고, 누구에게 책임을 물을 것인가, 또한 어떻게 이 사건을 중국의 복잡한 역사 지형에서 다룰 것인가였다.

1981년 6월 27일, 공산당 중앙위원회는 〈건국 이래의 몇 가지 역사적 문제에 대한 당의 결의建國以來黨的若幹歷史問題的決議〉를 발표하여 건국 이후 발생한 여러 사건에 대한 당의 공식 입장을 보여주었다. 이 문건은 "문혁의 좌편향의 과오, 그리고 이러한 과오가 거대한 규모로 장기간 지속된 것에 대한 책임은 마오쩌둥 동지에게 있다."라고 명시하였다.

또한 "문화대혁명은 마오쩌둥의 잘못된 지도하에서 행해졌으며, 이것은 다시 린뱌오 및 장칭 등의 반동세력 등에게 포섭되어 당과 인민에 수많은 재난과 혼란을 범했다."라고 밝혔다. 이 문건은 현재 중국 역사 해석의 주된 뼈대가 되고 있다. 그리하여 이후에도 계속 중국 공산당에서 발표되는 문건에서는 문화대혁명은 부정적 의미로 쓰이고 있다.

그러나 이 문건은 체제의 정당성을 위해 '문혁의 지도자 마오'와 '혁명의 영웅 마오'를 분리했고, 마오의 개인적 과오를 마오의 사상과도 분리하였다. 그것은 마

프로파간다의 달인

오가 중화인민공화국 수립에 절대적으로 기여했고, 마오의 사상이 곧 당의 지도이념이기 때문이었다.

　마오를 부정하는 것은 곧 공산당 자신의 존재 근거를 부정하는 것이기 때문에 이러한 분리가 필요했던 것이다. 그리하여 소련에서 스탈린 사후 일어났던 격하운동과는 달리 중국 공산당에 있어 마오와 마오 사상의 존재는 부정되지 않았다. 따라서 이 문건은 마오 사상에 근거한 공산당의 일당독재와 공산주의 건설에 정당성을 부여하고 있다.

　중국 공산당은 이러한 문혁의 총책임자인 마오를 옹호하기 위해 린뱌오나 사인방을 희생양 삼아 실제보다 많은 책임을 전가하고 있다는 설이 있다.

　중국에서 마르크스-레닌주의나 마오의 사상은 덩샤오핑의 개방정책에 맞게 해석되어, 현재도 중국 공산당의 이념인 '중국 특색의 공산주의'를 정당화하는 근거로 이용되고 있다.

백전백승의 마르크스-레닌주의, 마오쩌둥 사상 만세!

자료 : rigvedawiki.net

문혁에 관한 신좌파의 긍정적 시각

최근에는 중국 공산당 내에서 문혁을 긍정적으로 평가하는 신좌파新左派가 생겨났다. 이들은 문혁기간 동안 산업이 급속도로 성장하였고, 이것이 이후 고도 성장을 가능하게 했다고 주장한다. 그들은 후의 역사적 노정을 볼 때 마오가 문혁기간 동안 자본주의 지향적인 특권관료제의 폐해를 우려한 것은 옳았다고도 주장한다. 마오쩌둥은 이들과 싸우기 위해 문화대혁명이 필요하다고 역설했던 것이다. 또한 문혁기간 동안에 보장되었던 '언론과 결사의 자유'에도 큰 의미를 부여하고 있다.

또한 개방정책으로 빈부의 격차가 극심해지자 중국의 많은 빈농과 노동자는 문화대혁명과 마오 시대에 대해 좀 더 긍정적인 시각을 갖게 되었다. 가오모보와 같은 빈농 출신 작가는 문화대혁명이 농촌에 미친 긍정적 영향을 작품에 서술하기도 하였다. 또한 마보 등의 어떤 작가들은 문혁이 기억할 만한 가치가 있는 것이라고 주장한다.

08
프로파간다의 **달인**

해외의 반응

문화대혁명에 대한 해외의 반응은 당시 소속 정파에 따라 다양했다.

유럽

프랑스를 비롯한 서구에서는 '낡은 것을 타파하자.'고 외치는 문화대혁명에 대한 호의적 시각이 있었다. 그리하여 1968년의 68 혁명기간 동안 학생들이 홍위병을 본떠 '마오쩌둥 어록'을 들고 시위에 나서기도 하였다. 또한 장폴 사르트르와 같은 지식인들도 스스로 마오주의

장폴 사르트르

자료 : ko.wikipedia.org

자라고 자칭하기도 했다. 그러나 후에 문화대혁명이 야기한 파괴와 혼란이 대부분 알려져서 호의적 평가보다는 부정적 평가가 우세하게 되었다.

일본

일본에서는 문화계가 나서 '문화대혁명 반대'의 성명을 발표하였다. 노벨 문학상 수상자인 가와바타 야스나리를 비롯하여 아베 고보, 미시마 유키오 등의 수백 명의 저명한 작가와 예술가들이 이에 대해 항의운동을 벌이고, 중국 당국이 중국의 역대 문화유산을 보호할 것을 촉구하였다. 그러나 일본에서도 당시 고조되고 있던 학생운동 세력의 전공투[14]와 노동운동 세력은 문화대혁명에 영향을 받아 과격화되었다. 일본의 노조 세력과 학생운동 세력의 과격한 운동은 현실의 벽을 느낀 지식인들과 청년들의 호응을 얻어 1980년 일본이 경제위기를 맞이할 때까지 계속되었다.

홍콩

영국령 홍콩에서는 문화대혁명에 영향받아 1967년 봉기와 친공산 세력의 과

---

14 전학공투회의(全学共鬪会議)는 전국학생공동투쟁회의의 약자로, 1960년대 일본 학생운동 시기에, 1968년에서 1969년에 걸쳐 각 대학에 결성된 주요 각파의 전학련이나 학생이 공동 투쟁한 조직이나 운동체를 말한다. 일본 공산당을 보수주의 정당으로 규정하고 도쿄대학을 중심으로 시작된 새로운 학생운동이다. 약칭인 전공투(全共鬪)로도 불린다. 전공투와 같은 1960년대 말 일련의 학생운동을 통틀어 전공투운동이라고 부른다.

격한 정치운동이 이어졌다. 그러
나 이들의 과격행위는 홍콩인들
이 한 세대 동안 친공산 세력을
의심의 눈초리로 보게 하는 결과
를 빚었다.

홍콩 67폭동

자료 : namu.moe

중화민국

중화민국의 장제스는 반공 투쟁의 연장선상에서 이 기회를 빌려 문화대혁명이
중국의 고유한 전통 문화를 파괴하고 있다고 선전하고, 1966년 11월부터 이에 맞
선 '중화문명부흥운동'을 실시하였다. 장제스는 타이완과 홍콩 내의 각종 매체들
을 통해, 마오쩌둥은 폭력을 숭배하는 나쁜 공산주의자라고 대대적으로 선전하
고 중화민국은 전통 문화를 보호하고 있는 자유국가라고 말했다.

대한민국

대한민국에서는 문화대혁명이 반공 교육을 하는 데 좋은 소재로 활용되어 공
산주의의 잔인성에 대한 증거로서 자주 언급하는 교육을 해왔다. 그러나 1970
년대의 진보주의 언론인이었던 리영희는 저서 《8억 인과의 대화》를 통해 당시
서구의 문화대혁명에 대한 호의적인 시각을 소개하고 중국의 전통적 지배계급
에 대한 인민대중노선, 집단적 권위주의에 대한 해체운동 등에 대해 역발상적인

견해를 제시하였다. 그러나 이후 리영 희는 냉전을 거치며 중국에 대한 새 로운 시각을 얻어 보고자 하였고 당 시 공급된 정보의 제한 때문에 자신 은 문혁의 부정적인 면과 홍위병의 잔 인한 행태에 대해서 책을 펴낼 당시에 는 알 수 없었다고, 지금은 견해를 수 정하였다고 말했다.

중국 문화대혁명 당시 인민복을 입은 홍위병들이 '미제'란 팻말을 걸고 성조기 모자를 쓴 한 남성을 총검으로 찌르고 있다. 직접 본 중국의 현실은 리영희의 저서 《8억 인과의 대화》 속의 중국과는 전혀 다르다.

자료 : weekly.chosun.com

조선민주주의인민공화국

조선민주주의인민공화국에서는 문 화대혁명이 외교와 내치 면에서 큰 영 향을 끼쳤다. 홍위병은 대자보를 통해 당시 시장 활동에 조금씩 나서려고 했던 김일성 주석을 '수정주의자'로 비난했고, 심지어는 월경을 하여 연변조선족 자치주를 침입해 자기네 영토로 만들려고 하는가 하면, 조선민주주의인민공화국에서 반反 김일성 봉기가 일어났다는 허위 사실을 유포해 기회를 넘보려 하기도 했다. 이에 반발한 조선민주주의인민공화국 정부와 김일성은 한때 혈맹 관계였던 조·중 관계를 파기하고 친소 노선으로 기울어졌다. 그러나 김일성 자신도 문화대혁명을 모방한 운동을 오랫동안 펼치며 남한의 무능한 정치권을 무력화시키기 위해 주체사상이 조선민주주의인민공화국의 공식 지도 이념이 되도록 하였던 것이다.

흐루쇼프 서기장이 모스크바를 방문한 김일성 주석을 배웅하고 있다. 문화대혁명의 열풍 속에서 중국의 문화대혁명 지도자들과 홍위병들은 김일성을 흐루쇼프와 같은 수정주의자로 몰아붙였다.

자료 : www.rfa.org

기타

최근까지 전 세계적으로 '마오주의 정당'으로 자칭하는 정치세력이 남아있고, 페루와 네팔에서는 정부를 위협하는 커다란 세력을 형성하기도 했다. 특히 네팔에서는 최근에 이들이 집권당으로 떠올랐다네팔 공산당. 또한 이들은 '혁명적 국제주의자 운동Revolutionary Internationalist Movement'이라는 모임을 만들어 느슨한 연대를 구축하고 있다.

급속도로 친중화된 네팔의 모습

혁명적 국제주의자 운동(Revolutionary Internationalist Movement)

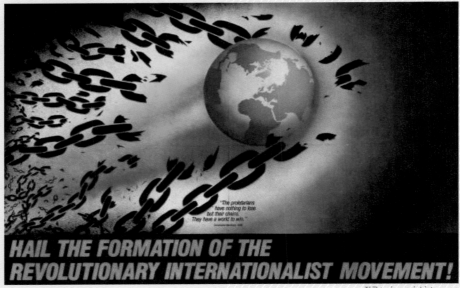

프로파간다의 **달인**

참고문헌

· 고현진, 아들러 심리학 나쁜 기억 세탁소, 바이북스, 2018.

· 권석만, 삶을 위한 죽음의 심리학, 학지사, 2019.

· 권석만, 인간 이해를 위한 성격심리학, 학지사, 2017.

· 귀스타브 르 봉 저, 정명진 역, 사회주의의 심리학, 부글북스, 2014.

· 기시미 이치로 저, 박재현 역, 아들러 심리학을 읽는 밤, 살림출판사, 2015.

· 김구철, 김구철의 대선전략, 리딩라이프북스, 2017.

· 김영헌, 속임수의 심리학 : 눈에 보이는 것이 전부는 아니다!, 웅진지식하우스, 2018.

· 데이비드 웰치 저, 이종현 역, 프로파간다 파워, 공존, 2015.

· 랄프 게오르크 로이트 지음, 김태희 옮김, 괴벨스, 대중 선동의 심리학, 교양인, 2006.

· 로버트 치알디니 저, 황혜숙 역, 설득의 심리학 1 : 사람의 마음을 사로잡는 6가지 불변의 원칙, 21세기북스, 2019.

· 로버트 치알디니·스티브 마틴·노아 골드스타인 저, 윤미나 역, 설득의 심리학 2 : YES를 끌어내는 설득의 50가지 비밀, 21세기북스, 2019.

· 로버트 치알디니·노아 골드스타인·스티브 마틴 저, 김은령·김호 역, 설득의 심리학 3 :

작은 시도로 큰 변화를 이끌어내는 '스몰 빅'의 놀라운 힘, 21세기북스, 2019.

· 맹정현, 프로이트 패러다임 : 프로이트를 어떻게 읽을 것인가, SFP위고, 2015.

· 박보식, 선거연설과 당선전략, 윤성사, 2018.

· 베벌리 클락 저, 박귀옥 역, 프로이트 심리학 강의 : 프로이트를 좋아하는 사람이라면 꼭 알아야 할 것들, 메이트북스, 2018.

· 송경재·김민종·김대은·이종형 공저, 총성 없는 전쟁을 위한 군사심리학, 학지사, 2017.

· 알프레드 아들러 지음·김문성 옮김, 아들러 심리학 입문 : 오늘을 살아가는 무기, 용기의 심리학, 스타북스, 2015.

· 엘리엇 애런슨·안토니 프랫카니스 저, 윤선길 외 역, 프로파간다 시대의 설득전략, 커뮤니케이션북스, 2005.

· 에드워드 버네이스 지음, 강미경 옮김, 프로파간다, 공존, 2009.

· 웨이슈잉 저, 박영인 역, 하버드 행동심리학 강의, 에쎄, 2016.

· 이경분, 나치독일의 일본 프로파간다, 제이앤씨(J&C), 2011.

· 이기우, 북한의 선전선동과 『로동신문』, 패러다임북, 2015.

· 이무석, 안나 프로이트의 하버드 강좌, 하나의학사, 2000.

· 이부영, 분석심리학 : C. G. 융의 인간심성론, 일조각, 2011.

· 이세진, 나르시시즘의 심리학 : 사랑이라는 이름의 감옥에서 벗어나기, 교양인, 2006.

· 이윤규, 전쟁의 심리학, 살림출판사, 2013.

· 정인호, 당신도 몰랐던 행동심리학, 경향미디어, 2016.

· 정철운, 요제프 괴벨스, 인물과사상사, 2018.

· 지그문트 프로이트 저, 서석연 역, 프로이트 정신분석학 입문, 종합출판범우, 2017.

· 지그문트 프로이트·칼 구스타프 융 저, 정명진 역, 프로이트와 융의 편지, 부글북스, 2018.

· 최성환, 선동의 기술, 인간사랑, 2019.

프로파간다의 달인

- 추이스송 저, 이아형 역, 심리전쟁 : 전쟁에서 시작된 심리학의 본질을 꿰뚫어라, 연암사, 2013.
- 칼 구스타프 융 저, 정명진 역, 분석 심리학 강의, 부글북스, 2019.
- 칼 구스타프 융 저, 정명진 역, 칼 융이 본 프로이트와 정신분석, 부글북스, 2018.
- 캘빈 S. 홀·버논 J. 노드비 저, 김형섭 역, 융 심리학 입문, 문예출판사, 2004.
- 파울 요제프 괴벨스 지음, 강명순 옮김, 미하엘, 메리맥, 2017.
- 파울 요제프 괴벨스 지음, 추영현 옮김, 괴벨스 프로파간다!, 동서문화사, 2019.
- 필립 휴스턴·마이클 플로이드·수잔 카니세로·돈 테넌트 저, 박인균 역, 거짓말의 심리학 : CIA 거짓말 수사 베테랑이 전수하는 거짓말 간파하는 법, 추수밭, 2013.
- B. F. 스키너 저, 이신영 옮김, 스키너의 행동심리학, 2017.
- 齊藤利彦, 「譽れの子」と戰爭, 中央公論新社, 2019.
- 倉山滿, バカよさらばプロパガンダで讀み解く日本の眞實, ワニブックス,2019.
- 何清漣著, 福島香織譯, 中國の大プロパガンダ, 扶桑社, 2019.
- 水島治郎著, ポピュリズムとは何か, 中公新書, 2016.
- 脇元 安, 戰爭の心理學 人は何故戰爭を止められない, 風詠社, 2013.
- ヤン−ヴェルナー・ミュラー著, 板橋拓己譯, ポピュリズムとは何か, 岩波書店, 2017.
- デ−ヴ.グロスマン・ローレン.W.クリステンセン著, 安原和見譯, 「戰爭」の心理學 人間 における戰鬪のメカニズム, 二見書房, 2008.

| 저자 소개 |

 노형진 | e-mail: hjno@kyonggi.ac.kr

- 서울대학교 공과대학 졸업(공학사)
- 고려대학교 대학원 수료(경영학박사)
- 일본 쓰쿠바대학 대학원 수료(경영공학 박사과정)
- 일본 문부성 통계수리연구소 객원연구원
- 일본 동경대학 사회과학연구소 객원교수
- 러시아 극동대학교 한국학대학 교환교수
- 중국 중국해양대학 관리학원 객좌교수
- 현재) 경기대학교 경상대학 경영학과 명예교수
  한국제안활동협회 회장

| 주요 저서 |

- 『Amos로 배우는 구조방정식모형』(학현사)
- 『SPSS를 활용한 회귀분석과 일반선형모형』(한올출판사)
- 『SPSS를 활용한 주성분분석과 요인분석』(한올출판사)
- 『Excel 및 SPSS를 활용한 다변량분석 원리와 실천』(한올출판사)
- 『SPSS를 활용한 연구조사방법』(지필미디어)
- 『SPSS를 활용한 고급통계분석』(지필미디어)
- 『제4차 산업혁명을 이끌어가는 스마트컴퍼니』(한올출판사)
- 『제4차 산업혁명의 핵심동력 – 장수기업의 소프트파워–』(한올출판사)
- 『제4차 산업혁명을 위한 조직 만들기 – 아메바 경영의 진화–』(한올출판사)
- 『제4차 산업혁명의 기린아 기술자의 왕국 혼다』(한올출판사)
- 『제4차 산업혁명의 총아 제너럴 일렉트릭』(한올출판사) 외 다수

 이애경 | e-mail: aizzing57@naver.com

- 경기대학교 경영학과 졸업(경영학 학사)
- 경기대학교 대학원 석사과정 수료(경영학 석사)
- 경기대학교 대학원 박사과정 수료(경영학 박사)
- 경기대학교 경상대학 경영학과 겸임교수 역임
- 현재) 인천지방법원 김포지원 민사조정위원
  (주) 용신플러스 대표이사

| 주요 저서 |

- 『제4차 산업혁명을 위한 인재육성』(배문사)
- 『제4차 산업혁명을 이끌어가는 스마트컴퍼니』(한올출판사)
- 『제4차 산업혁명의 핵심동력 – 장수기업의 소프트파워 –』(한올출판사)

프로파간다의 **달인**

초판 1쇄 인쇄 2020년 01월 15일
초판 1쇄 발행 2020년 01월 20일

저 자 노형진·이애경
펴낸이 임 순 재
펴낸곳 (주)한올출판사
등 록 제11-403호
주 소 서울시 마포구 모래내로 83(성산동 한올빌딩 3층)
전 화 (02) 376-4298(대표)
팩 스 (02) 302-8073
홈페이지 www.hanol.co.kr
e-메일 hanol@hanol.co.kr
ISBN 979-11-5685-856-0